A. FERRET 1980

FACULTÉ DE DROIT DE PARIS.

DROIT ROMAIN :

DE L'ACTION FAMILIÆ ERCISCUNDÆ.

DROIT FRANÇAIS :

DES PARTAGES D'ASCENDANTS.

THÈSE POUR LE DOCTORAT

SOUTENUE

le vendredi 24 août 1866, à trois heures,

Par Charles LYON-CAEN,

AVOCAT A LA COUR IMPÉRIALE,

En présence de M. l'inspecteur général Ch. GIRAUD.

Président : **M. VALETTE**, Professeur.

Suffragants : MM. **DURANTON**, **DEMANGEAT**, **RATAUD**, Professeurs. **DESJARDINS**, Agrégé.

Le Candidat répondra aux questions qui lui seront faites sur les autres matières de l'enseignement.

PARIS,

CHARLES DE MOURGUES FRÈRES,

IMPRIMEURS-ÉDITEURS DE LA FACULTÉ DE DROIT DE PARIS,

Rue J.-J. Rousseau, 8.

1866.

5020

A MON AFFECTIONNÉ MAITRE

M. LABBÉ

PROFESSEUR A LA FACULTÉ DE DROIT DE PARIS

Hommage de reconnaissance et de respect

DROIT ROMAIN.

DE L'ACTION EN PARTAGE DES SUCCESSIONS.

(Action familiæ erciscundæ.)

Lorsque plusieurs personnes ont des droits coexistants qui portent sur chacune des parties d'une ou de plusieurs choses, on dit qu'elles se trouvent dans l'indivision.

Les jurisconsultes romains désignaient l'état d'indivision par le mot *communio*.

Ils donnaient le nom de *divisio* (partage) à l'acte par lequel les copropriétaires faisaient cesser cet état, en prenant chacun certains biens indivis ou une portion du bien indivis, à l'exclusion des autres.

Si les copropriétaires étaient d'accord sur la nécessité de procéder au partage et sur le mode de l'opérer, ils pouvaient le faire à l'amiable. S'ils ne s'entendaient point, ils avaient recours à la justice, pour qu'un juge l'effectuât entre eux. Il y avait alors lieu à une action en partage. Cette action était différente selon qu'elle avait pour but de faire cesser l'indivision entre cohéritiers ou entre tous autres copropriétaires. Dans le premier cas, on donnait l'action *familiæ erciscundæ*, dans le second, l'action *communi dividundo*. Ces deux actions avaient entre elles de nombreux points de ressemblance, à raison de l'identité de leur but.

Nous nous occuperons seulement de l'action en partage des successions (action *familiæ erciscundæ*), c'est-à-dire du partage judiciaire. Mais, à raison des rapports qui existent nécessairement entre ce partage et le partage fait à l'amiable, nous aurons à parler parfois de ce dernier acte.

Pour étudier cette matière, nous rechercherons successivement :

Chapitre 1er. — Quelle était l'origine et quels étaient les caractères de l'action *familiæ erciscundæ*.

Chapitre 2. — A quelles personnes et contre quelles personnes elle était donnée? Quelles étaient les conditions de son exercice dans la personne du demandeur et dans celle du défendeur? Quelle était la capacité nécessaire pour exercer cette action et y défendre?

Chapitre 3. — Quelles fins de non recevoir pouvaient la faire écarter provisoirement ou la faire rejeter?

Chapitre 4. — A quelles opérations diverses devait procéder le juge de l'action *familiæ erciscundæ?*

CHAPITRE PREMIER.

DÉFINITION, ORIGINE ET CARACTÈRES DE L'ACTION FAMILIÆ ERCISCUNDÆ.

L'action *familiœ erciscundœ* était celle qu'un cohéritier exerçait contre son cohéritier, quand tous deux reconnaissaient réciproquement leur droit à la succession, afin de faire opérer par le juge le partage de l'hérédité et d'obtenir l'exécution des obligations que l'état d'indivision des choses héréditaires avait pu faire naître entre eux.

Le but principal de cette action est indiqué par le nom même qui lui a été donné. Le mot *familia* est synonyme d'*hereditas* : il signifie les choses laissées par le défunt considérées en masse (1); *erciscere* vient, suivant Godefroy, de deux anciens mots latins : *erctum* et *ciscere*

(1) Le mot *familia* a des sens très-variés. Ils sont indiqués dans la loi 195 (50-16). Ce mot est employé dans le sens d'hérédité, notamment dans l'expression *familiœ emptor*, G., C. 2, § 102 et 103; voir aussi L. 5, Code (6-38) *in fine*.

ou *ciere*. *Erctum* signifie un tout encore indivis (*individuum in se coercitum*); *ciere* veut dire *divisum*.

La dénomination d'action *familiæ erciscundæ* est donc exactement synonyme de celle d'action *dividendæ hereditatis*. L. 3, C. (3-36), action en partage d'une hérédité.

L'antiquité des expressions employées pour désigner cette action, provient de son antique origine. Elle fut établie par la loi des Douze-Tables (*Hæc actio proficiscitur e lege Duodecim Tabularum*) L. 1, pr. (10-2). Jacques Godefroy a ainsi restitué le texte de la loi des Douze-Tables qui l'établissait :

Nomina inter heredes pro portionibus hereditariis ercta cita sunto; ceterarum familiæ rerum ercto non cito; si volent heredes, erctum citum faciunto. Prætor ad erctum ciendum arbitros tres dato.

L'action *familiæ erciscundæ* était donc une action civile, mais, comme toutes les actions, elle était formulée sur l'album du préteur : le titre du Digeste qui s'en occupe renferme un grand nombre de textes extraits de commentaires sur l'édit (1).

L'action *familiæ erciscundæ* était une action de bonne foi, double, personnelle; elle est rangée par les Institutes parmi les actions mixtes.

C'était une action de bonne foi. Ce point ne peut pas

---

(1) Noodt a restitué dans les termes suivants le passage de l'édit relatif à notre action : ***Familiæ erciscundæ si agetur inter coheredes arbitrum dabo, ut ejus arbitratu res hereditariæ singulis adjudicentur, item si quid damni datum factumve erit, sive quid eo nomine aberit alicui aut ad eum pervenerit, ut id præstetur.***

faire de doute pour l'époque de Justinien : elle se trouve dans l'énumération que donne le § 28 du titre *De actionibus* (IV, Inst., VI) des actions de bonne foi. Il est même certain qu'elle était déjà considérée comme telle à l'époque de Gordien. Cet empereur dit : *Non est ambiguum, quum familiæ erciscundæ titulus inter bonæ fidei judicia numeretur, etc*... L. 9, C. (3-36).

On pourrait cependant être tenté de soutenir qu'à l'époque, soit de Cicéron, soit même de Gaius, l'action *familiæ erciscundæ* n'était pas rangée parmi les actions de bonne foi. Elle ne figure pas, en effet, dans l'énumération que nous trouvons de ces actions dans leurs ouvrages. (Gaius, § 62, t. IV, Cic., *De offic.*, III, 15-17.; Topiq., cap. 17). Mais les énumérations données par Cicéron et Gaius ne sont pas limitatives : ils ont omis des actions qui étaient certainement *bonæ fidei* (1). D'un autre côté la qualification donnée au juge de l'action *familiæ erciscundæ*, les pouvoirs qui lui étaient conférés démontrent d'une façon péremptoire que, même au temps du droit romain classique, c'était une action de bonne foi. Un grand nombre de textes qualifient d'*arbiter* le juge de l'action *familiæ erciscundæ*. Or le mot *arbiter* n'est jamais employé que pour désigner le juge des actions de bonne foi. Enfin ce juge avait des pouvoirs qui n'appartenaient qu'aux juges de cette espèce d'actions. Il pouvait prononcer des condamnations contre les coparta-

(1) Ainsi Gaius n'indique pas l'action *rei uxoriæ*. Cicéron passe sous silence l'action *commodati*.

geants à raison de leurs fautes d'omission. L. 25, p. 18 (10-2). Il n'avait pas seulement le devoir de s'occuper des faits accomplis; il devait encore prendre des mesures pour l'avenir, L. 38, pr. (17-2); l. 25, p. 10 et 13 (10-2). Enfin il pouvait compenser entre elles les dettes réciproques des cohéritiers; et nulle part il n'est dit que le juge n'avait ce pouvoir qu'autant que le défendeur opposait l'exception de dol. L. 52, p. 2 (10-2).

Il est vrai que, dans la loi 39 (10-2), Scævola paraît dire que, pour obtenir le remboursement de ses dépenses, l'héritier défendeur devait opposer l'exception de dol. Mais il est probable que, dans cette loi, *exceptio* est pris dans un sens large, et signifie moyen de défense, comme dans la loi 7, p. 5 (2-14) (1).

L'action *familiæ erciscundæ* était une action double. En règle générale, le défendeur à une action pouvait seul être condamné; l'unique conséquence de la perte du procès pour le demandeur était le rejet de sa demande. Il n'en était pas ainsi dans les actions *familiæ erciscundæ*, *communi dividundo* et *finium regundorum*. Chaque partie y était considérée comme jouant à la fois le rôle de demandeur et celui de défendeur; chacune d'elles pouvait, par suite, encourir une condamnation. L. 2, p. 3 (10-2); L. 2, p. 1 (10-3). C'est à raison de ce caractère spécial que l'action *familiæ erciscundæ* était

(1) Il est difficile d'admettre, avec quelques interprètes, que Scævola parle de la *petitio hereditatis*; car Scævola était précisément un des jurisconsultes qui niaient la nécessité d'opposer l'exception de dol à la pétition d'hérédité. L. 58 (v, 3).

qualifiée d'action double (1). Les textes indiquent des conséquences importantes de ce double rôle que jouait chaque partie dans l'action *familiæ erciscundæ*.

Dans les actions ordinaires (ou simples) le demandeur devait jurer que ce n'était pas par esprit de chicane qu'il exerçait l'action (*non calumniæ causa litem intendere*), et le défendeur jurait que ce n'était pas non plus par esprit de chicane qu'il résistait à la demande formée contre lui (*non calumniæ causa ad inficias ire*) G., p. 172-174, C. IV. Dans l'action *familiæ erciscundæ*, chacune des parties devait prêter ce double serment. L. 44, p. 2 (10-2) (2).

Dans les actions simples, le mandataire du demandeur devait fournir la *cautio rem ratam dominum habiturum* et celui du défendeur la *cautio judicatum solvi*. Dans l'action *familiæ erciscundæ*, le mandataire de chacune des parties devait fournir à la fois l'une et l'autre *cautio*. — Loi 15, § 1 (3-3).

Cependant, encore que chacune des parties pût être condamnée, il y avait à certains points de vue intérêt à déterminer laquelle d'entre elles devait être considérée comme demanderesse ; car il fallait nécessairement savoir laquelle devait, la première, fournir la preuve de son droit; laquelle devait, la première, prendre la parole, pour soutenir ses prétentions. On considérait

---

(1) C'est dans le même sens qu'on qualifiait d'interdits doubles les interdits *uti possidetis* et *utrubi*. P. 7, Inst. IV-XV-

(2) Sous Justinien, ce double serment dut évidemment être prêté par l'avocat de chacune des parties. § 1, Inst. *De pœna temere litigantium*.

à cet égard, comme demandeur celui qui, par sa réclamation, avait donné lieu au procès. L. 2, § 1 (X-3). — L. 13 et 14 (5-1). Si les parties s'étaient en même temps adressées à la justice, le sort déterminait laquelle devait être traitée comme demanderesse.

L'action *familiæ erciscundæ* était une action personnelle. Elle avait sa cause dans l'obligation que l'indivision engendre entre les cohéritiers de procéder au partage, lorsqu'il plaît à l'un d'eux de sortir d'indivision; elle avait le caractère essentiel de l'action personnelle : elle s'intentait contre une personne désignée à l'avance.

Ce caractère de l'action *familiæ erciscundæ* lui est d'ailleurs expressément reconnu par la loi 1, § 1 (C. 7-40), dans laquelle Justinien comprend cette action parmi les quelques actions personnelles qu'il énumère. — En outre, la loi 1 (10-1) qualifie l'action *finium regundorum* d'action *in personam;* or, on est d'accord pour admettre que l'action *familiæ erciscundæ* doit avoir, à ce point de vue, la même nature que cette dernière action. — Enfin, nous avons vu que notre action était de bonne foi; et la division des actions en actions de bonne foi et de droit strict ne comprend certainement que des actions personnelles.

Une objection se présente contre cette qualification d'action personnelle donnée à notre action : elle est rangée parmi les actions mixtes par le paragraphe 20 du titre *De actionibus* (Inst.). Comment donc, serait-on porté à dire, pouvait-elle être à la fois mixte et personnelle? Cette objection repose sur une erreur. Les actions mixtes ne formaient pas en droit romain une troisième classe d'actions distincte des actions personnelles et des actions réelles. Les jurisconsultes romains, en se plaçant au point de vue de la cause des actions, n'en avaient dû faire qu'une division bipartite. L. 25 (44-7.) Ulpien. — On ne conçoit pas, en effet, qu'une action ait son fondement à la fois dans un droit de créance et dans un droit réel.

A raison de quel caractère l'action *familiæ erciscundæ* était-elle donc rangée parmi les actions mixtes? (Cette question n'est pas spéciale à notre action; elle se présente pour les deux autres actions divisoires que les Institutes rangent également dans cette classe d'actions).— Le paragraphe des Institutes, qui a donné lieu à cette difficulté est ainsi conçu :

§ 20. (Inst. IV-VI). *Quædam actiones mixtam causam obtinere videntur, tam in rem quam in personam : qualis est familiæ erciscundæ actio, quæ competit coheredibus de dividenda hereditate; item communi dividundo, quæ inter eos redditur inter quos aliquid commune est ut id dividatur; item finium regundorum, quæ inter eos agitur, qui confines agros habent, In quibus tribus judiciis permittitur judici, rem alicui ex litigatoribus ex bono et æquo adjudicare.*

Il est un point qui ne peut pas soulever le moindre doute : dans le paragraphe 20, l'expression *actions mixtes* n'a pas le même sens que dans le paragraphe 19, dans lequel elle signifie : actions participant tout à la fois de la nature des actions pénales et des actions *rei persecutoriæ*. Les trois actions dont parle le paragraphe 20, *rei persequendæ gratia comparatæ sunt*. Le rapport entre les actions mixtes du paragraphe 20 et celles du paragraphe 19 n'est que dans leur nom et non pas dans le fond des choses. (Doneau dit très-justement, en parlant du rapport entre les deux paragraphes : *hanc connexionem esse in verbis magis quam in re*).

Des explications très-nombreuses ont été données de ce célèbre paragraphe 20. — Nous indiquerons les principales :

1° Il y avait des actions dans lesquelles chaque partie jouait à la fois le rôle de demandeur et celui de défendeur. Ces actions étaient appelées *mixtes*, à cause de ce caractère spécial. Parmi elles il y avait des actions réelles et des actions personnelles (*tam in rem quam in personam*, dit le § 20). Ce qui semblerait confirmer cette interprétation, c'est que les mots : *tam in rem quam in personam* signifient, dans plusieurs passages des Institutes, que la distinction dont on va s'occuper comprend des actions réelles et des actions personnelles (P. 3 et 31, titre *De actionibus*). En outre, Ulpien prend l'expression actions *mixtes* comme synonyme d'actions doubles, dans la loi 37, § 1 (44-7).

Mais cette interprétation est généralement rejetée avec raison, car il est impossible d'indiquer des actions réelles ayant le caractère d'actions doubles.

2° Les actions divisoires étaient dites mixtes, parce qu'elles avaient un double objet : elles tendaient à l'adjudication de certains biens et à faire prononcer des condamnations. — Le juge de ces actions avait par suite, en quelque sorte, un pouvoir *in rem* et un pouvoir *in personam*. Il avait un pouvoir *in rem*, en ce qu'il pouvait adjuger; car il prononçait l'adjudication au profit d'un héritier quelconque. — Il avait un pouvoir *in personam*, en ce qu'il pouvait prononcer des condamnations, car il ne pouvait condamner que ceux des héritiers en la personne desquels se trouvaient réunies les conditions nécessaires pour qu'une obligation prît naissance à leur charge. — L. 22, § 4 (10-2).

Cette explication a le grave défaut de donner aux mots *in rem* et *in personam* un sens qu'ils n'ont jamais dans les textes. Si elle était juste, on aurait dû qualifier d'actions mixtes toutes les actions réelles, car le juge y avait le pouvoir de prononcer des condamnations accessoires.

3° Les actions divisoires étaient sans doute personnelles , mais le juge de ces actions pouvait se trouver, en certains cas, dans la nécessité de trancher préalablement une question de propriété. C'est ce qui arrivait pour l'action *familiæ erciscundæ* dans l'hypothèse qu'indique Gaïus dans la loi 1, § 1 (X-2) : Si le défendeur à cette action niait que le demandeur fût son cohéritier, il pouvait lui opposer l'exception *ne præjudicium hereditati fiat,* et l'obliger ainsi à intenter préalablement la pétition d'hérédité. Mais pour qu'il en pût être ainsi, il fallait que le demandeur ne possédât pas la part héréditaire à laquelle il prétendait avoir droit. S'il la possédait, le défendeur ne pouvait pas lui opposer le *præjudicium,* car un possesseur n'avait pas la pétition d'hérédité. C'était alors au juge de l'action *familiæ erciscundæ* à examiner si le demandeur était bien héritier.

C'est à cause de cette particularité qui se rencontrait dans l'action *familiæ erciscundæ,* et qui pouvait aussi se trouver dans les deux autres actions divisoires, que ces actions étaient appelées actions mixtes *tàm in rem quàm in personam.*

Cette explication n'est pas admissible. Pour qualifier une action, on s'attache à ses caractères essentiels. Or cette particularité qu'on relève dans les actions divisoires, et spécialement dans l'action *familiæ erciscundæ*, était tout-à-fait accidentelle : c'était seulement dans des cas rares et exceptionnels que le juge de cette action avait à statuer sur une question d'hérédité.

4° L'origine de la dénomination d'actions mixtes donnée aux actions divisoires se trouve dans le système formulaire. Leur formule était plus compliquée que celle des autres actions. Elles avaient une partie purement personnelle, l'*intentio;* et une autre partie ayant un caractère réel, l'*adjudicatio*. La forme de cette dernière partie était impersonnelle, par conséquent, on disait qu'elle était *in rem* (1). On peut donc dire que la formule de ces actions était à la fois *in rem et in personam*.

Cette explication n'est pas non plus satisfaisante. Aucun texte ne prouve d'abord l'existence de la dénomination d'actions mixtes sous le système formulaire. Ensuite elle se trouve en contradiction avec le principe incontestable selon lequel, pour déterminer si une action était *in personam* ou *in rem*, on s'attachait à l'*intentio*, sans prendre en considération aucune autre partie de la formule.

---

(1) Il est bien certain que, dans l'*adjudicatio*, le magistrat n'indiquait pas au juge à quel héritier tels biens héréditaires devaient être adjugés. Pour qu'il pût faire cette désignation, il aurait fallu qu'il effectuât lui-même le partage avant le juge. Aussi est-il probable que Gaïus ne nous donne pas la formule exacte de l'*adjudicatio*. D'après le § 42 de son C. IV, elle aurait été ainsi conçue : *Quantum adjudicari oportet, judex* TITIO *adjudicato*.

Nous préférons les deux explications suivantes :

5° Ce qui caractérisait les actions mixtes, c'est que le juge y recevait un pouvoir tout spécial, celui d'adjuger. — Le juge qui prononçait une adjudication accomplissait un acte bien distinct de celui qui statuait sur une action réelle. L'*adjudicatio* était un mode de translation des droits réels ; le juge qui la prononçait créait un droit réel nouveau au profit de l'adjudicataire. Au contraire, la sentence qui statuait sur une action réelle ne faisait que constater l'existence d'un droit réel préexistant.

Cette distinction entre les effets de l'adjudication et du jugement n'avait pas toujours été parfaitement aperçue par les jurisconsultes romains. Ainsi dans deux textes il est dit que l'hypothèque est adjugée par le juge de l'action hypothécaire. L. 12 pr. (20-4). — L. 16, § 5 (20-1) (1).

Il est probable que c'est par une confusion de ce genre entre la nature de l'*adjudicatio* et celle de la sentence statuant sur une action réelle que les actions divisoires avaient été qualifiées d'actions mixtes. Cette explication est confirmée par la fin du paragraphe 20, qui insiste sur le pouvoir d'adjuger qui appartenait au juge dans les actions divisoires.

6° Il ne faut pas chercher d'explication logique du paragraphe 20 des Institutes. Au Bas-Empire, les idées juridiques étaient obscurcies. Peut-être les rédacteurs

(1) Cette erreur semble avoir étérticu lière à Marcien. Les deux textes cités sont de lui. — Au contraire, Ulpien (L. 8 § 4-8-5), indique parfaitement qu'une sentence rendue sur une action confessoire déclare l'existence d'une servitude, mais n'en constitue pas une nouvelle.

des Institutes, en s'attachant à cette idée que les actions divisoires supposaient chez les parties l'existence de la qualité de propriétaires, ont-ils voulu dire que ces actions se trouvaient avoir une double nature : qu'elles étaient personnelles, parce qu'elles avaient leur cause dans les obligations des parties; réelles, en ce qu'elles supposaient que les parties étaient propriétaires des fonds qu'il s'agissait de partager ou dont il fallait déterminer les limites dans l'action *finium regundorum.*

Cette explication est celle que donne Théophile en ces termes :

Sunt quœdam actiones, quœ et actionis in rem et actionis in personam naturam in se habent. Talis est familiœ erciscundœ actio, quœ heredibus competit de dividendâ hereditate. Nàm et actionis in rem proprietatem in se habet, quod ea de rebus agatur. Ex parte enim singuli coheredum domini sunt. Habet et actionis in personam effectum, nàm capita quœdam in eâ et excutiuntur et in condemnationem deducuntur, quœ actionis in personam et non actionis in rem propria sunt.

L'action *familiœ erciscundœ* avait quelque rapport avec deux autres actions : avec la *pétition d'hérédité* et avec l'action *communi dividundo.* Il importe de comparer notre action à ces deux autres, afin de bien l'en distinguer et d'en faire ressortir les caractères, le but et l'utilité.

L'action *familiœ erciscundœ* et la *petitio hereditatis* se rapprochaient, en ce qu'elles avaient le même objet, l'hérédité; mais ces deux actions différaient beaucoup par leur but et par leur caractère.

a. Celui qui exerçait la pétition d'hérédité avait pour

but de faire reconnaître son droit à la succession dénié par le défendeur. Au contraire l'action *familiæ erciscundæ* supposait en principe que les parties étaient d'accord sur leurs droits héréditaires (L. 1 § 4, v, iv, Ulpien. *Si sibi controversiam non faciunt hereditatis, familiæ erciscundæ experiri eos oportebit*).

Cependant la loi 37 (10-2) de Scœvola semble nier l'existence de cette différence :

Qui familiæ erciscundæ judicio agit, NON *confitetur adversarium sibi esse coheredem.*

Nonobstant ce texte, il faut admettre que l'exercice de l'action *familiæ erciscundæ* supposait en principe que la qualité d'héritier de chacune des parties était reconnue mutuellement par elles. On a cherché à concilier cette loi de différentes manières avec cette idée.

1. Celui qui exerçait l'action *familiæ erciscundæ*, a-t-on-dit, supposait bien chez le défendeur la qualité de cohéritier, mais il ne la reconnaissait pas. Aussi, si, pendant l'instance en partage, le demandeur s'apercevait qu'il avait pris à tort le défendeur pour son cohéritier, il pouvait faire valoir son droit héréditaire, en exerçant la pétition d'hérédité.

Cette explication semble un peu divinatoire. Car, comme le dit Cujas, il n'est nullement parlé dans la loi 37 de l'erreur du demandeur. Le jurisconsulte s'exprime dans les termes les plus généraux.

Les deux explications suivantes paraissent plus admissibles.

2. Les Basiliques reproduisent la loi 37 sans la négation *non*. On peut donc présumer que cette négation

s'est glissé dans les textes latins par suite d'une erreur des copistes.

3. Enfin Glück a proposé une troisième explication.

Elle offre l'avantage de mettre la loi 37 d'accord avec les principes, sans rien changer à son texte. Il faut laisser subsister la négation, mais lui donner un sens interrogatif : ici *non* est synonyme de *nonne*. On peut remarquer à l'appui de cette interprétation que ce texte est extrait d'un livre des *Quæstiones* de Scœvola. Or, dans cet ouvrage, des difficultés étaient posées sous forme interogative.

b. La pétition d'hérédité était une action simple. L'action *familiæ erciscundæ* était double.

c. La pétition d'hérédité était une action réelle. L'action *familiæ erciscundæ* était personnelle.

d. L'action *familiæ erciscundæ* était une action mixte. Dioclétien (L. 7, 3-31, C.), qualifie également la pétition d'hérédité d'action mixte (*personalis mixta actio*). Mais il est évident que cette qualification appliquée à l'action en pétition d'hérédité a un tout autre sens que lorsqu'on l'applique à l'action *familiæ erciscundæ*.

e. L'action *familiæ erciscundæ*, était une action de bonne foi. La *petitio hereditatis*, étant une action réelle, n'entrait nécessairement pas dans la division des actions en actions de bonne foi et de droit strict. (1)

(1) Cependant Justinien semble classer la pétition d'hérédité parmi les actions de bonne foi (§ 28, IV-VI, Inst.). Mais on reconnaît généralement qu'il a exagéré la portée de sa décision. Tout ce qu'il a voulu, c'est mettre fin à une controverse entre les jurisconsultes. Fallait-il, dans la *petitio hereditatis*,

f. Les créances héréditaires pouvaient être l'objet, comme les choses corporelles, de la pétition d'hérédité. Au contraire, elles n'étaient pas directement comprises dans l'action *familiœ erciscundœ*. — L. 51, § 1 (10-2).

Si la différence essentielle entre la *petitio hereditatis* et l'action *familiœ erciscundœ* se trouve dans leur but, c'est au contraire à ce point de vue qu'il y a une grande analogie entre notre action et l'action *communi dividundo*. Les actions *communi dividundo* et *familiœ erciscundœ* avaient toutes deux pour but la cessation de l'état d'indivision ; et toutes deux, elles avaient la même cause, cet état d'indivision (1). Au contraire elles différaient au point de vue de leur objet.

L'action *communi dividundo* était donnée pour le partage de choses indivises, quelle qu'eût été la cause de l'indivision, tandis qu'au contraire l'action *familiœ erciscundœ* ne pouvait être exercée que pour le partage d'une hérédité. Le caractère général de l'action *communi dividundo* soulève une difficulté : si l'action *communi dividundo* était donnée pour le partage de toutes les choses indivises, il semble que l'action *familiœ erciscundœ* n'était pas utile, et on ne conçoit guère comment Gaïus

comme dans les actions de bonne foi, sous entendre l'exception de dol ? Justinien a décidé l'affirmative. C'est seulement à ce point de vue spécial qu'il a assimilé la pétition d'hérédité aux actions de bonne foi.

(1) C'est à raison de cette ressemblance entre les deux actions qu'un même titre du Code traite à la fois de l'une et de l'autre (C., 3-38, *Communia utriusque judicii*). Pothier a aussi pour ce motif réuni dans un même titre les textes des titres *communi dividundo* et *familiœ erciscundœ*. Il dit, en effet : *Adeo affines sunt ut de his simul agere necessarium duxerim*.

peut dire que sa création était nécessaire. L. 1, pr. (10-2).

Deux textes paraissent démontrer l'inutilité de l'existence de l'action *familiæ erciscundæ* à côté de l'action *communi dividundo :* ils semblent décider que ces deux actions étaient données concurremment aux héritiers.

L. 44, (10-2) princip., Paul. *Inter coheredes etiam communi dividundo agi potest, ut res duntaxat, quæ eorum communes sint, et causæ ex his rebus pendentes in judicium veniant; de ceteris vero in integrum sit familiæ erciscundæ judicium.*

L. 34 (17-2) Gaïus. *Quibus casibus si quid forte unus in eam rem impenderit sive fructus mercedesve unus perceperit, vel deteriorem fecerit rem, non societatis judicio locus est; sed inter coheredes familiæ erciscundæ judicio agitur; inter ceteros communi dividundo. Inter eos quoque quibus hereditario jure communis res est, posse et communi dividundo agi.*

Au contraire, un texte d'Ulpien paraît exclure le concours des deux actions et décider qu'entre cohéritiers l'action *communi dividundo* n'était pas en principe donnée.

L. 4, princip. Ulpien (10-3). *Per hoc judicium corporalium rerum fit divisio, quarum rerum dominium habemus, non autem hereditatis.*

Bien que les deux premiers textes que nous venons de citer semblent prouver l'inutilité de l'action *familiæ erciscundæ* à côté de l'action *communi dividundo*, cependant on peut soutenir que la première de ces actions était nécessaire, et démontrer que nos textes ne sont pas en opposition avec cette doctrine.

L'action *communi dividundo* servait sans doute à obtenir le partage de choses indivises individuellement déterminées; mais, par elle, on ne pouvait obtenir le partage de choses indivises considérées comme formant une universalité juridique. Ainsi, par cette action les cohéritiers pouvaient bien demander le partage de telles ou telles choses héréditaires indivises individuellement désignées; mais ils n'auraient pu demander le partage de l'hérédité considérée en masse. C'est ce que nous paraît décider Ulpien dans la loi 4 (10-3).

Le texte de Paul ne donne pas une décision contraire. Il veut uniquement dire que, s'il y a des choses qui sont indivises entre les cohéritiers à un autre titre qu'à titre héréditaire, ils pourront les faire partager en exerçant l'action *communi dividundo*. Quant à Gaïus, l. 34 (17-2), il décide que les cohéritiers peuvent demander séparément le partage des *choses héréditaires*; mais il ne parle point du partage de l'*hérédité*, comme le fait Ulpien dans la loi 4, (10-3).

Il est facile de comprendre, si l'on admet cette explication, l'utilité de l'action *familiæ erciscundæ*. Si l'action *communi dividundo* avait seule existé, les cohéritiers, pour obtenir un partage complet de l'hérédité, eussent dû exercer autant de fois cette action qu'il y avait de choses héréditaires, ou du moins indiquer individuellement chacune des choses héréditaires dont ils demandaient le partage.

Ainsi pour obtenir le partage d'une succession, un héritier eût dû connaître tous les biens qui la composaient. S'ils ne les avaient pas connus, la nécessité pour lui de demander le partage par plusieurs actions successives eût été la cause de nombreux embarras ; ces différentes actions eussent pu être portées devant des juges différents et être exercées à des époques éloignées ; il aurait été difficile pour les juges de combiner tous ces partages partiels successifs, de façon à attribuer à chaque héritier des parts égales. Avec l'action *familiæ erciscundæ* on évitait ce grave inconvénient : le juge, saisi de cette action, était appelé à faire le partage, non pas de telle ou telle chose héréditaire, mais de l'hérédité tout entière (1).

La différence d'objet entre les deux actions en entraînait une autre qui est relevée par les textes. L'action *familiæ erciscundæ* ne pouvait être exercée qu'une fois. L. 20, § 4 (10-2). *Amplius quam semel familiæ erciscundæ agi non potest.* (*sic Pauli sentent.* I. 18, § 1). Au contraire, l'action *communi dividundo* pouvait être renouvelée. L. 4, § 2 (10-3).

---

(1) Un auteur donne l'explication historique suivante de la coexistence de ces deux actions : comme d'ordinaire, dit-il, les Romains n'ont pas commencé en cette matière par le principe général. Ils ont d'abord créé des actions particulières pour les cas dans lesquels le besoin s'en faisait sentir. D'abord fut créée l'action en partage d'une succession échue à plusieurs héritiers (action *familiæ esciscundæ*) ; enfin on inventa une action générale pour le partage d'une communauté quelconque (action *communi dividundo*). Dès lors, l'action *familiæ erciscundæ* aurait pu être écartée comme inutile. Mais, sous l influence du système formulaire, chaque action avait alors acquis certaines particularités qui la distinguaient des autres, et qui dans le droit de Justinien n'étaient pas encore complétement effacées. (V. Maynz, tome II, § 369, page 426.) Cette explication est très-ingénieuse ; elle explique parfaitement comment il était vrai de dire que la création de l'action *familiæ erciscundæ* fut nécessaire. Mais elle n'est appuyée sur aucun texte.

Lorsqu'un cohéritier exerçait l'action *familiæ erciscundæ*, le juge était appelé à opérer le partage de l'hérédité tout entière. Le partage qu'il opérait détruisait l'objet même de l'action, l'hérédité. Il pouvait avoir laissé certaines choses indivises, mais ces choses ne constituaient plus une hérédité, une universalité juridique; c'étaient seulement des choses héréditaires indivises. Aussi, leur partage ne pouvait pas être obtenu par l'action *familiæ erciscundæ;* tout ce que pouvaient faire les cohéritiers, c'était d'exercer, pour les faire partager, l'action *communi dividundo*. L. 20, § 4, (10-2). Au contraire l'action *communi dividundo* avait pour objet des choses indivises individuellement déterminées. Par suite, elle était donnée pour le partage des choses composant une masse indivise autant de fois qu'il y avait de choses distinctes dans cette masse.

Si donc les héritiers voulaient se réserver l'exercice de l'action *familiæ erciscundæ*, ils pouvaient exercer l'action *communi dividundo* pour faire opérer le partage de certaines choses héréditaires déterminées. C'est probablement à un cas de ce genre que fait allusion Gaïus dans la loi 34 (17-2).

CHAPITRE II.

A QUELLES PERSONNES ET CONTRE QUELLES PERSONNES ÉTAIT DONNÉE L'ACTION *familiæ erciscundæ*. — CONDITIONS DE SON EXERCICE DANS LA PERSONNE DU DEMANDEUR ET DANS CELLE DU DÉFENDEUR. — CAPACITÉ NÉCESSAIRE POUR EXERCER CETTE ACTION OU POUR Y DÉFENDRE.

L'action *familiæ erciscundæ* se donnait à tous les héritiers et contre tous les héritiers soit ab intestat, soit testamentaires. Elle était accordée aux héritiers ab intestat qu'ils fussent appelés à la succession par une loi, par un sénatus-consulte ou par une constitution impériale. L. 2, § 1 (10-2).

Les substitués vulgaires, lorsqu'ils venaient à la succession par suite de la défaillance des institués, avaient l'action *familiæ erciscundæ* soit contre leurs cosubstitués, soit contre les héritiers institués non défaillants.

Le principe général était que ceux-là avaient l'action *familiæ erciscundæ* auxquels la *petitio hereditatis* était accordée. Ainsi notre action était donnée aux *bonorum possessores* et aux fidéicommissaires à titre universel qui recueillaient leur fidéicommis *ex Trebelliano senatusconsulto*. Mais, comme ces successeurs n'avaient qu'un *epetitio hereditatis utile*, on ne leur donnait aussi qu'une action *familiæ erciscundæ* utile. L. 24, § 1; l. 40 (10-2).

Une action *familiæ erciscundæ* utile était également donnée aux esclaves ou aux *extranei* qui s'étaient fait enoyer en possession des biens héréditaires, *libertatum servandarum causa*, car ils étaient assimilés aux *bonorum possessores*. L. 4, § 21 (40-5).

Elle était aussi donnée à l'*emptor hereditatis* contre les cohéritiers de son vendeur et réciproquement. On avait en effet admis qu'une action utile serait donnée à *l'emptor hereditatis* ou contre lui dans tous les cas où une action directe aurait été donnée soit au vendeur, soit contre lui.

L'adrogé impubère n'avait pas pour réclamer sa *quarte* en cas d'émancipation *sine justa causa* ou d'exhérédation, une pétition d'hérédité même utile. On le considérait comme un simple créancier, et, comme tel, il n'avait qu'une action personnelle. L. 1, p. 21 (37-6). Cependant on lui accordait une action *familiæ erciscundæ* utile contre les héritiers de l'adrogeant. L. 2, p. 1 (10-2).

Pour intenter l'action *familiæ erciscundæ*, il ne suffisait pas d'être appelé à exercer un droit héréditaire, il fallait encore l'avoir acquis. Ainsi l'héritier nécessaire pouvait bien exercer cette action dès le jour de l'ouverture de la succession ; mais l'héritier volontaire ne pouvait agir en partage qu'à partir du moment où il avait fait adition. Une conséquence à tirer de cette règle, c'est que l'héritier volontaire institué sous condition n'avait jamais l'action *familiæ erciscundæ* qu'après l'accomplissement de la condition, car l'adition ne pouvait pas avoir lieu *pendente conditione*. L. 13, pr. (29-2).

Il ne fallait pas seulement, pour que l'action *familiæ erciscundæ* fût donnée à des successeurs à titre universel, qu'ils eussent succédé à la même personne ; il fallait en outre qu'ils fussent appelés à venir prendre part dans la même masse de biens. Ainsi, lorsqu'un militaire avait en même temps institué un héritier pour ses *bona castrensia* et un héritier pour ses autres biens, il n'y avait point lieu entre ces deux héritiers à l'action *familiæ erciscundæ*. Les constitutions impériales avaient décidé qu'en cas pareil le militaire serait considéré comme ayant laissé en quelque sorte deux hérédités ; chacun des héritiers était héritier unique pour la masse de biens à lui assignée. L. 25, p. 1 (10-2). *Quasi duorum hominum duæ hereditates intelligi*. L. 17, p. 1 (29-1).

Mais il est évident que si un militaire avait institué plusieurs héritiers, soit pour ses biens *pagana*, soit pour ses biens *castrensia*, il y avait plusieurs héritiers pour partie d'une même masse de biens indivise, et par suite, il y avait lieu entre eux à l'action *familiæ erciscundæ*.

Pour que l'action *familiæ erciscundæ* fût donnée, peu importait que le demandeur possédât sa part héréditaire, l'hérédité entière, ou n'eût la possession d'aucune partie de la succession. L. 1, p. 1 ; L. 51, p. 1 (10-2). Elle pouvait aussi être exercée contre un possesseur ou contre un non-possesseur. L. 25, p. 2 (10-2).

La participation de tous les héritiers à l'instance en partage n'était pas nécessaire. C'est ce que décide Ulpien dans la loi 2, p. 4 (10-2). *Dubitandum autem non est quin familiæ erciscundæ judicium et inter pauciores heredes ex pluribus accipi possit.* Cette décision d'Ulpien semble être complétement contredite par Paul. (*Sentent.* I, 18, p. 4). *Judex familiæ erciscundæ nec inter paucos heredes, sed inter omnes dandus est : alioquin inutiliter datur.*

Cependant, malgré leur apparente contrariété, ces deux décisions de Paul et d'Ulpien peuvent être conciliées. Si ces deux jurisconsultes donnent des solutions différentes, cela tient à ce qu'ils ont prévu deux hypothèses différentes. Paul exprime cette idée incontestable que l'omission d'un héritier rend nul le partage et oblige par suite à exercer une seconde fois l'action *familiæ erciscundæ.* Ulpien veut seulement dire que si plusieurs cohéritiers veulent rester dans l'indivision, cela ne doit pas empêcher les autres de faire procéder au partage. Cette interprétation du texte d'Ulpien est en accord parfait avec la décision que donne Paul lui-même en matière d'action *communi dividundo. Et si non omnes qui rem communem habent, sed certi ex his dividere desiderant, hoc judicium inter eos accipi potest.* L. 8, (10-3) (1).

Mais si, parmi les héritiers, les uns peuvent vouloir rester dans l'indivision, tandis que les autres en veulent sortir, il n'en est pas de même des héritiers de l'un d'eux : lorsque leur auteur est mort après la *litis contestatio*, ceux-ci doivent s'arranger entre eux pour poursuivre le procès ensemble ou le discontinuer, ou nommer un *procurator* qui prenne un seul parti en leur nom. L. 48 (10-2) (2).

En règle générale, en exerçant une seule fois l'action

---

(1) Cette conciliation est proposée par M. de Vangerow. (Tome II, §. 514, Lehrbuch der Pandekten.)

(2) M. de Savigny fait remarquer qu'il y a là une sorte d'indivisibilité. Cette disposition, dit-il, se rattache uniquement à la procédure ; « mais elle « est, du reste, très-convenable ; car, chaque partie étant, dans cette action, « demandeur et défendeur à la fois, la division entre les héritiers pourrait « amener de graves complications. » (De Savigny, *Droit des obligations*, § 32, trad. Gérardin et Jozon, p. 379 et 380.)

familiæ erciscundæ, on ne pouvait arriver qu'à faire partager une seule hérédité. Mais il y avait des cas exceptionnels dans lesquels on pouvait, en n'exerçant qu'une fois cette action, faire opérer le partage de plusieurs successions. C'est ce qui avait lieu lorsque des cohéritiers étaient en même temps appelés à plusieurs hérédités. L. 25, p. 3 (x-2) ; L. 8, C. (3-36). Ce n'était toutefois là qu'une simple faculté pour les cohéritiers, qui pouvaient toujours, si bon leur semblait, exercer une action *familiæ erciscundæ* distincte pour chaque hérédité (L. 25, p. 5 (10-2).

Pour avoir l'exercice de l'action *familiæ erciscundæ*, il fallait en principe être capable de disposer des objets qui devaient être compris dans le partage, car le partage était un acte d'aliénation : il participait de la nature, soit de l'échange, soit de la vente, selon que tous les copartageants recevaient leur part en nature, ou que certains d'entre eux la recevaient en argent. L. 1, C. (3-37) ; L. 20, p. 3 (10-2).

Il résultait de cette règle que les pupilles, les mineurs de 25 ans en curatelle, les *mente capti*, les prodigues n'avaient point la capacité nécessaire pour exercer l'action *familiæ erciscundæ*. Depuis le rescrit de Septime-Sévère qui décidait que les *prædia suburbana et rustica* appartenant à des incapables ne pourraient être aliénés sans décret du magistrat, ils ne purent plus provoquer le partage des immeubles héréditaires, même avec l'*auctoritas* de leur tuteur ou le *consensus* de leur curateur ; un décret du magistrat leur était nécessaire pour les habiliter. L. 1, p. 2 (27-9.) Ce décret dut être exigé à partir de Constantin, même dans le cas où dans la succession à partager, il n'y avait que des meubles. L. 22, C. (v-37).

Mais, au contraire, un décret du magistrat était inutile pour habiliter un de ces incapables à défendre à une action en partage exercée contre lui par un cohéritier capable (1). Nul n'étant tenu de rester dans l'indivision (L. 5, C., 3, 37), les aliénations résultant d'un partage étaient considérées comme des aliénations nécessaires de la part de celui contre lequel le partage avait été provoqué. Or le rescrit de Sévère et celui de Constantin, qui établissaient la nécessité d'un décret du magistrat pour les aliénations des biens des incapables indiqués plus haut, ne s'appliquaient qu'aux aliénations volontaires. L. 1, p. 2, Dig. (27-9), L. 17 *in fine* (C., 5, 71).

Lorsqu'une femme s'était constituée en dot, sans estimation, ce qui lui appartenait dans des immeubles faisant partie d'une succession qu'elle était appelée à recueillir, son mari ne pouvait pas, sans le concours de sa femme, en provoquer le partage. S'il en avait été autrement, la loi Julia eût été violée; car le mari, en provoquant seul le partage, serait arrivé à faire des aliénations d'immeubles dotaux *sine voluntate mulieris*. L. 2, Gordien (V. 23, Code) (2).

---

(1) C'est ainsi que dans notre droit, le tuteur d'un mineur ne peut exercer une action en partage sans l'autorisation du conseil de famille; tandis qu'au contraire il peut défendre seul à une action de cette sorte. (Art. 465 et 817, Code civil.)

(2) Il faut remarquer que l'action *communi dividundo* et l'action *familiæ erciscundæ*, quand elles avaient pour objet des fonds dotaux, étaient régies par des règles différentes des autres actions. Car le mari avait l'exercice des actions dotales, et notamment il pouvait revendiquer des fonds dotaux. (L. 11, v, 12, C.)

Au contraire, le partage pouvait être provoqué par les cohéritiers de la femme contre le mari seul. L. 2 (V. 23, C.). Cette loi ne parle que de l'exercice de l'action *communi dividundo*; mais il n'y a aucun motif pour ne pas étendre sa décision à l'action *familiæ erciscundæ*. Cette distinction entre le cas où le mari est demandeur en partage et celui où il est défendeur était fondée sur ce que la loi Julia (comme les rescrits de Sévère et de Constantin) ne s'appliquait qu'aux aliénations volontaires. L. 1, *Princip*. (Dig. 23, 5) (1).

Lorsque Justinien eut décidé que le mari ne pourrait point, même avec le consentement de sa femme, aliéner les immeubles dotaux, cette innovation aurait dû logiquement conduire à admettre que le mari ne pouvait pas, même *ex voluntate mulieris*, demander le partage de ces immeubles; mais cette conséquence rigoureuse des principes paraît n'avoir jamais été acceptée. Cela résulte de l'insertion du rescrit de Gordien dans le Code de Justinien. La doctrine contraire eût violé d'ailleurs manifestement la règle : *Nemo invitus compellitur in communione detineri*.

(1) La question de savoir si le mari peut exercer seul l'action en partage d'un immeuble dotal et y défendre, ou si le concours de la femme lui est nécessaire est vivement discutée dans notre droit. Mais les auteurs sont généralement d'accord pour reconnaître que le texte absolu soit de l'art. 1549, soit de l'art. 818, met obstacle à ce qu'on admette la distinction du droit romain entre l'exercice de l'action en partage et la défense à cette action. Il résulte d'ailleurs de l'art. 818, al. 2, que, dans le cas où le mari ne peut pas intenter l'action sans le concours de sa femme, il ne peut pas non plus y défendre. Marcadé seul transporte dans notre droit la distinction du droit romain. (Art. 1549, III, tome IV.)

CHAPITRE III.

DES FINS DE NON-RECEVOIR QUI POUVAIENT FAIRE ÉCARTER PROVISOIREMENT OU REJETER L'ACTION *familiæ erciscundæ*.

Il pouvait arriver que toutes les conditions que nous venons d'indiquer se trouvassent réunies, et cependant que le défendeur à l'action *familiæ erciscundæ* pût la faire écarter par une fin de non-recevoir. Tantôt il obtenait seulement son rejet provisoire, tantôt il la faisait définitivement rejeter.

L'action *familiæ erciscundæ* pouvait être écartée provisoirement par le *præjudicium ne hereditati fiat*. Lorsque le demandeur ne se trouvait pas en possession de la part héréditaire à laquelle il prétendait avoir droit, le défendeur qui lui contestait sa qualité d'héritier pouvait, en lui opposant ce *præjudicium*, le faire renvoyer à l'exercice préalable de la *petitio hereditatis*, L. 1, § 1 (10-2). Ce n'était alors qu'après avoir fait reconnaître son droit héréditaire que le demandeur obtenait le partage de l'hérédité.

Le défendeur pouvait en un certain nombre de cas faire écarter définitivement par une fin de non-recevoir l'action en partage. L'action *familiæ erciscundæ* suppose l'existence de l'état d'indivision. Du moment où l'indivision n'existait pas ou avait cessé, le cohéritier contre lequel elle était intentée pouvait la faire rejeter. Or, l'indivision cessait de différentes manières.

Nous devons examiner les divers cas où par suite de la non existence ou de la cessation de l'indivision l'action *familiœ erciscundœ* n'était plus recevable.

a. L'action *familiœ erciscundœ* pouvait être écartée, lorsque, par suite des dispositions testamentaires du défunt, l'indivision n'avait pu s'établir entre ses cohéritiers. Si le défunt avait distribué entre ses héritiers toutes les choses héréditaires au moyen de legs *per prœceptionem* faits à chacun, cette distribution empêchait l'indivision de s'établir entre les héritiers et rendait par suite l'action *familiœ erciscundœ* non recevable.

Toutefois cette conséquence des legs *per prœceptionem* faits aux cohéritiers ne devait pas être admise par tous les jurisconsultes. Les Sabiniens et les Proculiens étaient en désaccord sur la nature et sur les effets de ces legs.

D'après les Sabiniens, la propriété des choses léguées *per prœceptionem* n'était pas transférée de plein droit aux cohéritiers comme celle des choses léguées *per vindicationem*. C'était le juge de l'action *familiœ erciscundœ* qui, par les adjudications des biens légués prononcées au profit de chaque héritier en transférait la propriété à celui auquel elles avaient été attribuées. Ainsi, dans l'opinion de ces jurisconsultes, l'indivision existait entre les cohéritiers, encore que le testateur eût disposé de toutes les choses héréditaires par des legs *per prœceptionem* faits à chacun d'eux.

Les Proculiens soutenaient au contraire que les legs *per prœceptionem* faits aux héritiers avaient les mêmes effets que les legs *per vindicationem*. En conséquence, lors de l'adition, chaque héritier acquérant un droit exclusif sur les biens à lui légués *per prœceptionem*, l'indivision n'avait jamais existé entre les cohéritiers. Par suite, dans cette théorie, l'héritier contre lequel l'action *familiæ erciscundæ* était exercée pouvait y opposer une fin de non-recevoir : il n'y avait pas lieu de sortir d'indivision, on ne s'y était jamais trouvé. — G. P. 222. C. 2.

Il faut toutefois observer que ce désaccord entre les deux écoles sur les effets des legs *per præceptionem* n'existait qu'autant que les choses qui en formaient l'objet appartenaient au testateur *ex jure quiritium*. S'il les avait eues seulement *in bonis*, les Proculiens eux-mêmes reconnaissaient que l'exercice de l'action *familiæ erciscundæ* était nécessaire pour faire produire aux legs leurs effets. C'était donc que les legs *per præceptionem* de choses que le testateur avait *in bonis* n'empêchaient pas l'indivision de s'établir entre les cohéritiers.

Nous dirons plus loin que le partage fait par un ascendant entre ses descendants n'empêchait pas non plus que ceux-ci se trouvassent dans l'indivision à sa mort, et ne rendait pas par suite l'action *familiæ erciscundæ* non recevable. C'était même seulement par l'intervention du juge de cette action que ce partage recevait son exécution.

b. Un cohéritier pouvait renoncer à son droit de copropriété au profit de son cohéritier. Cette renonciation faisait cesser l'indivision à son égard et y mettait même fin d'une façon absolue, lorsqu'il n'y avait que deux héritiers en concours. Si le cohéritier renonçant exerçait l'action *familiæ erciscundæ,* sa demande devait être rejetée. L. 14, p. 4 (10-3.)

c. L'indivision étant par suite des conflits d'intérêts qu'elle engendre entre les copropriétaires une source de contestations, L. 77, p. 20 (*de Legat.*, 22), il avait été admis que nul n'était tenu de rester dans l'indivision. L. 5. (3-37, C.) Un cohéritier ne pouvait même pas d'avance renoncer d'une façon absolue au droit de demander le partage. La convention par laquelle les héritiers convenaient de rester toujours dans l'indivision était radicalement nulle. L. 14, § 2 (10-3.)

Mais les parties pouvaient valablement convenir que le partage ne pourrait pas être provoqué pendant un laps de temps déterminé. Si l'un des cohéritiers avait agi en partage avant l'expiration de ce délai, le cohéritier défendeur aurait pu faire rejeter son action, en lui opposant la convention intervenue entre eux. L. 14, § 3 (10-2) (1).

Un testateur pouvait-il imposer à ses héritiers l'obligation de rester dans l'indivision? Il est un point qui ne peut pas faire le moindre doute, encore qu'aucun texte ne s'en explique expressément : le testateur ne pouvait pas imposer à ses héritiers de rester perpétuellement dans l'indivision. Si la crainte des contestations entre les cohéritiers avait fait admettre qu'ils ne pourraient convenir de rester toujours dans l'indivision, *a fortiori*, cette même crainte devait faire déclarer nulle la clause par laquelle le testateur enjoignait à ses héritiers de ne jamais sortir d'indivision. L'indivision forcée présente en effet des dangers de contestations bien plus grands que l'indivision volontaire.

---

(1) Le délai maximum pendant lequel on pouvait convenir valablement de rester dans l'indivision ne semble pas avoir été fixée par le droit romain. Il ne le fut pas non plus dans notre ancien droit. (Poth., Introd. titre XVI, cout. d'Orléans, n° 71. Notre Code civil en a, au contraire, fixé un. (Art. 815.)

Le testateur pouvait-il, du moins, imposer à ses héritiers de rester dans l'indivision pendant un délai déterminé? Aucun texte ne résout la question pour le cas où cette condition aurait été imposée à un héritier nécessaire. Mais un texte indique qu'il y avait difficulté quand elle l'était à des héritiers volontaires. On pouvait soutenir qu'une telle condition rendait l'institution elle-même nulle comme impliquant une contradiction avec cette institution. Voici en effet ce que suppose Ulpien dans la loi 4 (28-7) : Un testateur a institué deux héritiers en ces termes : qu'ils soient mes héritiers, s'ils restent dans l'indivision pendant seize ans. On pouvait dire : il est impossible que ces héritiers recueillent la succession. D'un côté, en effet, ils ne peuvent devenir héritiers qu'autant qu'ils restent dans l'indivision, et d'un autre côté ils ne peuvent se trouver dans l'état d'indivision qu'autant qu'ils seront devenus héritiers en faisant adition. Ulpien admettait cependant la validité de l'institution. (1)

d. Les cohéritiers pouvaient faire à l'amiable le partage de l'hérédité. Ce mode de partage était même spécialement recommandé par les jurisconsultes. Papinien va jusqu'à dire que les cohéritiers qui partagent la succession à l'amiable accomplissent un devoir (*fratres*

(1) On ne peut déduire des lois *ult.* § 3 (*De legat.*-2° et 78 (36-1), que le testateur pouvait imposer à ses héritiers de rester dans l'indivision. Ces lois ne parlent pas, en effet, de la clause prohibitive dont il s'agit. Ces lois prévoient le cas où le testateur a imposé à ses héritiers de mettre en commun certains biens, mais ne leur a aucunement enlevé la liberté de demander le partage quand bon leur semblera.

communem hereditatem consensu dividentes pietatis officio funguntur. L. 57 (10, 2). La convention de partage ne suffisait par pour permettre au cohéritier contre lequel l'action *familiæ erciscundæ* était exercée, de faire rejeter cette action au moyen de l'*exceptio pacti* ou *doli* sous entendue dans la formule, alors même que le partage amiable aurait compris tous les biens de la succession. Par lui l'indivision ne cessait pas; car, d'après les principes généraux du droit romain sur les effets des conventions, la seule convention de partage ne pouvait conférer un droit exclusif de propriété à chaque cohéritier sur les biens qui étaient indiqués dans cette convention comme devant composer son lot. Pour que cet effet fût produit, il était nécessaire que les parties se fissent réciproquement tradition des choses qui leur avaient été attribuées par le partage amiable.

Si des cohéritiers se refusaient d'exécuter le partage, l'exercice de l'action *familiæ erciscundæ* devenait nécessaire pour que le juge, en se conformant à la convention des cohéritiers, fît à chacun d'eux *adjudicatio* des biens placés dans son lot. L. 15 (3-38, C.). En effet, comme le partage était un contrat innommé, un copartageant ne pouvait avoir contre les autres d'action spéciale dérivant du partage qu'autant que lui-même avait exécuté ce contrat. A partir de ce moment, il avait l'action *præscriptis verbis* pour obliger ses copartageants à l'exécution de leurs obligations. Ansi le partage fait à l'amiable ne rendait l'action *familiæ erciscundæ* non recevable; alors même qu'il comprenait tous les biens de la succession, qu'autant qu'il avait été exécuté. L. 8, C. (3-38).

e. L'action *familiæ erciscundæ* ne pouvait être exercée

qu'une seule fois. Le cohéritier contre lequel elle aurait été exercée pour la seconde fois, pouvait donc la faire rejeter, alors même que toutes les choses héréditaires n'eussent pas été partagées; lorsque le juge de l'action *familiæ erciscundæ* avait laissé plusieurs choses indivises, le partage de ces choses devait être poursuivi, non plus par l'action *familiæ erciscundæ* mais par l'action *communi dividundo*. L. 20 § 4 (10-2), p. 1, Pauli sentent. (I-XVIII).

Ulpien pose ce principe en ces termes dans la loi 20, § 4 (10-2) : *Familiæ erciscundæ amplius quam semel agi non potest, nisi causa cognita. Quod si quædam res indivisæ relictæ sunt, communi dividundo de his agi potest.*

Ce principe n'est point contredit par la loi 1, au Code (3-36) : *Si non omnem paternam hereditatem ex consensu divisisti, nec super ea re sententia dicta vel transactio subsecuta est, judicio familiæ erciscundæ potes experiri*. Si, dans cette constitution, il est décidé qu'il y a lieu d'exercer l'action *familiæ erciscundæ* pour faire opérer le partage des choses restées indivises, c'est qu'elle statue sur le cas où le premier partage incomplet était un partage fait à l'amiable et non un partage judiciaire (*ex consensu divisisti*). L'action *familiæ erciscundæ* pouvait, dans cette espèce, être exercée pour faire partager les biens restés indivis, parce qu'elle n'avait pas été déjà précédemment intentée.

Il pouvait cependant se présenter des cas où une personne qui avait déjà intenté l'action *familiæ erciscundæ* était admise à l'exercer une seconde fois. C'est ce qui arrivait lorqu'un cohéritier obtenait une *restitutio in integrum* contre un partage judiciaire. Alors, en effet, l'action *familiæ erciscundæ* était réputée n'avoir jamais été exercée. C'est à ce cas que semble faire allusion Ulpien, dans la loi 20, p. 4 (10-2), lorsque, après avoir dit que notre action ne peut être exercée qu'une fois, il ajoute : *nisi causa cognita.*

L'explication que nous venons de donner des lois 20, § 4 (10-2) et de la loi 1 (Code 3-36) n'a point été admise par tous les interprètes. Merlin, à propos d'une question de compétence soumise à la Cour de Cassation, a parlé de l'antinomie apparente de ces deux textes et à cherché à les concilier. Il s'agissait de savoir si la compétence du tribunal du lieu de l'ouverture de la succession subsiste encore pour le partage ou la licitation des biens héréditaires restés indivis, ou si le tribunal compétent pour connaître de l'action en partage de ces biens est celui du domicile du défendeur ou de la situation des immeubles. Selon Merlin, cette question revenait a rechercher si la demande en partage devait être formée par l'action *familiæ erciscundæ* ou par l'action *communi dividundo* (Merlin, *répertoire,* Licitation, § 2, n° 2).

Merlin déclare inadmissible la conciliation de nos deux lois telle que Voët l'établissait et telle que nous l'avons adoptée. Elle viole, selon lui, le principe d'après lequel le partage extrajudiciaire produit les mêmes effets que le partage judiciaire. Si ce dernier rend l'exercice de l'action *familiæ erciscundæ* impossible, il en doit être de même, dit-il, du partage extrajudiciaire.

Cette critique ne nous semble pas juste. Si l'action *familiæ erciscundæ* ne pouvait pas être exercée lorsqu'un partage judiciaire avait déjà été fait, cela ne tenait point à ce qu'il y avait eu déjà partage, mais à ce que l'action *familiæ erciscundæ* avait déjà été intentée. Le juge ayant été appelé à opérer le partage de l'hérédité considérée comme universalité juridique, après que notre action avait été exercée, il pouvait encore y avoir des choses héréditaires indivises, il n'y avait plus d'hérédité; par suite il ne pouvait plus y avoir lieu à intenter l'action *familiæ erciscundæ*. Les parties au contraire, lorsqu'elles partageaient à l'amiable, ne partageaient jamais que les choses héréditaires individuellement considérées. Aussi un partage extrajudiciaire partiel laissant subsister l'hérédité n'empêchait point que l'action *familiæ erciscundæ* fût exercée, pour faire opérer le partage des choses héréditaires demeurées indivises.

La conciliation de Merlin n'est d'ailleurs point admissible. « Il paraît naturel, dit-il, de décider que la loi « 1, C. (3-36) doit être restreinte au cas où le partage « extrajudiciaire est resté imparfait, non-seulement en « ce qu'on n'y a pas compris tels ou tels biens, mais « encore en ce qu'on n'a pas liquidé les dettes, en ce « qu'on n'a pas déterminé la part pour laquelle « chacun des héritiers doit y contribuer, ou enfin en ce « qu'on a d'une manière quelconque laissé une univer- « salité indivise entre eux. » Il est bien difficile de rencontrer dans le texte des traces de l'existence de toutes ces circonstances. C'est dans les termes les plus généraux que la constitution décide qu'un partage extrajudiciaire ne met point obstacle à ce que le partage des biens restés indivis soit demandé par l'action *familiæ erciscundæ*.

MM. Ducaurroy, Bonnier et Roustain ont proposé une autre explication. Selon eux, lorsque l'indivision dans laquelle sont restés quelques biens est une suite de l'indivision primitive, il y a lieu, pour les faire partager, d'exercer l'action *familiæ erciscundæ*. Mais, si, après avoir partagé une partie des biens de la succession, les cohéritiers sont restés dans l'indivision pour le surplus dans un but spécial, il y a lieu d'exercer l'action *communi dividundo*. C'est peut-être, disent ces auteurs, par suite d'une distinction de ce genre que l'action *familiæ erciscundæ* une fois exercée ne se donne pour la seconde fois que *cognitâ causâ*.

Cette conciliation ne nous paraît pas non plus très-satisfaisante. Quelle que soit la cause par laquelle le juge saisi de l'action *familiæ erciscundæ* a laissé des biens héréditaires dans l'indivision, il est toujours vrai de dire que l'hérédité ne subsiste plus. Peu importe que ces biens soient restés indivis par suite de l'omission qu'en a faite le juge ou par suite de la volonté des parties de ne pas sortir d'indivision quant à ces biens.

f. Théodose le Jeune avait établi en principe que toutes les actions civiles s'éteignaient par la prescription de *trente ans*. L'application de la constitution de Théodose à l'action *familiæ erciscundæ* avait, paraît-il, soulevé des difficultés. Justinien fait dans la loi 1, § 1 (C. 7-40) allusion aux contestations qui eurent lieu avant lui sur ce point; et il dit : *Nemo itaque audeat neque actionis familiæ erciscundæ, neque alterius cujuscumque personalis actionis vitam longiorem esse triginta annis interpretari*.

Quel est le sens de cette décisiou de Justinien? Veut-elle dire que le droit de demander le partage d'une succession est éteint par la prescription, lorsque trente ans se sont écoulés depuis le jour où l'indivision a commencé d'exister entre les cohéritiers? La question est vivement discutée. Des interprétations très-diverses ont été proposées :

1° L'action *familiæ erciscundæ* n'était pas éteinte par cela seul que les héritiers avaient possédé en commun les choses héréditaires pendant trente ans ou plus. La prolongation de l'état d'indivision ne peut point entraîner l'extinction de l'action en partage, car sans cela la prescription se trouverait aller directement contre son but. Elle a été admise *ut aliquis litium finis esset*. L. 5 (4, 1-10, Ulp.). Or, si elle était possible pour l'action en partage, elle consacrerait un état de choses qui est reconnu pour être une source de procès, L. 77, p. 20, *in fine* (delegat. 2°). Mais, si un des héritiers avait en son nom propre, pendant trente ans, possédé comme siennes les choses héréditaires, l'action *familiæ erciscundæ* pouvait être repoussée par le possesseur. Cela ne signifie pas du tout que l'indivision devait dorénavant toujours subsister entre les cohéritiers; mais que les biens héréditaires appartenaient exclusivement à l'héritier qui, durant trente ans, les avait possédés seul. Alors en effet, la *petitio hereditatis* ne pouvait plus être exercée contre lui. C'est à cette hypothèse que se réfère. Justinien dans sa constitution (en ce sens Voët *ad Pandectas*, n° 33).

2° On reconnaît, dans cette seconde opinion comme dans la première, que la prescription ne peut pas avoir pour effet de perpétuer l'état d'indivision entre les cohéritiers. La prescription, a dit M. de Savigny, ne peut pas consacrer un état de choses que ne pourrait point établir la convention des parties; car elle repose sur la présomption d'une convention. Or les cohéritiers ne peuvent point convenir de rester toujours dans l'indivision.

Cependant il ne faut pas oublier que l'action *familiæ erciscundæ* a pour but non-seulement de faire opérer le partage, mais encore d'obtenir l'exécution des obligations que l'état id'ndivision a pu faire naître entre les héritiers. Or, si les principes s'opposent à ce que l'action *familiæ erciscundæ* se prescrive par la seule expiration du délai de trente ans, en tant que cette action a pour objet le partage, rien ne met obstacle à la prescription de cette action, en tant qu'elle a pour but d'obtenir le payement d'une somme d'argent due en vertu de ces obligations (Savigny, *Traité de droit romain*, p. 252, t. V. Trad. Guenoux).

3° Ces deux interprétations sont très-ingénieuses; mais elles ne sont pas conformes au texte de la constitution de Justinien. Il résulte avec évidence de cette constitution que l'action *familiæ erciscundæ* était prescriptible par trente ans, comme toutes les autres actions personnelles. La décision de Justinien est, en effet, conçue dans les termes les plus généraux; leur généralité ne permet pas d'admettre l'opinion de M. de Savigny. Justinien ne dit pas du tout : *l'action familiæ erciscundæ* se prescrit par trente ans, en tant qu'elle a pour objet l'exécution des obligations résultant de l'indivision; mais il déclare d'une façon absolue qu'elle se prescrit par trente ans. D'ailleurs n'est-il pas bien difficile de saisir comment une action peut se prescrire sous certains rapports et être imprescriptible sous d'autres?

Les arguments donnés en faveur de la première opinion sont peut-être très-péremptoires au point de vue législatif; ils ont convaincu les rédacteurs du Code Napoléon (art. 815 et 816). Mais nous n'avons pas à faire la loi; nous avons seulement à interpréter la constitution de Justinien. En nous attachant à son texte, d'après lequel l'action *familiæ erciscundæ* ne peut pas durer plus de trente ans, nous sommes nécessairement conduits à dire que Justinien a décidé que *l'action familiæ erciscundæ* était prescrite par cela seul que l'indivision avait duré trente ans.

Cette prescription de l'action *familiæ erciscundæ* courait du jour où l'état d'indivision avait commencé d'exister, c'est-à-dire du jour de l'ouverture de la succession si les héritiers qui y étaient appelés étaient des héritiers nécessaires, et du jour seulement de l'adition s'il s'agissait d'héritiers volontaires. Justinien dit, en effet, qu'elle se prescrit *ex quo ab initio competit et semel nata est.*

CHAPITRE IV.

DES DIFFÉRENTES OPÉRATIONS AUXQUELLES DEVAIT PROCÉDER LE JUGE DE L'ACTION *familiæ erciscundæ.*

Lorsque l'action *familiæ erciscundæ* était exercée, qu'aucune fin de non recevoir ne lui avait été opposée, ou que la fin de non recevoir opposée par le défendeur était mal fondée, le juge devait procéder au partage de l'hérédité. C'était là un acte complexe comprenant des opérations diverses dont la nature était déterminée par le but même de l'action *familiæ erciscundæ.*

Cette action avait deux buts principaux. Elle avait

d'abord pour but de faire opérer par le juge la répartition entre les héritiers des biens héréditaires ; elle devait ensuite aboutir à la condamnation des héritiers à la charge desquels des obligations étaient nées de l'état d'indivision. C'est ce qu'indique Ulpien dans la loi 22, p. 4 (10, 2). *Familiæ erciscundæ judicium ex duobus constat, id est rebus atque præstationibus.*

Le juge de notre action avait deux fonctions principales. Il devait s'occuper en premier lieu des choses héréditaires. Il avait à prendre, relativement à elles, des mesures de différentes sortes : il devait opérer le partage des unes; faire, au profit de certains cohéritiers, le prélèvement des autres. Enfin il en était certaines à l'égard desquelles il n'avait ni partage, ni prélèvement à opérer; elles nécessitaient de sa part, des mesures toute spéciales. En second lieu, le juge devait examiner quelles étaient les obligations nées entre les cohéritiers à raison desquelles il avait à prononcer des condamnations.

Pour étudier les fonctions du juge de l'action *familiæ erciscundæ*, nous aurons à examiner successivement :

1. Quelles étaient les choses dont le juge avait à opérer le partage (*divisio*).

2. Quelles étaient celles que le juge n'avait pas en principe ou n'avait jamais à partager.

3. Quelles étaient les différentes causes qui pouvaient donner lieu à des prélèvements au profit des cohéritiers.

4. Comment le juge opérait le partage des choses héréditaires.

5. Quelles étaient les causes qui pouvaient engendrer

entre les cohéritiers des obligations à raison desquelles le juge de l'action *familiæ erciscundæ* prononçait des condamnations.

§ 1. *Quelles sont les choses dont le juge avait à opérer le partage* (divisio)?

Le juge pouvait opérer le partage des choses héréditaires divisibles, soit corporelles, soit incorporelles.

Le juge devait partager les biens dont le défunt avait eu la propriété quiritaire ou les choses qu'il avait eues *in bonis*, les fonds sur lesquels il avait un simple droit de superficie ou ceux qui lui avaient été concédés en emphythéose. (L. 10, 10-2.)

Ces biens devaient être compris dans le partage, encore qu'ils ne fissent partie de l'hérédité que sous condition résolutoire ou suspensive. Ainsi le juge avait à opérer le partage des biens que le défunt avait légués sous condition, et qui, par suite de l'accomplissement de la condition, pouvaient sortir de l'hérédité. L. 12, § 2 (10-2) Telle est la décision donnée par Ulpien, qui, admettant la doctrine des Sabiniens, s'appuie sur ce que, *pendente conditione*, la chose léguée sous condition appartient aux héritiers. Mais, dans la doctrine des Proculiens, qui décidaient que, *pendente conditione*, la chose léguée était une *res nullius*, il semble qu'on devait admettre qu'elle n'était pas à comprendre dans le partage. § 200, *G.*, *C.* 2. —Dans l'opinion d'Ulpien, la chose léguée sous condition pouvait être attribuée à un cohéritier, mais elle l'était avec la condition qui l'affectait (*cum sua causa*), c'est-à-dire que, si la condition du legs s'accomplissait, cette chose cessait d'appartenir à l'héritier; si, au contraire cette condition ne s'accomplissait pas, il la conservait définitivement.

En vertu du même principe, les choses du défunt prises par l'ennemi devaient aussi être comprises dans le partage. L. 22, § 5. — L. 23 (10-2). Car, par suite de la fiction du *postliminium*, ces choses étaient considérées comme n'étant jamais sorties du patrimoine du défunt, si elles étaient reprises sur l'ennemi. Mais comme elles pouvaient ne pas être reprises, les cohéritiers de celui auquel elles étaient attribuées devaient promettre qu'ils l'indemniseraient, dans le cas où elles ne le seraient pas. Toutefois cette promesse ne devait pas être faite, si ces choses étaient estimées par le juge au-dessous de leur valeur réelle, à raison de la chance même que courait l'héritier de ne jamais les avoir.

On considérait même comme des choses héréditaires qui devaient être partagées par le juge celles que le défunt avait possédées de bonne foi et que les héritiers avaient usucapées, en continuant la possession de leur auteur, et encore les choses vendues au défunt qui n'avaient été livrées qu'à ses héritiers. L. 9 (10-2). Dans ces deux cas, les biens dont il s'agissait n'avaient sans doute jamais appartenu au défunt, mais la cause de leur acquisition, qui ne s'était réalisée que dans la personne des héritiers se trouvait dans son fait, et cela suffisait pour qu'elles dussent être comprises dans le partage.

Le juge devait opérer le partage non-seulement des

choses corporelles divisibles, mais encore des choses incorporelles.

Il devait partager les droits d'usufruit héréditaires. On n'avait pas admis sans difficulté que le droit d'usufruit pût être compris dans un partage, car cet acte ne peut nécessairement s'accomplir qu'en enlevant à certains cohéritiers leurs parts dans les choses indivises pour les attribuer exclusivement à certains d'entre eux. Or l'usufruit étant un droit attaché à la personne, dont l'importance dépend de la vie de l'usufruitier, on pouvait dire qu'en attribuant l'usufruit qui appartenait par indivis à tous les cohéritiers, à l'un d'eux, à l'exclusion des autres, on arrivait à dénaturer complètement ce droit, à créer un nouvel usufruit, mais non pas à partager l'usufruit indivis préexistant. Cependant, ainsi que nous le dirons plus loin, en traitant des manières d'opérer le partage, on était arrivé à tourner cette difficulté en adoptant certains moyens spéciaux qui avaient pour effet, sinon de partager le droit d'usufruit même, du moins de répartir entre les cohéritiers le bénéfice que procurait l'exercice de ce droit.

Mais comment un usufruit pouvait-il se trouver indivis entre des cohéritiers? Evidemment un droit d'usufruit ne pouvait être indivis entre les cohéritiers, lorsqu'il avait appartenu au défunt comme usufruit formel, c'est-à-dire séparément de la propriété; car l'usufruit formel, étant un droit personnel, s'éteignait avec la vie de l'usufruitier. Un droit d'usufruit ne pouvait se trouver indivis entre des cohéritiers qu'en deux cas : s'il avait appartenu au défunt comme usufruit causal, c'est-à-dire comme compris dans son droit de propriété, et avait été séparé de la propriété après sa mort, ou si l'usufruit était acquis *ex causa hereditaria* par les héritiers.

Ulpien et Paul citent deux hypothèses dans lesquelles cela se présentait.

a. Le testateur a légué un fonds avec réserve d'usufruit. La nue-propriété appartient au légataire; l'usufruit réservé est indivis entre les cohéritiers. (L. 14, § 1, Ulp. 20-2. Inst., § 1, liv. 2, tit. IV.)

b. Un testateur a légué un usufruit à un esclave héréditaire, compris dans la succession d'un tiers. Ce droit se fixe sur la tête des héritiers appelés à cette succession et devient indivis entre eux, pourvu que leur adition soit antérieure à celle des héritiers grevés du legs. (L. unique, § 2, (7-3). L. 18, (7-4). L. 61, (41-1). L. 26, (45-3).

Les difficultés qui s'élevaient pour le partage du droit d'usufruit se présentaient encore pour le partage des droits d'usage héréditaires. L. 10, p. 1 (10-3). On avait aussi fini par tourner la difficulté Nous examinerons plus loin les moyens à l'aide desquels on y était parvenu.

Les choses constituées en gage au défunt devaient aussi être partagées. Nous aurons à examiner sur le partage de ces choses la célèbre loi *si pignori* de Paul. L. 29-10-2.

Ce n'étaient point seulement ces différents biens, mais encore les choses dont ils s'étaient accrus ou produites par eux et considérées comme leurs accessoires, qui devaient être partagées.

Ainsi le juge devait opérer le partage.

a. De l'alluvion qui était venu se joindre à un fonds

héréditaire comme celui de ce fonds lui-même.—Il eût été d'ailleurs impossible de distinguer du fonds l'alluvion qui étant venu l'accroître en formait désormais une partie intégrante.— L. 17, § 3, (10-2.)

b. Des enfants nés d'une esclave héréditaire.—Il en était ainsi, alors même qu'ils étaient venus au monde après l'adition d'hérédité. Sans doute, en ce cas, ils ne s'étaient jamais trouvés *in bonis defuncti*, ni *in hereditate*. Mais il suffisait qu'ils provinssent de l'esclave, chose héréditaire, pour qu'ils dussent être partagés. L. 11 (10-2), analog. L. 20, § 3. (v. 3). *V.* aussi L. 12, princip. (10-2.)

c. Des fruits des biens héréditaires.—Mais, à leur égard, une distinction est nécessaire. Les fruits perçus par un cohéritier avant l'adition d'hérédité ne devaient être partagés entre tous les cohéritiers qu'autant que celui qui les avait recueillis était de mauvaise foi, c'est-à-dire s'il savait que ces fruits provenaient d'un fonds héréditaire. L. 44, § 3 (10-2). Au contraire, les fruits perçus après l'adition devaient toujours être répartis entre tous les cohéritiers.

Ces différentes choses et ces différents droits ne devaient être partagés qu'autant qu'ils avaient le caractère de choses héréditaires. Aussi, les biens composant les pécules *castrense et quasi castrense* du fils de famille du défunt ne pouvaient pas être partagés; c'étaient des biens propres au fils. Il en était de même des biens formant le pécule adventice, sur lequel le père n'avait, à l'époque de Justinien, qu'un simple droit d'usufruit. Mais, au contraire, le pécule profectice appartenant au père, était indivis entre les cohéritiers et devait être partagé. L. 13, C. (3-36.)

Les choses que les cohéritiers possédaient en qualité d'acheteurs ou de donataires n'entraient pas dans le partage. L. 25, p. 7 (10-2). S'il y avait contestation sur le titre en vertu duquel les héritiers possédaient un bien, il était exclu du partage. Il en était ainsi lorsqu'un héritier soutenait qu'une chose était héréditaire, tandis qu'un autre prétendait l'avoir acquise à titre de donation, par exemple. L. 45 (10-2). Bien plus, les biens que l'un des héritiers avaient acquis à tout autre titre qu'à titre héréditaire ne devaient pas être partagés par le juge, alors même qu'ils avaient été acquis avec de l'argent de la succession. Les biens ainsi acquis appartenaient exclusivement à celui qui était intervenu à l'acte d'acquisition. Son cohéritier n'avait que le droit de lui demander le remboursement de sa part dans la somme d'argent dépensée par lui. L. 4, C. (3-38.)

Les choses dont la *collatio* était faite par les héritiers prenaient la qualité de choses héréditaires et devaient être partagées avec celles qui n'étaient jamais sorties du patrimoine du défunt.

Mais, pour que des biens pussent entrer dans le partage, il ne suffisait pas qu'ils se trouvassent dans l'hérédité au moment de l'ouverture de la succession, il fallait encore qu'ils n'eussent pas cessé d'y être à l'époque à laquelle était exercée l'action *familiæ erciscundæ*. Un bien cessait d'être héréditaire par l'aliénation qu'un héritier faisait de sa part indivise dans ce bien, au profit d'un tiers. Cette aliénation établissait l'indivision entre les cohéritiers de l'aliénateur et son acquéreur. La chose aliénée ne pouvait être comprise dans l'action *familiæ erciscundæ* exercée par l'aliénateur contre ses cohéritiers ou contre lui par ces derniers. L. 54 (10-2), L. 3, C. (3-37). Mais les cohéritiers de l'aliénateur pouvaient faire entrer dans le partage de la succession qu'ils faisaient entre eux les parties de cette chose non aliénées; car, entre eux, l'indivision subsistait. L. 25, p. 6 (10-2).

Ces aliénations que les cohéritiers pouvaient faire de leurs parts indivises dans les choses héréditaires n'étaient valables qu'autant qu'elles avaient été faites avant la *litis contestatio*. Les aliénations faites après la *litis contestatio* étaient en principe nulles. L. 13 (10-2). S'il n'en eût pas été ainsi, il aurait toujours dépendu d'un cohéritier d'empêcher le partage d'un bien de la succession par une aliénation. L. 1 (3-37, C.).

Comme on ne pouvait pas attribuer ce but frauduleux aux aliénations nécessaires, elles étaient valables, encore qu'elles eussent lieu après la *litis contestatio*, et elles empêchaient ainsi les biens qui en étaient l'objet d'être compris dans le partage de la succession. Il en était de même des aliénations ayant une cause antérieure à la *litis contestatio*. L. 13 (10-2). Ainsi, lorsqu'un tiers possesseur d'un bien de la succession n'avait pas encore usucapé ce bien lors de la *litis contestatio*, la chose se trouvait être soustraite au partage de l'hérédité, si elle était usucapée *post litem contestatam*. L. 14 pr. (10-2).

Lorsqu'il était jugé qu'un bien n'était pas héréditaire, il pouvait résulter de cette décision comme d'une aliénation que ce bien ne pouvait pas être compris dans le partage de la succession. Voici en effet quelle solution donne Paul dans la loi 26, p. 8 (10-2). Mævius et Titius sont cohéritiers. Mævius revendique contre Sempronius sa part dans un fonds qu'il prétend être tout entier héréditaire; il succombe. Postérieurement Titius achète de Sempronius la part dont ce dernier a été déclaré avoir la propriété par le jugement rendu contre Mævius. Ce fonds ne pourra pas être compris dans le partage de l'hérédité, car il a été jugé qu'il n'était pas héréditaire, et si Mævius voulait l'y faire comprendre, Titius pourrait, d'après les principes de l'autorité de la chose jugée, lui opposer le jugement rendu au profit de son vendeur, Sempronius. L. 11, p. 3, (44-2).

Enfin, il faut observer que les biens dont nous venons de faire l'énumération pouvaient entrer dans le partage de la succession, alors même qu'ils étaient litigieux. Cependant les choses litigieuses ne pouvaient pas en régle générale être aliénées valablement.

§ 2. *Quels étaient les biens dont le juge n'avait pas en règle générale ou n'avait jamais à opérer le partage*, (divisio).

Parmi les choses héréditaires, il s'en trouvait dont le juge n'avait pas en règle générale à faire le partage, ou qu'il n'avait jamais à partager. Le juge n'avait pas à s'occuper du partage des unes, parce qu'elles se trouvaient divisées de plein droit entre les cohéritiers; mais il substituait parfois au partage de ces choses fait par la loi elle-même, un partage émanant de sa propre autorité. Les autres échappaient à tout partage, parce qu'elles étaient indivisibles ; d'autres, d'après leur nature et leur utilité, devaient rester communes; enfin il en était qui n'entraient pas dans le partage pour des motifs d'ordre public.

Il n'y avait pas en principe lieu au partage des créances et des dettes du défunt. Elles se divisaient en effet de plein droit entre les héritiers du créancier ou du débiteur. Telle était déjà la décision contenue dans la loi des XII tables. L. 2, p. 5 (10-2); L. 3 (C. 3-36). Cette division des créances et des dettes avait lieu entre les cohéritiers en proportion de la part héréditaire de chacun d'eux, et non en proportion de la valeur des biens mis dans leurs lots.

Mais, malgré cette division de plein droit, le juge avait la faculté d'attribuer la totalité d'une créance à un cohéritier, ou de mettre à sa charge la totalité d'une dette héréditaire. L. 2, p. 5 et L. 3 (10-2). Par ce moyen étaient évités les inconvénients qui pouvaient résulter pour un créancier de la nécessité de réclamer le payement d'une partie de la dette à chaque héritier de son débiteur, et pour le débiteur, de la nécessité de faire à chaque héritier de son créancier un payement partiel. Nous aurons à déterminer les effets de ce partage des créances et des dettes fait par le juge.

Les servitudes étant indivisibles, le juge ne pouvait pas les partager. Lors de l'exercice de l'action en partage, des servitudes pouvaient être établies au profit de fonds héréditaires ou les grever ; il se pouvait aussi que l'établissement de servitudes eût seulement été promis au *de cujus* ou par lui.

Les servitudes déjà constituées étaient des qualités actives ou passives des fonds. Elles passaient avec eux aux cohéritiers auxquels tout ou partie du fonds dominant ou du fonds servant était attribué.

Si la constitution d'une servitude avait été seulement promise au défunt, la créance de la servitude se trouvait dans la succession. Comme elle était indivisible, chaque héritier avait contre le débiteur de la servitude la *condictio* pour le tout. Mais si le débiteur n'exécutait pas son obligation, ne constituait pas la servitude, sa condamnation au profit de chaque héritier du créancier était calculée sur l'intérêt qu'aurait eu cet héritier à la constitution de la servitude, c'est-à-dire que la condamnation prononcée au profit de chaque héritier du créancier était proportionnelle à sa part héréditaire. L. 25, p. 9 (10-2), L. 17 (8-1).

A l'inverse, lorsqu'une servitude avait été promise par le défunt, ses héritiers étaient tenus *in solidum* de l'exécution de cette obligation. Si elle n'était point exécutée, chacun d'eux était condamné à payer au créancier une indemnité égale à la valeur totale de la servitude. Aussi le juge devait, dans le cas où une servitude avait été ainsi promise par le *de cujus*, obliger les cohéritiers à se promettre réciproquement qu'ils rembourseraient leur part héréditaire dans la condamnation à celui qui l'aurait exécutée. L. 25, p. 10 (10-2).

Les titres relatifs aux biens héréditaires devaient être remis à ceux auxquels ces biens étaient attribués.

Les poisons, les mauvais livres trouvés dans la succession ne devaient pas entrer dans le partage. Le juge en ordonnait la destruction immédiate. L. 4, p. 1 (10-2). On ne comprenait pas non plus dans le partage les objets que le défunt s'était procurés par des délits.-L. 4, p.2 (10-2).

§ 3. *Quelles sont les différentes causes qui pouvaient donner lieu à des prélèvements au profit des cohéritiers.*

Toutes les choses héréditaires pouvaient être l'objet d'un prélèvement, si ce n'étaient celles que des motifs d'ordre public avaient fait exclure du partage. Les causes qui permettaient à un héritier de prendre avant tout partage et de préférence à ses cohéritiers certaines choses héréditaires, étaient multiples. Nous devons indiquer les principales :

a. La cause la plus fréquente de prélévements se trouvait dans les legs *per præceptionem* que le testateur faisait à ses héritiers. Ces legs pouvaient résulter ou d'un legs *per præceptionem* fait en termes exprès ou d'une *institutio ex re certa.* Ces legs, dans la doctrine Sabinienne qui semble avoir prévalu, ne transféraient pas *ipso jure* le droit qu'ils avaient pour objet au légataire ; le juge de l'action *familiæ erciscundæ* exercée par les héritiers transférait par des adjudications, à chacun d'eux le droit qui lui avait été légué.

Les legs *per præceptionem* pouvaient avoir pour objet une chose déterminée *in genere,* comme de l'argent. Chaque héritier était tenu pour sa part héréditaire de l'xécution du legs de cette somme d'argent, déduction faite de la part héréditaire du légataire, qui faisait confusion en lui-même jusqu'à concurrence de cette part. Il en était ainsi qu'il y eût ou qu'il n'y eût pas d'argent dans la succession. L. 22, § 5 (10-2). Dans ce dernier cas, le juge devait faire vendre les choses héréditaires, et ordonner que le légataire *per præceptionem* serait payé avec le prix à provenir de cette vente.

Le legs *per præceptionem* avait parfois pour objet une créance. En cette hypothèse, le juge devait faire céder par les autres cohéritiers leurs actions au cohéritier légataire de cette créance.

Lorsqu'une chose léguée *per præceptionem* se trouvait grevée d'une hypothèque, le juge devait faire payer la dette hypothécaire avec de l'argent de la succession. Ainsi le légataire se trouvait payer sa part dans cette dette. L'excédant de la dette sur la portion qu'il en supportait était acquitté par ses cohéritiers. L. 28 (10-2). Cette décision est donnée en termes généraux par Ulpien. Il semble donc qu'elle devait être admise dans le cas où le *de cujus* n'avait pas eu connaissance de l'hypothèque grevant le bien légué, comme dans celui où il en avait connu l'existence. Ainsi le légataire *per præceptionem* d'un bien hypothéqué se trouvait dans une situation à la fois meilleure et pire que tout autre légataire d'un bien grevé d'hypothèque. Il était dans une situation meilleure; car il n'avait pas à payer intégralement la dette hypothécaire même dans le cas où le défunt avait ignoré l'existence de l'hypothèque, tandis qu'en pareil cas un légataire ordinaire devait dégrever le bien légué. Mais à un autre point de vue il était dans une situation pire, car les légataires ne devaient, en général, payer aucune partie de la dette hyphothécaire, quand le testateur avait su que le bien par lui légué était hypothéqué;

le légataire *per præceptionem* payait même en ce cas, sa part héréditaire dans cette dette.

b. Le fils de famille marié pouvait prélever sur la succession de son père la dot de sa femme. La dot était destinée à subvenir aux frais du ménage. Elle devait, par suite, se trouver entre les mains de celui qui était tenu de les supporter. L. 56, § 1 (23-3.) Les charges du mariage du fils de famille étaient supportées par son père. C'était lui, en effet, qui était propriétaire de la dot constituée à sa bru, puisque les fils de famille ne pouvaient pas, en principe, avoir des biens en propre. Mais lorsque le fils devenait *sui juris*, notamment par la mort du père, les charges de son mariage lui passaient, et elles lui incombaient à l'exclusion de ses cohéritiers. C'était par suite à lui que la dot de sa femme devait revenir aussi à leur exclusion. L. 56, § 2 (23-3). Aussi avait-il le droit de prélever sur la succession de son père la dot de sa femme. L. 20, § 2 (10-2).

Dans quelle mesure s'exerçait ce prélèvement? Il avait lieu pour la totalité de la dot, lorsque c'était le père de famille *de cujus* qui l'avait reçue. Quand elle avait été reçue par le fils de famille, le père n'avait pu se trouver obligé à la restituer que jusqu'à concurrence du pécule de son fils ou de son enrichissement (*de peculio* ou *de in rem verso*); ce n'était aussi que dans cette mesure que le fils pouvait prélever la dot de sa femme sur la succession de son père.

En vertu des mêmes principes, le fils de famille devenu par la mort de son père *paterfamilias* de son fils, avait le droit de prélever sur la succession de son père la dot constituée à la femme de son fils. Car alors il se trouvait obligé de supporter les charges du ménage de celui-ci. L. 20, § 2 (10-2).

Le motif même qui avait fait accorder au fils de famille sur la succession de son père le prélèvement de la dot de sa femme devait conduire à le lui refuser, lorsqu'à l'époque de la mort de son père il était divorcé. N'ayant plus à supporter les charges de son mariage, la cause de son droit de prélèvement de la dot n'existait plus. L. 46, (10-2).

Il faut bien remarquer que le droit du fils de famille de reprendre ainsi la dot de sa femme ne tient pas à sa qualité d'héritier de son père, mais uniquement à sa qualité de mari. Aussi, pouvait-il reprendre cette dot, même dans le cas où il avait été exhérédé par son père. L. 1, § 9, Ulp. (33-4). La difficulté consiste seulement à déterminer quelle action lui était donnée en ce cas pour réclamer cette dot. Ulpien dit qu'il avait une action utile. Etait-ce une action *in factum* ou une action *familiæ erciscundæ* utile? C'est un point qui fait doute entre les interprètes (1).

c. Une nouvelle cause de prélèvement fut introduite par Justinien. L. 12. (3-38). Voici quelle est sa décision : Lorsqu'un ascendant avait fait à un de ses descendants une donation *propter nuptias*, ou lui avait constitué une dot et que les biens ainsi donnés ou constitués en dot étaient revenus à l'ascendant, le descendant auquel la dot avait été constituée ou auquel la donation avait été

(1) Voir, sur ce point, le *Traité de la dot* de M. Pellat, pages 258 et suiv., 1re édition.

faite, pouvait prélever les biens compris dans la libéralité, si l'ascendant n'en avait pas disposé dans son testament. Ce prélèvement avait toujours lieu quand les cohéritiers du descendant étaient des étrangers. Si c'étaient d'autres descendants du *de cujus*, le prélèvement n'avait lieu qu'autant que le *de cujus* avait fait une libéralité aux autres descendants à titre de dot, de donation *propter nuptias*, ou pour l'acquisition d'une charge, libéralité qu'ils avaient le droit de conserver, puisqu'en cas de succession testamentaire, la *collatio* n'était pas due.

Cette cause de prélèvement dut nécessairement disparaître, lorsque Justinien eut admis la *collatio* même en cas de succession testamentaire.

d. Le fils de famille, héritier de son père, pouvait prélever les sommes qu'il s'était obligé de payer sur le *jussus* de son père. Si le père n'était tenu de l'obligation contractée par son fils que *de in rem verso* ou *de peculio*, le fils ne pouvait exercer son prélèvement que jusqu'à concurrence de son pécule ou du bénéfice que le contrat fait par lui avait procuré à son père. L. 20, § 1 (10-2).

§ 4. — *Comment le juge opérait le partage des choses héréditaires.*

Avant de procéder au partage, le juge de l'action *familiæ erciscundæ* devait faire une estimation des biens héréditaires à leur juste valeur. L. 52, § 3 (10-2). L. 10, § 2 (10-3). C'est cette estimation qui lui permettait d'attribuer à chaque héritier un lot dont la valeur était en rapport avec son droit héréditaire.

Pour l'opérer le partage, un pouvoir tout spécial lui était conféré par la formule de l'action *familiæ erciscundæ*. Cette formule, comme celle des deux autres actions divisoires, contenait une partie accessoire appelée *adjudicatio*. Elle était ainsi conçue : *Quantum adjudicari oportet, judex Titio adjudicato*. (Gaïus, C. IV, p. 42) (1). En vertu des pouvoirs que lui conférait cette partie de la formule, le juge pouvait adjuger des choses héréditaires en tout ou en partie à chacun des héritiers, c'est-à-dire en prononcer à leur profit l'attribution exclusive.

Ce pouvoir donné au juge était tout à fait exceptionnel et caractéristique de notre action ainsi que des actions *finium regundorum* et *communi dividundo*. En règle générale, le juge n'était nommé que pour constater l'existence de droits préexistants; il ne devait point en créer de nouveaux. Au contraire, par l'adjudication, il créait des droits entièrement nouveaux au profit de l'adjudicataire. Ce caractère spécial de l'action *familiæ erciscundæ*, par suite duquel le juge était autorisé à établir des droits nouveaux au profit des héritiers, tenait à la nature même de son but. Elle avait pour but le partage de l'hérédité; le juge y était chargé de faire ce qu'auraient accompli les parties elles-mêmes, si elles avaient procédé à un partage amiable. Or, ainsi que nous aurons à le dire plus loin, le partage était dans les idées romaines un acte translatif. Le juge de l'action *familiæ erciscundæ* devait donc être investi du pou-

(1) Voir une observation sur cette forme de l'*adjudicatio* donnée par Gaïus (page 16, en note).

voir de transférer des droits d'une partie à l'autre.

L'adjudication prononcée par le juge constituait-elle l'image d'une action de la loi? Le paragraphe 47 des *Fragmenta vaticana* semble le décider, en la plaçant sur la même ligne que l'*in jure cessio*. Mais il est impossible de déterminer quelle ancienne action de la loi elle avait pour but d'imiter.

L'acquisition résultant de l'adjudication, était considérée comme une sorte d'achat. Mais ce n'était pas un achat purement volontaire; le juge l'imposait à l'adjudicataire pour arriver à effectuer le partage. Toutefois les jurisconsultes semblent n'avoir reconnu ce caractère d'achat nécessaire à l'acquisition qui résultait de l'*adjudicatio* qu'à l'égard des adjudicataires contre lesquels le partage avait été demandé. Nous avons eu à indiquer des conséquences de ce point de vue en déterminant les règles sur la capacité nécessaire pour défendre à l'action *familiæ erciscundæ*, et nous aurons à en mentionner d'autres, en parlant de l'adjudication des choses données en gage au défunt. — L. 29, (10-2).

Nous avons dit précédemment que le partage s'appliquait soit aux choses corporelles, soit aux choses incorporelles. Recherchons maintenant comment le juge en opérait le partage et quels étaient les effets de l'adjudication de ces choses prononcée par le juge.

Des principes généraux dominaient le partage, quels que fussent les biens qu'il avait pour objet. Le juge devait avant tout, dans la manière d'opérer le partage et dans les mesures qu'il prenait, se conformer aux volontés légalement manifestées par le défunt. L. 16, 21 C. (3-36). Si le défunt n'avait pris aucune disposition sur la manière d'opérer la répartion de ses biens, le juge n'était rigoureusement tenu à l'observation d'aucune règle stricte. Il n'avait à prendre en considération que l'intérêt des cohéritiers et leurs convenances. L. 21 (10-3).

Le juge pouvait prendre des moyens très-divers pour partager entre les cohéritiers les choses corporelles de l'hérédité. S'il s'agissait de choses facilement partageables, il pouvait adjuger à chaque héritier une portion divise de ces choses correspondant à sa part héréditaire. Si les choses n'étaient pas commodément partageables, il adjugeait à chaque héritier une ou plusieurs choses héréditaires en entier. L. 22, § 1 et 2 (10-2).

Chaque adjudicataire devait être condamné à payer à ses cohéritiers le prix du bien qui lui avait été adjugé. Mais le juge avait la faculté d'opérer la compensation entre les différentes condamnations. L. 52, § 2 (10-2).

Il y a pourtant des cas où l'intérêt des tiers obligeait le juge à prendre exclusivement un de ces modes de partage. Ainsi, quand, dans l'hérédité, se trouvait un fonds concédé au défunt à perpétuité à charge d'une redevance (*ager vectigalis*), il devait être adjugé à l'un des héritiers et non pas divisé entre eux; car, si le fonds eût été divisé, la dette de la redevance l'aurait été également, et cette division aurait pu nuire à celui qui avait concédé le fonds. L. 7, princip. 10, 3.

Il pouvait se faire que les cohéritiers se trouvassent dans l'indivision, relativement à un bien héréditaire, avec un tiers qui n'était point héritier, le juge ne devait point diviser ce bien entre les cohéritiers; il devait l'adjuger entièrement à l'un d'eux. La division de cette chose entre eux aurait nui au tiers copropriétaire, en lui donnant un grand nombre de copropriétaires, si les cohéritiers étaient nombreux, L. 25, p. 6 (10-2). Mais le juge reprenait sa liberté tout entière lorsque, à l'époque où le partage de la succession était effectué, la chose avait déjà été partagée entre le tiers et les cohéritiers et attribuée en entier à ces derniers. Rien n'empêchait plus alors de diviser cette chose entre les héritiers, puisque le tiers se trouvait n'avoir plus aucun droit sur elle. L. 52, princip. 10-2.

Pour parvenir au partage de l'hérédité, le juge pouvait établir sur des fonds héréditaires adjugés à un héritier des servitudes prédiales au profit d'un fonds adjugé à un autre héritier, ou des servitudes personnelles sur des biens de l'hérédité au profit d'un héritier. L. 22, p. 3 (10-2). Il devait prendre soin de constituer ces servitudes en même temps qu'il adjugeait les fonds qu'elles devaient grever; car, une fois que la propriété était passée pleine et entière à l'adjudicataire, elle ne pouvait plus être démembrée par le fait du juge. L. 22, p. 3 (10, 2). Il va de soi que le juge n'avait la faculté d'établir des servitudes que sur des biens de la succession ; à l'égard de tous autres biens, il n'avait été investi d'aucun pouvoir. L. 18 (10-3).

L'usufruit d'une chose héréditaire était parfois ainsi attribué à un héritier, tandis que la nue propriété de cette même chose l'était à un autre. L. 6, p. 10 (10-3). En opérant ainsi, le juge dénaturait évidemment le droit des héritiers sur ce bien, et surtout celui de l'héritier auquel il attribuait l'usufruit. En effet, cet héritier avait acquis un droit de propriété, c'est-à-dire un droit perpétuel, et le juge y substituait un droit viager. Aussi semble-t-il exorbitant d'admettre que le juge avait le pouvoir de faire subir cette transformation complète au droit des héritiers sans qu'ils y consentissent expressément. Mais il faut reconnaître que les textes sont muets sur la nécessité de ce consentement.

A propos du cas où le juge aurait attribué à un héritier la nue propriété d'un bien et à l'autre l'usufruit, les textes signalent une différence importante entre les effets des legs et ceux de l'adjudication. Le testateur qui voulait qu'un légataire eût l'usufruit d'un bien et l'autre la nue propriété, devait avoir bien soin de dire qu'il entendait que ce dernier eût le fonds *deducto usufructu*.

S'il déclarait léguer à l'un tel fonds et à l'autre l'usufruit, il ne parvenait pas à ce résultat. Celui auquel il avait déclaré léguer le fonds avait la toute propriété d'une moitié du fonds et la nue propriété de l'autre moitié; le légataire de l'usufruit n'avait l'usufruit que de la moitié du fonds. Les deux légataires se trouvaient donc dans l'indivision quant à l'usufruit. L. 19, (33-2). Au contraire, quand le juge avait adjugé à l'un le fonds, à l'autre l'usufruit, l'adjudicataire du fonds était nu-propriétaire du fonds tout entier, et l'adjudicataire de l'usufruit avait l'usufruit de la totalité du fonds. L. 16, p. 1 (10-2).

Cette différence a sa cause dans le but spécial de l'*adjudicatio*. Dans le cas de legs, il n'y avait aucun motif pour ne pas s'attacher au sens ordinaire du mot *fundus*, qui comprenait la toute propriété; mais, en matière d'*adjudicatio*, il était impossible de s'attacher rigoureusement au sens de ce mot; car, sans cela, on eût été conduit à dire que le juge qui devait faire cesser l'indivision entre les héritiers avait fait des adjudications de façon à la laisser persister; les cohéritiers seraient restés dans l'indivision quant à l'usufruit.

Lorsque des biens héréditaires étaient difficilement partageables et que le juge ne pouvait pas arriver à composer d'un de ces biens le lot de chaque héritier, il les attribuait parfois en totalité à l'un des héritiers, à la charge par lui de payer à ses cohéritiers une soulte. L. 55 (10-2). Il pouvait aussi procéder à une licitation : le bien impartageable était alors attribué à un héritier non pas moyennant un prix fixé par le juge, mais moyennant un prix déterminé par les enchères. Il adjugeait le bien licité à l'héritier qui offrait le plus haut prix et le condamnait à payer ce prix à ses cohéritiers. Parfois, des étrangers étaient admis à enchérir. L. 78, p. 4 (23, 3). En ce cas, si c'était un étranger qui offrait le prix le plus élevé, on peut trouver singulier que ce fût le juge qui le lui attribuât par une *adjudicatio*. Le surenchérisseur n'ayant pas été partie au procès, comment le juge pouvait-il avoir le pouvoir de prononcer contre lui une condamnation qu'aurait dû entraîner nécessairement l'adjudication faite à son profit? La formule d'une action ne conférait jamais au juge de pouvoirs qu'à l'égard des parties (1).

On a proposé la solution suivante de cette difficulté : Peut-être les parties venaient-elles avec le surenchéris-

---

(1) Cette difficulté a été soulevée pour la première fois par M. Labbé dans sa monographie sur la garantie (page 67, note 1). La solution que nous indiquons est également proposée par lui.

seur devant le magistrat pour accomplir une *cessio in jure*, après que le juge avait déterminé les conditions de cette espèce de vente. La loi 78, p. 4 (23-3), favoriserait assez cette conjecture ; car, après avoir employé le mot *adjudicatus* pour le cas où un copropriétaire se porte adjudicataire, elle se sert du mot *addictus* pour le cas où c'est un tiers. Or il n'y avait *addictio* qu'autant que la propriété d'un bien était attribuée par le magistrat.

Le droit d'usufruit étant un droit personnel, il était impossible, comme nous l'avons dit plus haut, d'en opérer directement le partage. Enlever à un héritier sa part indivise dans un usufruit héréditaire, pour l'attribuer à un des cohéritiers, c'eût été détruire le droit d'usufruit héréditaire pour lui en substituer un autre. On avait remédié à cet inconvénient que présentait la personnalité du droit d'usufruit, en reconnaissant au juge le pouvoir de faire sortir les héritiers d'indivision, sinon quant au droit lui-même, du moins quant à son exercice. Le juge, pour arriver à ce résultat, avait à sa disposition des moyens divers :

Il pouvait, ou décider que chaque héritier exercerait le droit d'usufruit sur une certaine portion divise du bien grevé d'usufruit, ou faire louer ce bien à un tiers ; le loyer était réparti entre les cohéritiers. Enfin, si l'usufruit portait sur des meubles, le juge pouvait décider que chaque héritier exercerait l'usufruit à tour de rôle pendant un délai déterminé. En ce dernier cas, chaque héritier devait promettre à ses cohéritiers qu'il leur remettrait le meuble grevé d'usufruit lorsque le temps fixé pour leur jouissance serait arrivé. L. 7, p. 10 (10-3).

Des difficultés s'élevaient aussi pour faire rentrer le

droit d'usage dans un partage. Elles étaient encore plus grandes que pour l'usufruit. Le droit d'usage lui-même ne pouvait, pas plus que l'usufruit, être partagé; c'était un droit personnel; en outre, il était indivisible. Le juge ne faisait sortir les cohéritiers d'indivision que quant à l'exercice du droit d'usage. Dans la rigueur des principes, il n'aurait pas pu y arriver en le louant à un tiers : l'usage ne pouvait pas être loué; mais, dans un but d'utilité pratique, on avait admis que la location de l'usage serait possible, quand elle était faite dans le but d'effectuer un partage. Les cohéritiers entre lesquels le loyer du droit d'usage était réparti, n'étaient pas considérés comme exerçant un droit d'usufruit à la place de leur droit d'usage, encore que ce fût à l'usufruitier et non à l'usager qu'il appartenait de louer la chose et d'en percevoir les loyers. L. 10, p. 1 (10-3).

Lorsque dans l'hérédité se trouvait une chose qui avait été constituée en gage au défunt, elle pouvait être adjugée par le juge à l'un des héritiers, qui acquérait ainsi la totalité du droit de gage. L. 29 (10-2).

L'héritier adjudicataire de cette chose devait être condamné à payer à ses cohéritiers une somme représentative de leur part héréditaire, soit dans la valeur de la chose engagée, soit dans le montant de la créance garantie par le gage. Voici quelle distinction il paraît juste de faire pour déterminer le montant de la condamnation :

Si la valeur de la chose engagée était inférieure au montant de la créance, l'adjudicataire était condamné à payer à ses cohéritiers leur part héréditaire dans cette valeur; car c'est tout ce qu'ils auraient pu obtenir en faisant vendre le gage. Si, au contraire, la valeur de la chose engagée était égale ou supérieure au montant de la créance, l'adjudicataire devait être condamné à payer à ses cohéritiers une somme représentant leur part héréditaire dans le montant de la créance ; car, s'ils avaient fait vendre le gage, ils n'auraient pas pu recevoir une somme supérieure ; ils auraient été obligés de rembourser au débiteur l'excédant du prix de vente sur le montant de sa dette.

Cette distinction semble résulter non-seulement des principes, mais encore du texte de la loi 7, p. 12 (10, 3), qui, en s'occupant de *l'action communi dividundo*, prévoit aussi le cas où la chose indivise est une chose constituée en gage, qui est adjugée à l'un des communistes. Dans cette loi, Ulpien dit bien, sans distinction, que l'adjudicataire doit être condamné à payer à ses communistes leur part dans la créance, et non pas leur part dans la valeur de la chose engagée. Mais il suppose évidemment que la créance n'est pas d'une somme supérieure à la valeur du gage ; car il dit : La condamnation *ne* sera égale *qu'à* la part des communistes dans la créance (*talis divisio fieri debet ut non vero pretio æstimetur pars, sed in tantum* DUNTAXAT *quantum pro ea parte debetur*).

Lorsque le bien engagé avait été ainsi adjugé à l'un des cohéritiers, cette adjudication ne devait évidemment pas mettre obstacle à ce que le débiteur le recouvrât en payant sa dette ; mais alors l'adjudicataire ne se trouvait-il pas perdre ce qu'il avait payé à ses cohéritiers, en vertu de la condamnation prononcée contre lui? Cette chance de perte ne devait-elle pas lui permettre de se faire promettre par ses cohéritiers qu'ils le rendraient indemne dans le cas où le débiteur réclamerait la restitution du gage? L'adjudicataire ne pouvait point exiger cette promesse; elle lui était inutile; car il avait des moyens de se faire indemniser par le débiteur de ce qu'il avait payé à ses cohéritiers.

Dans ce but, il avait à la fois une exception et une action. Si le débiteur exerçait contre lui l'action *pigneratitia directa*, il pouvait lui opposer l'exception de dol qui était sous-entendue dans la formule de cette action. Il avait cette exception dans deux hypothèses différentes :

a. Si le débiteur réclamait la restitution de la totalité du gage et ne voulait payer que la part de l'héritier adjudicataire dans la créance, celui-ci pouvait, au moyen de l'exception de dol, obtenir le remboursement de ce qu'il avait dû payer à ses cohéritiers.

b. Si le débiteur se bornait à réclamer la restitution de la part héréditaire de l'adjudicataire dans le gage, pour ne lui payer que sa part dans la créance, l'exception de dol lui était opposée pour le forcer à reprendre le gage tout entier et à payer avec la part héréditaire de l'adjudicataire dans la créance ce que ce dernier avait dû payer comme prix de son adjudication (1).

L'adjudicataire avait en outre une action pour atteindre les mêmes résultats, sans avoir besoin d'attendre que le débiteur l'actionnât en restitution du gage. C'est ce qui résulte de la loi 29 (10-2) (*ultro est etiam actio creditori*).

---

(1) L'art. 1667 du Code civil donne une décision analogue pour le cas où l'acheteur à réméré d'une part indivise s'est rendu adjudicataire des autres portions indivises sur la licitation provoquée contre lui.

Mais la difficulté est de déterminer quelle était cette action donnée à l'adjudicataire.

D'après Accurse ce serait l'action *negotiorum gestorum contraria*. Cette opinion n'est guère admissible. Cujas fait remarquer qu'il serait contraire aux règles de la gestion d'affaires d'accorder en ce cas l'action *negotiorum gestorum contraria* à l'adjudicataire. L'action *negotiorum gestorum* n'était donnée qu'à celui qui avait fait volontairement l'affaire d'une autre personne, pour lui être utile. Or c'était par nécessité, pour sortir d'indivision, et non dans l'intérêt du débiteur, que l'héritier était devenu adjudicataire, et avait par suite dû payer un prix à ses cohéritiers.

Il nous semble beaucoup plus probable que, conformément à l'opinion de Cujas, c'était l'action *pigneratitia directa* qu'avait l'adjudicataire pour se faire rembourser ce prix. C'était là en effet l'action par laquelle le créancier gagiste obtenait le remboursement des dépenses nécessaires qu'il avait faites pour le gage. Or la somme qu'avait dû payer l'adjudicataire à ses cohéritiers était considérée comme telle. Elle avait dû être déboursée par lui à raison d'un acte nécessaire, l'adjudication.

Ces solutions sont évidemment applicables au cas où c'était contre l'adjudicataire du gage que le partage avait été provoqué. L'étaient-elles également dans le cas où c'était au contraire l'adjudicataire qui avait provoqué le partage de la succession? Cela n'est pas probable, car l'adjudication n'était considérée comme un acte nécessaire qu'autant qu'elle était prononcée au profit de celui contre lequel le partage avait été provoqué. C'est ce que décide dans une hypothèse analogue à la nôtre la loi 7, § 13 (10-2). Il est vrai que dans cette loi, il s'agit d'adjudication prononcée par le juge de l'action *communi dividundo*. Mais il n'y a aucun motif pour faire à cet égard une différence entre les adjudications prononcées par les juges des actions *familiœ erciscundœ* et *communi dividundo*.

M. Demangeat (page 296, *Traité du fonds dotal*) a cependant proposé de faire une distinction. Selon lui, il faudrait peut-être dire que, pour celui qui intentait l'action *familiœ erciscundœ*, l'acquisition ou l'aliénation des parts indivises dans les objets héréditaires pouvait toujours être considérée comme nécessaire. « Là, dit le savant professeur, à la différence de ce qui avait lieu dans « l'action *communi dividundo*, l'acquisition ou l'aliéna- « tion se produisait, sans que le demandeur y eût porté « spécialement son attention comme conséquence forcée « du désir de partager la masse héréditaire. On peut « écarter l'argument qu'on tire contre cette opinion de « la loi 2, C. (*de fundo dotali*); dans cette loi sans doute « l'adjudication est considérée comme acte nécessaire « exclusivement à l'égard de celui contre lequel le par- « tage a été provoqué ; mais il s'agit de l'action *communi* « *dividundo*, et non de l'action *familiœ erciscundœ*. »

Cette opinion nous paraît être contredite par la loi 1, § 2 (27-9). Cette loi, rapporte le texte du S. C. de Septime Sévère, qui défendait aux tuteurs d'aliéner les biens immobiliers de leur pupille sans avoir obtenu un décret du magistrat. Dans ce rescrit il est dit que l'aliénation résultant du partage peut avoir lieu sans décret, *si le partage a été provoqué contre le propriétaire mineur*, c'est-à-dire que c'est seulement à l'égard du copropriétaire mineur contre lequel a été provoqué le partage que les aliénations résultant du partage sont considérées comme nécessaires. Or ce rescrit ne distingue pas entre le cas où le partage est demandé par l'action *communi dividundo* et celui où il l'est par l'action *familiæ erciscundæ*.

L'adjudicataire du gage héréditaire ne devait donc être placé dans la situation que nous avons indiquée qu'autant que c'était contre lui qu'avait été provoqué le partage de la succession. S'il en était autrement, il nous semble résulter de la loi 29 (10-2) et de la loi 7, § 13 (10-3) que l'action *pigneratitia contraria* devait lui être refusée pour obtenir le remboursement de ce qu'il avait été condamné par le juge à payer à ses cohéritiers, qu'en outre il ne pouvait pas opposer l'exception de dol à l'action *pigneratitia directa* du débiteur pour l'obliger à reprendre le gage en entier. Mais nous ne voyons pas pourquoi il n'aurait pas eu cette exception, quand le débiteur avait la prétention d'obtenir la restitution du gage en entier, en ne lui payant que sa part héréditaire dans la créance.

Nous avons examiné comment le juge opérait le partage de l'hérédité au moyen des adjudications qu'il prononcait. Nous devons maintenant déterminer quels étaient les effets de l'*adjudicatio*, ou plus exactement quelle était la nature du droit qu'acquéraient par l'*adjudicatio* les adjudicataires.

L'adjudication avait en règle générale pour effet de transférer à l'adjudicataire sur la chose ou sur la portion de la chose à lui adjugée un droit identique à celui qui appartenait au défunt. Ainsi l'adjudication d'une chose dont le défunt avait eu la propriété quiritaire en rendait l'adjudicataire propriétaire *ex jure quiritium*. L'adjudication d'un bien qu'il avait eu *in bonis* faisait passer la chose adjugée *in bonis* de l'adjudicataire. Si par une *adjudicatio* le juge créait un usufruit, ce droit avait la même nature que l'usufruit compris dans le droit de propriété du défunt.

Toutefois cette règle sur les effets de *l'adjudicatio* ne doit pas être prise dans un sens absolu. Elle était parfaitement vraie dans le cas où *l'adjudicatio* avait lieu à la suite d'une instance réunissant les caractères d'un *judicium legitimum;* mais elle cessait d'être juste lorsque l'adjudication avait lieu à la suite d'un *judicium imperio continens*.

Dans le dernier cas, le juge ne pouvait établir au profit de l'adjudicataire qu'un droit reconnu par le droit prétorien, mais qui n'était pas considéré comme établi par le droit civil. C'est en ce sens que le § 47 des *Fragments du Vatican* dit que l'usufruit est constitué par *adjudicatio* dans les *judicia legitima*. L'usufruit pouvait sans doute être établi par *adjudicatio* dans un *judicium imperio continens*; mais alors il n'avait d'existence qu'au point de vue du droit prétorien.

On peut déduire avec assez de vraisemblance de la décision donnée par le § 47 sur les effets de l'*adjudicatio* de l'usufruit, que la propriété quiritaire n'était transférée par adjudication qu'autant que l'adjudication avait lieu dans un *judicium legitimum*. Il est probable que si l'*adjudicatio* d'un bien dont le défunt avait eu la propriété *ex jure quiritium* était faite dans un *judicium imperio continens*, l'adjudicataire avait seulement le bien à lui adjugé *in bonis*. Cette présomption est favorisée par la loi 44, p. 1 (10-2), d'après laquelle le préteur protége les adjudications, en donnant des actions et des exceptions. Ce texte se réfère sans doute au cas où l'*adjudicatio* ayant eu lieu dans un *judicium imperio continens*, l'adjudicataire a acquis le *dominium bonitarium*, c'est-à-dire un droit qui, n'étant pas reconnu par le droit civil, a besoin de la protection du prêteur pour exister.

En vertu des mêmes principes, les servitudes prédiales constituées par *adjudicatio* ne devaient avoir d'existence en droit civil que si elles avaient été établies dans un *judicium legitimum*.

Mais cette différence entre les effets de l'*adjudicatio* dans les *judicia legitima* et dans les *judicia imperio continentia* n'existait plus à l'époque de Justinien. Alors, en effet, il n'y avait plus qu'une seule espèce d'instances, et d'ailleurs on ne distinguait plus des droits réels qui existaient en droit civil et des droits réels n'ayant d'existence qu'en droit prétorien. Aussi Justinien s'est-il borné à dire dans les Institutes, pour déterminer les effets de l'*adjudicatio : quod autem istis judiciis alicui adjudicatum sit, id statim ejus fiat cui adjudicatum est.* (P. 7, *Inst.* IV-XVII).

Si par erreur on comprenait dans le partage des choses qui n'appartenaient pas au défunt, l'adjudicataire de ces choses pouvait les acquérir par usucapion ; l'adjudication constituait un juste titre. (L, 17, 41-3).

Dans les différents cas où l'adjudicataire avait le bien adjugé *in bonis* ou dans celui où l'adjudication ne lui transférait pas la propriété, parce qu'elle avait pour objet une chose qui n'avait pas appartenu au défunt, il avait l'action publicienne. L. 7 (VI-2). Cette action lui était-elle donnée avant même qu'il eût été mis en possession? C'est là une des faces de la question générale de savoir si la possession préexistante du demandeur était une condition essentielle pour l'exercice de l'action publicienne.

Les droits constitués par *adjudicatio* pouvaient certainement, lorsque, d'après leur nature, ils supportaient une modalité, être subordonnés à une condition tacite, c'est-à-dire à une condition non exprimée dans l'*adjudicatio*. Ainsi quand une chose prise par l'ennemi était adjugée à un héritier, celui-ci n'acquérait nécessairement qu'un droit conditionnel subordonné à la reprise de cette chose sur l'ennemi.

Mais les droits de propriété et d'usufruit pouvaient-ils être constitués sous une modalité, en vertu d'une clause expresse contenue dans l'adjudication?

L'usufruit pouvait être constitué par adjudication, comme par tout autre mode, jusqu'à un terme déterminé où jusqu'à un événement incertain. (*Ad certum tempus* ou *ad conditionem*, p. 48, *Fragmenta Vaticana.*)

Pouvait-il également être établi par adjudication, à partir d'un terme fixe (*ex certo tempore*), ou à partir de l'accomplissement d'une certaine condition (*ex conditione*? (La même question peut être posée pour la propriété).

La loi 77 (50-17), dans l'énumération qu'elle fait des actes qui *in totum vitiantur per temporis vel conditionis adjectionem*, ne mentionne pas l'adjudication. Il semblerait assez naturel d'en conclure que l'adjudication pouvait être subordonnée à une modalité. Mais des auteurs, partant de cette idée que l'énumération de cette loi n'est pas limitative, prétendent qu'il ne faut pas hésiter à ajouter l'adjudication aux actes y indiqués: les décisions du juge, dit-on, doivent nécesairement être aussi absolues que celles du magistrat. Or celles-ci ne supportaient ni terme ni condition (*sic in jure cessio*) (1).

Cette doctrine ne nous semble pas très-certaine. Il est peut être bien absolu de dire qu'une décision judiciaire ne pouvait pas par sa nature être soumise à une modalité. On peut en effet déduire de plusieurs textes qu'une condamnation pouvait y être soumise. L. 40 (9-2), § 8. *Fragmenta Vaticana* (2). Or, si une condamnation pouvait dépendre d'une condition, pourquoi une adjudication n'en aurait-elle pas pu dépendre également?

Les jurisconsultes romains ne semblent pas d'ailleurs avoir été eux-mêmes d'accord sur la question. Paul décidait que l'adjudication d'un usufruit ne pouvait pas avoir lieu *ex certo tempore*, p. 49, *Frag. vatic*, tandis qu'Ulpien adoptait sans hésitation l'opinion contraire. L. 16, § 2 (10-2). — Aucun texte ne dit si un droit de propriété ou d'usufruit pouvait être établi par adjudication *ex conditione*. On en est réduit, sur ce point, à des conjectures. M. Bufnoir, dans son excellente monographie sur les conditions, soutient que la divergence d'opinion, quant à l'insertion d'une condition dans une adjudication, ne se comprend pas. « On ne concevrait pas, « dit-il, que le juge fît dépendre d'un événement incer-

(1) En ce sens, M. Bufnoir, *Théorie de la Condition dans les divers actes juridiques suivant le droit romain*, page 178, § VIII.

(2) M. Labbé, *de la Garantie*, page 12.

« tain la composition d'un lot : cela serait contraire au « principe même de l'égalité proportionnelle, qui est la « règle du partage. »

Ne pourrait-on pas cependant objecter que l'égalité même du partage exigeait en certains cas que les adjudications opérées par le juge fussent subordonnées à une condition? Ainsi le juge attribue à un héritier une chose héréditaire qui a été prise par l'ennemi et qui forme à elle seule le lot de cet héritier. Comment le juge n'aurait-il pas pu déclarer que les adjudications qu'il faisait ne produiraient d'effets qu'autant qu'elle serait reprise, et que par suite, il y aurait lieu de procéder à un nouveau partage, si cette chose n'étant pas reprise sur l'ennemi, un héritier se trouvait sans apportionnement? On comprend, à ce qu'il semble, l'insertion d'une telle condition dans l'*adjudicatio*, et peut-être est-il permis de dire qu'on ne voit guère comment les jurisconsultes qui admettaient qu'un droit pouvait être constitué par adjudication *ex die certo* n'auraient pas admis qu'il pouvait être constitué par le même acte *ex conditione*.

§ 5. *Quelles sont les causes qui engendraient entre les cohéritiers des obligations à raison desquelles le juge de l'action* familiæ erciscundæ *pouvait prononcer des condamnations.*

L'action *familiæ erciscundæ*, comme nous l'avons déjà dit plus haut, n'avait pas seulement pour but le partage des choses héréditaires; elle tendait aussi à ce que le juge prononçât des condamnations à raison des obligations qui pouvaient exister entre les cohéritiers. C'est à ces condamnations que font allusion les textes quand ils parlent de *præstationes personales*. L. 22, § 4 (10-2).

Mais le juge de l'action *familiæ erciscundæ* n'avait évidemment pas le pouvoir de prononcer des condamnations à raison des obligations quelconques qui incombaient à certains héritiers au profit de leurs cohéritiers. Il importe donc de déterminer à raison de quelles obligations le juge avait ce pouvoir.

Par suite de l'état d'indivision, un héritier pouvait réaliser certains bénéfices ou éprouver certaines pertes. Ces bénéfices et ces pertes devaient être répartis entre les héritiers. Celui qui avait réalisé un bénéfice, grâce à l'état d'indivision, était obligé d'y faire participer ses héritiers ; les cohéritiers étaient tenus de supporter pour leurs parts les pertes que l'état d'indivision avait causées à l'un d'eux. C'est à raison de ces obligations que le juge avait à prononcer des condamnations.

Ces obligations pouvaient exister sans qu'il y eût eu une faute commise par un héritier; elles pouvaient aussi avoir leur cause dans la faute d'un héritier. Nous parlerons successivement de ces deux sortes d'obligations.

I. *Prestations qui peuvent être dues par les cohéritiers à raison des pertes subies ou des bénéfices réalisés par l'un d'eux, sans qu'aucune faute ait été commise.*

Le cohéritier qui avait fait des dépenses pour les choses héréditaires, en obtenait le remboursement en exerçant l'action *familiæ erciscundæ*. Mais, pour que le juge de cette action pût tenir compte de ces dépenses, plusieurs conditions étaient requises, soit quant à l'époque à laquelle les dépenses devaient avoir été faites, soit quant à leur nature, soit quant à l'intention dans laquelle elles avaient été faites, soit enfin quant à la nature de l'acte qui y avait donné lieu.

a. La dépense devait avoir été faite à une époque où l'état d'indivision existait entre les héritiers, c'est-à-dire après l'ouverture de la succession, s'il s'agissait d'héritiers nécessaires, et après l'adition, s'il s'agissait d'héritiers volontaires. L. 4, § 3 (10-3), L. 49 (10-2). S'il n'en était pas ainsi, on n'aurait pas pu dire que la dépense avait sa cause dans l'état d'indivision, puisqu'elle l'aurait précédé.

b. La dépense devait être une dépense utile ou nécessaire. — Les Institutes semblent même exiger qu'elle fût nécessaire; elles disent en effet : *judicio communi dividundo tenetur, quod socius ejus solus in eam rem necessarias impensas fecit* (P. 3, Inst. III-27). Mais il ne faut pas s'attacher à ce texte. Car les textes du Digeste parlent des dépenses faites par un héritier en général; et il résulte des principes généraux du droit qu'il devait être tenu compte aux héritiers de leurs dépenses utiles comme de leurs dépenses nécessaires. Toutefois, quand il s'agissait de dépenses faites par un cohéritier sur un bien soumis à la *collatio dotis*, elles restaient à la charge de celui qui les avait faites à moins qu'elles eussent été nécessaires. L. 1, § 5 (37-7).

Pour déterminer si une dépense était utile, on se plaçait en notre matière omme au cas de *negotiorum gestio*, au moment même où elle était faite; on ne tenait pas compte des événements postérieurs qui auraient pu détruire en tout ou en partie le bénéfice que l'hérédité en avait retiré.

c. La dépense devait avoir été faite *communi nomine*, c'est-à-dire que l'héritier devait avoir eu, en la faisant, l'intention de faire un acte profitable à l'hérédité. Il fallait donc que cet héritier eût su que le bien pour lequel il faisait la dépense était indivis. L. 6 §, 2, l. 14, pr. (10-3). Mais, du moment où il savait que ce bien n'appartenait pas à lui seul, peu importait l'erreur qu'il commettait sur la personne de son cohéritier. Cette erreur ne mettait pas obstacle à ce que l'héritier recouvrât sa dépense en exerçant l'action *familiæ esciscundæ;* seulement l'action qui lui était alors donnée était une action utile. L. 6, p. (10-3.), l. 29 (10-3).

Mais si un cohéritier avait fait des dépenses pour une chose héréditaire en croyant qu'elle lui appartenait exclusivement, l'action *familiæ erciscundæ* ne lui était pas accordée même *utilitatis causa* pour les recouvrer. On ne pouvait pas en effet dire en ce cas qu'il avait agi comme copropriétaire et qu'il avait eu l'intention d'obliger envers lui ses cohéritiers. L. 29, Paul (10-3). (Cette solution est toutefois assez difficile à concilier avec la loi 14, § 1 (10-3) extraite d'un autre ouvrage du même jurisconsulte.) Le cohéritier n'aurait même pas pu recouvrer en pareil cas les sommes qu'il avait déboursées pour les choses héréditaires au moyen de l'action *negotiorum gestorum contraria;* car, selon la doctrine qui paraît avoir prévalu, cette action n'était pas accordée à celui qui avait fait l'affaire d'autrui en croyant faire la sienne propre.

Si l'héritier qui avait fait des dépenses *proprio nomine* sur un fonds héréditaire ne pouvait pas en obtenir le remboursement par voie d'action, du moins arrivait-il à rentrer dans ces dépenses, en opposant l'exception de dol sous entendue dans la formule à l'action *familiœ erciscundœ* exercée contre lui. L. 14, § 1 (10-3).

d. Pour qu'un cohéritier obtînt par l'action *familiœ erciscundœ* le remboursement d'une dépense, toutes les conditions précitées ne suffisaient pas : Il fallait en outre que cette dépense eût été causée par un acte que le cohéritier ne pouvait pas faire partiellement pour lui seul, mais devait nécessairement faire à la fois pour lui et pour ses cohéritiers ou ne pas accomplir du tout. L. 6, § 2 (10-3). Ainsi si un cohéritier avait payé une dette héréditaire en entier, pour empêcher qu'une clause pénale fût encourue, il pouvait, en exerçant l'action *familiœ erciscundœ*, se faire rembourser, car s'il n'avait payé que sa part dans la dette, cela n'aurait pas empêché la peine d'être encourue. L. 25, § 13 (10-2).

Si, au contraire, l'acte accompli par un héritier était de telle nature qu'il eût pu ne l'accomplir que pour lui seul, il avait sans doute encore le moyen de se faire indemniser par ses cohéritiers, mais ce n'était plus par l'action *familiœ erciscundœ*, c'était par l'action *negotiorum gestorum contraria*. L. 6 § 7 (10-3). Cette distinction entre les deux actions avait une grande importance au point de vue de la responsabilité de l'héritier qui avait fait la dépense. Quand l'action *familiœ erciscundœ* lui était donnée, il était considéré comme copropriétaire et, comme tel, ainsi que nous le dirons plus loin, il était tenu de ses fautes légères *in concreto*. S'il avait l'action *negotiorum gestorum contraria*, il était traité comme *negotiorum gestor* etpartant responsable même de ses fautes légères *in abstracto*. La responsabilité de l'héritier qui avait fait pour lui et pour ses cohéritiers un acte qu'il aurait pu se borner à faire pour lui seul était donc plus étendue que celle de l'héritier qui avait dû par suite de la nature de l'acte l'accomplir pour tous. Cette différence se conçoit d'ailleurs parfaitement : elle tient à ce que dans le premier cas c'est volontairement que l'héritier a fait l'affaire de ses cohéritiers, tandis que dans le second, c'est par nécessité, parce qu'il était dans l'impossibilité de faire sa propre affaire sans faire en même temps la leur. Il est naturel de se montrer plus sévère pour celui qui a géré les affaires d'autrui parce qu'il l'a bien voulu que pour celui qui a été forcé par sa situation de le faire.

Tous les interprètes sont d'accord pour reconnaître que, dans le cas où l'acte eût pu être fait pour le cohéritier seul, et avait cependant été fait pour tous les cohéritiers, la seule action accordée était l'action *negotiorum gestorum*. Mais il y a controverse entre eux sur le point de savoir si, dans le cas inverse, le choix n'était pas donné au cohéritier entre l'action *familiæ erciscundæ* et l'action *negotiorum gestorum*.

Voët a prétendu que l'héritier qui avait fait pour tous les cohéritiers une dépense qu'il n'aurait pas pu se borner à faire pour lui seul, pouvait s'en faire rembourser à son choix, soit par l'action *familiæ erciscundæ*, soit par l'action *negotiorum gestorum contraria*.

Il appuie cette doctrine sur des arguments assez spécieux. Les textes, dit-il, ne refusent pas en ce cas l'action *negotiorum gestorum* au cohéritier, ils se bornent à décider que l'action *familiæ erciscundæ* lui était accordée. Ce silence est décisif. Car les textes décident expressément pour l'hypothèse contraire que si l'action *negotiorum gestorum* est donnée, c'est à l'exclusion de l'action *familiæ erciscundæ*. Un rescrit de Sévère et d'Antonin (L. 3, C. 2-19) consacre d'ailleurs formellement cette option au profit des héritiers.

Sive pro fratre coherede pecuniam solvisti, negotiorum gestorum actione experiri potes, sive pignoris liberandi gratia debitum universum solvere coactus es, actionem eamdem habebis, vel judicio familiæ esciscundæ, si non est inter vos redditum, eam quantitatem assequeris.

La loi 18, § 1 (3-36, C) de Dioclétien et de Maximien consacre aussi le concours de ces deux actions.

In communi autem hereditate quin sumptus ab uno facti bona fide familiæ erciscundæ judicio, vel negotiorum gestorum actione servari possint, non est ambiguum.

Cette opinion ne nous paraît pas bien fondée, et elle est rejetée par la plupart des commentateurs. La seule action accordée à l'héritier qui avait fait pour ses cohéritiers un acte qu'il n'aurait pas pu faire pour lui seul était l'action *familiæ erciscundæ*. Le silence des textes sur l'action *negotiorum gestorum* est décisif. Car on n'aurait pas manqué de faire remarquer le concours des deux actions, s'il avait existé. On aurait d'autant plus insisté sur ce concours, qu'accorder l'action *negotiorum gestorum* en ce cas n'aurait pas été bien conforme à la pureté des principes. Il paraît que pour qu'il y eût *negotiorum gestio*, il fallait que celui qui avait géré l'affaire d'autrui l'eût fait librement, dans le but d'obliger le maître de l'affaire. Or, dans notre espèce, ce n'était que par nécessité, à raison de la nature indivisible de l'acte, que l'héritier avait fait l'affaire de ses cohéritiers.

La loi 18, § 1 (3-36, C.) n'est pas contraire à cette doctrine. Elle se borne à décider que l'héritier qui avait fait des dépenses pouvait les recouvrer par l'action *familiæ erciscundæ* ou par l'action *negotiorun gestorum*. Elle ne donne pas cette décision pour un cas particulier, elle pose uniquement un principe général; elle ne signifie point que les deux actions concourront, mais qu'on aura tantôt l'une, tantôt l'autre.

Quant à la loi 3 C. (2-19), Cujas a bien montré qu'on ne pouvait en argumenter en faveur du concours des deux actions. Il est parfaitement exact que ce rescrit confère au cohéritier le choix entre l'action *familiæ erciscundæ* et l'action *negotiorum gestorum*; mais cela tient uniquement à la spécialité de l'hypothèse sur laquelle il statue. L'acte dont il s'agit peut, sous un certain point de vue, être considéré comme un acte qui pouvait être fait par l'héritier pour lui seul et, sous un autre point de vue, comme un acte qui devait, de toute nécessité, être fait pour tous les cohéritiers. Il s'agit, en effet, dans ce texte, d'un cohéritier qui a payé une dette hypothécaire du défunt. Ce cohéritier était tenu de cette dette personnellement pour sa part héréditaire, et hypothécairement pour le tout. Il pouvait se borner à éteindre pour sa part son obligation personnelle, mais il ne pouvait éteindre que pour le tout son obligation hypothécaire. Cet héritier avait la faculté de se présenter comme ayant acquitté son obligation personnelle, alors il avait l'action *negotiorum gestorum;* mais, s'il déclarait avoir eu l'intention d'acquitter son obligation hypothécaire, il avait l'action *familiæ erciscundæ*.

Il est d'ailleurs difficile de comprendre comment le

choix entre les deux actions aurait pu être laissé à l'héritier. S'il l'avait eu, il aurait dépendu de lui de déterminer dans quelle mesure il devait être tenu de ses fautes, et comme la responsabilité d'un cohéritier, en tant que communiste, était moins grande que celle du *negotiorum gestor*, il n'aurait jamais manqué d'exercer l'action *familiæ erciscundæ.*

Les bénéfices provenant de choses héréditaires réalisés par un seul des héritiers à l'exclusion des autres, devaient être répartis entre tous les cohéritiers. L. 19 et 22, pr. (10-2). Mais pour que le juge de l'action *familiæ erciscundæ* eût le pouvoir de condamner celui qui les avait réalisés à y faire participer ses cohéritiers, il fallait que ces bénéfices résultassent d'actes que l'héritier n'aurait pas pu faire pour lui seul. Ainsi, quand un cohéritier avait loué un fonds héréditaire qu'il n'aurait pas pu louer pour sa part seulement, ses cohéritiers obtenaient par l'action *familiæ erciscundæ* leurs parts dans les loyers qu'il avait touchés. L. 6, § 2 (10-3). S'il eût été possible de faire l'acte pour partie, les cohéritiers ne pouvaient demander compte à celui qui avait réalisé le bénéfice que par l'action *negotiorum gestorum directa.*

Pour que le juge de l'action *familiæ erciscundæ* fût compétent pour la répartition des bénéfices, il fallait aussi que l'acte duquel ils résultaient fût postérieur à l'établissement de l'indivision entre les cohéritiers et eût été fait *communi nomine*. L. 6, § 2 (10-3).

2. *Prestations dues par un cohéritier à raison de ses fautes.*

Lorsque par sa faute un héritier avait causé un dommage à ses cohéritiers, il devait le réparer ; et ceux-ci en obtenaient la réparation en exerçant l'action *familiæ erciscundæ* (L. 19, C. 3-36), pourvu que la faute eût été commise par l'héritier, relativement à un bien héréditaire, après le commencement de l'indivision. L. 16, § 5, (10-2).

L'action *familiæ erciscundæ* étant une action de bonne foi, les cohéritiers avaient à y répondre aussi bien de leurs fautes *in omittendo* que de leurs fautes *in committendo*. Ainsi le cohéritier qui avait fait adition avant les autres et qui avait laissé s'éteindre par le non usage les servitudes qui existaient au profit des fonds héréditaires, devait être condamné à raison de sa négligence par le juge de l'action *familiæ erciscundæ*. L. 25, § 17-18 (10-2). L. 65 (21-2) (1).

Mais quelle devait être la gravité de la faute commise par un héritier pour qu'il en fût responsable? Les cohéritiers étaient tenus des fautes qu'ils ne commettaient pas habituellement dans la gestion de leurs propres affaires, c'est-à-dire, suivant l'expression consacrée, de

(1) Il est probable que l'héritier n'était responsable de l'extinction de la servitude par le non usage qu'autant qu'il avait eu un temps suffisant depuis son adition pour interrompre la prescription extinctive de la servitude, en l'exerçant. Arg. L. 16 (23-5).

leurs fautes légères appréciées *in concreto*. L. 25, § 16 (10-2) (1).

Si les cohéritiers étaient tenus de leurs fautes légères *in concreto*, lorsqu'elles n'avaient point le caractère de délits, ils étaient tenus à plus forte raison d'en répondre, lorsqu'elles avaient ce caractère. Les textes prévoient le cas de vol d'une chose héréditaire commis par un héritier et le cas où un héritier a commis le délit de la loi Aquilia.

Lorsqu'un vol d'un bien de la succession avait été commis par un héritier après l'adition, le juge de l'action *familiæ erciscundæ* devait le condamner à indemniser ses cohéritiers. Par cette action, le demandeur obtenait bien une indemnité du tort que lui avait causé le vol, mais non pas la peine du double ou du quadruple prononcée contre les voleurs. Pour l'obtenir, il avait l'action *furti*.

Le juge de notre action devait aussi condamner le cohéritier qui avait commis sur une chose héréditaire le délit de la loi Aquilia. L. 16, § 5 (10-2). Il en était ainsi quand il y avait de la part de celui qui avait commis ce délit faute légère *in concreto*. Lorsqu'un héritier commettait une faute plus légère, qui constituait cependant une faute aquilienne, il est certain que le juge de l'action *familiæ erciscundæ* ne pouvait pas le

---

(1) Nous nous référons sur ce point à la Théorie des Fautes de M. Hasse, admise par MM. Labbé et Demangeat. Dans le système des Trois degrés de Fautes, on disait que les cohéritiers répondaient de leurs fautes légères, mais non pas de leurs fautes très-légères. — (Pothier, n° 101. — *Familiæ erciscundæ*.)

condamner. Mais était-il du moins tenu de l'action de la loi Aquilia? C'est là une difficulté se rattachant à une question générale : Lorsque celui qui étant obligé *ex contractu* ou *quasi ex contractu*, commettait une faute dont il n'était pas responsable, en vertu du contrat ou du quasi contrat, pouvait-il être tenu *ex lege Aquilia?*

Quelle que fût l'étendue de la condamnation qu'eussent pu obtenir les cohéritiers contre celui qui avait commis le délit en exerçant l'action de la loi *Aquilia*, ils n'obtenaient jamais qu'une condamnation au simple par l'action *familiæ erciscundæ*. L. 17 (10-2). Aussi, après avoir exercé l'action *familiæ erciscundæ*, pouvaient-ils intenter l'action de la loi Aquilia, pour obtenir l'excédant de la condamnation qu'entraînait cette action sur la condamnation qu'avait prononcée le juge de l'action *familiæ erciscundæ*. L. 34, § 2 (44-7). L. 7, § 1 (13-6).

Le juge était en général appelé à statuer sur ces différentes questions d'obligations entre cohéritiers accessoirement au partage. Mais il pouvait aussi en certains cas avoir à statuer sur ces questions, sans qu'il eût à faire le partage de l'hérédité. C'est ce qui arrivait lorsque les biens qui la composaient et pour lesquels un héritier avait fait des dépenses ou dont il avait tiré des bénéfices, avaient péri. L. 24, pr. (10-2.) Il est probable que l'action *familiæ erciscundæ* était donnée dans le même but, quand l'indivision avait cessé entre les héritiers. Mais en ces hypothèses l'action *familiæ erciscundæ* était donnée seulement *utilitatis causa*. Encore, pour qu'elle fût accordée, fallait-il que l'indivision n'eût pas cessé par un partage judiciaire, car l'action *familiæ erciscundæ* ne pouvait être exercée qu'une fois. Lorsque l'indivision avait cessé et que l'action *familiæ erciscundæ* avait déjà été exercée, par quelle action les héritiers pouvaient-ils obtenir l'exécution des obligations auquelles l'état d'indivision avait donné naissance entre eux? Pothier décide que, pour obtenir le remboursement de leurs dépenses, les cohéritiers avaient l'action *negotiorum gestorum contraria*, même dans le cas où il s'agissait d'une dépense qu'un héritier n'eût pas pu faire seulement pour sa part. (Pothier, note 9, n° 67). Cette doctrine ne se comprend pas parfaitement dans cette dernière hypothèse. Car ce qui empêchait de donner l'action *negotiorum gestorum*, c'était la nature de la dépense; or sa nature n'était pas modifiée par la cessation de l'indivision. Il semblerait assez conforme aux principes d'admettre qu'en cas pareil une *actio communi dividundo* était accordée (Arg., L. 20, § 4, 10-2).

Dans les différentes décisions que nous avons données, nous avons toujours supposé que la faute du cohéritier était antérieure au partage de l'hérédité ou que la dépense avait été faite par un héritier avant ce partage. Mais il arrivait aussi parfois que le juge prévoyait que l'un des cohéritiers pourrait par sa faute postérieure causer un préjudice aux autres ou qu'un héritier pourrait être obligé de faire une dépense pour les autres. En ce cas, comme l'action *familiæ erciscundæ* était une action de bonne foi, le juge pouvait prendre des mesures pour l'avenir : afin d'empêcher que, dans le cas où ses prévisions se réaliseraient, la faute d'un héritier restât sans réparation ou que celui qui avait dû faire une dépense dans l'intérêt commun, ne pût pas se la faire rembourser par ses cohéritiers, il faisait promettre aux cohéritier qu'ils s'indemniseraient. Des applications nombreuses de ces idées sont indiquées dans la Loi 25, § 10, 11, 12, 13, 14 (10-2).

CHAPITRE V.

DES EFFETS DU PARTAGE EN GÉNÉRAL ET DU PARTAGE JUDICIAIRE EN PARTICULIER.

Le partage avait pour effet de faire cesser l'indivision entre les cohéritiers au moyen des attributions exclusives que le juge faisait à chacun d'eux de certains biens héréditaires, en prononçant à leur profit des adjudications.

Les textes assimilent le partage soit à la vente, soit à l'échange lorsqu'il est fait à l'amiable. Ainsi, Papinien définit le partage (*permutatio rerum communionem discernens*) L. 77, § 18, *de Legat.* 2°. C'est dire clairement qu'en droit romain le partage était un acte translatif. A cet égard il n'y avait aucune différence de nature entre le partage amiable et le partage opéré par le juge. Chaque héritier n'était pas considéré comme tenant directement du défunt les choses que lui adjugeait le juge; il tenait de ses cohéritiers les parts de ceux-ci dans les biens qui lui étaient attribués; il était à cet égard et dans cette mesure leur ayant-cause.

Cependant le caractère translatif du partage n'avait pas été d'abord admis sans contestation. Il résulte d'un texte de Labéon que Trébatius lui reconnaissait une nature déclarative, L. 31 (33-2). Mais cela paraît avoir été une opinion personnelle : car tous les textes démontrent que le caractère translatif du partage était généralement reconnu. Labéon dit d'ailleurs en adoptant l'opinion contraire à celle de Trébatius (*quod et receptum est*).

De cette manière de considérer le partage résultaient des conséquences importantes :

a. Pour intenter l'action *familiæ erciscundæ*, il fallait être capable d'aliéner les biens de la succession.

b. On en déduisait aussi que les droits réels constitués par un héritier durant l'indivision sur sa part indivise dans un bien héréditaire subsistaient, encore que ce bien fût placé dans le lot d'un autre héritier L. 7, § 4 (20-6). L. 6, § 8 (10-3).

c. Les interprètes tirent du caractère translatif du partage une conséquence assez curieuse qui n'est pas consacrée par les textes, mais qui résulte des principes. Lorsque le défunt avait possédé un bien avec toutes les conditions requises pour l'usucapion, l'héritier adjudicataire de ce bien pouvait l'usucaper, encore qu'il eût été de mauvaise foi, pour la part qu'il prenait dans le bien comme héritier. Car il la tenait directement, cette part, du défunt, et à son égard on pouvait le considérer comme le continuateur de sa personne. Mais il ne pouvait au contraire acquérir par usucapion les parts de ses cohéritiers ; à l'égard de ces parts, il n'était que l'ayant-cause à titre particulier de ceux-ci. A l'inverse si le défunt avait été de mauvaise foi, l'héritier même de bonne foi auquel la chose était adjugée ne pouvait pas l'usucaper pour sa part héréditaire; mais il l'usucapait pour les parts qu'il tenait de ses cohéritiers.

Enfin le caractère translatif reconnu au partage doit

conduire à restreindre la décision que donne Justinien en créant une hypothèque au profit des légataires : il dit que chaque héritier ne sera tenu hypothécairement de l'exécution des legs que dansles limites de son obligation personnelle. L. 1, C. (6, 43). Cette décision doit être restreinte au cas où les légataires exerçaient leur action hypothécaire avant le partage de la succession. Si elle était exercée après le partage, elle pouvait l'être pour la totalité des legs contre chacun des héritiers; car, par l'effet du partage, chaque héritier se trouvait avoir dans son lot des portions de biens qui, ayant appartenu à ses cohéritiers, avaient été affectés hypothécairement au payement des legs pour la part de chacun d'eux; et ainsi chaque héritier était tenu, comme tiers détenteur, de payer les portions des legs qu'il n'avait pas à payer comme débiteur personnel.

Nous avons vu qu'encore que les dettes et les créances se divisassent de plein droit entre les héritiers, le juge de l'action *familiæ erciscundæ* en opérait parfois luimême le partage. Le partage des créances et des dettes opéré par le juge produisait entre les cohéritiers, c'est-à-dire au point de vue de la distribution du bénéfice des créances ou de la charge des dettes, ses pleins et entiers effets; mais il n'avait pas d'effet à l'égard des créanciers ou des débiteurs de la succession, c'est-à-dire au point de vue du droit de poursuite donné contre les héritiers du débiteur ou accordé aux héritiers du créancier. C'était une application du principe : *res inter alios acta aliis neque prodest, neque nocet.*

Ainsi l'héritier auquel une créance héréditaire avait été attribuée en totalité ne pouvait pas agir en son nom personnel pour la totalité de la créance; il ne pouvait agir en son nom que pour sa part héréditaire; pour les autres parts de la créance, il était considéré comme le cessionnaire de ses cohéritiers, et il ne pouvait agir que comme leur mandataire (*procuratorio nomine*). L. 3, 10, 2.

A l'inverse, lorsque le juge avait mis la totalité d'une dette héréditaire à la charge d'un héritier, les créanciers n'en conservaient pas moins le droit de poursuivre chaque héritier du débiteur pour sa part héréditaire; mais l'héritier chargé de la dette devait intervenir pour prendre la défense de son cohéritier poursuivi par le créancier. L. 3 (10-2).

Les cohéritiers, en leur qualité de copartageants, étaient tenus, les uns envers les autres, de l'obligation de garantie pour le cas où l'un d'eux venait à subir une éviction d'un bien placé dans son lot. Cette garantie était due au cas de partage judiciaire comme en cas de partage fait à l'amiable. Pour comprendre les règles qui régissaient l'obligation de garantie dans le partage judiciaire, il est nécessaire de poser les principes auxquels elle était soumise dans les partages amiables.

De l'obligation de garantie dans le partage fait à l'amiable.— Lorsque le partage avait été fait à l'amiable, le copartageant évincé pouvait recourir en garantie contre ses cohéritiers par l'action *præscriptis verbis*. L'indemnité qu'il obtenait en exerçant cette action était calculée sur la valeur de la chose évincée au moment de l'éviction. L. 66, p. 3 (21, 2). Cette indemnité devait être supportée par chaque héritier pour sa part héréditaire, même par celui qui avait subi l'éviction. L. 14 (3,36, C.) (1).

Le copartageant évincé pouvait aussi avoir *l'action ex stipulatu*, si une stipulation d'une indemnité avait été faite en prévision du cas où une partie viendrait à être évincée. Cette stipulation, qui était en usage dans les partages judiciaires, et dont nous aurons à parler en détail à propos de ces partages, semble avoir été aussi usitée dans les partages amiables. L. 7 (3, 38).

Dans l'échange, la partie évincée avait le choix entre *l'action præscriptis verbis* et la *condictio ob rem dati re non secuta*. Aucun texte ne donne cette option au copartageant évincé, et on comprend facilement qu'il n'eût, en cas d'éviction, que l'action *præscriptis verbis*; il eût été contraire à la nature du partage d'accorder au copartageant évincé le choix entre ces deux actions. S'il l'avait eu, il aurait pu intenter l'une ou l'autre, suivant son intérêt. Si les choses partagées avaient augmenté de valeur depuis le partage, il aurait intenté la *condictio*; par elle, il aurait obtenu une condamnation calculée sur le montant de l'intérêt qu'il aurait eu au rétablissement de l'indivision et à un nouveau partage. Si, au contraire, la chose évincée placée dans son lot avait seule augmenté de valeur, il aurait exercé l'action *præscriptis verbis*, afin d'obtenir le montant de sa valeur au moment de l'éviction. Ainsi les copartageants se seraient trouvés à la discrétion du copartageant

(1) Voir, sur l'obligation de garantie dans les partages, la remarquable monographie de M. Labbé (pag. 61 et suiv., nos 52 et suiv.).

évincé; toutes les bonnes chances auraient été pour lui seul. Or l'éviction provient d'une faute commune à tous les copartageants; tous ont commis l'erreur de comprendre dans le partage une chose qui n'appartenait pas au défunt; il est juste que tous supportent également les conséquences de cette erreur, et qu'un cohéritier ne soit pas, à cet égard, placé dans une situation meilleure que les autres.

De l'obligation de garantie dans les partages judiciaires. — L'action accordée au copartageant évincé à la suite d'un partage judiciaire était l'action *præscriptis verbis*, comme dans le cas de partage amiable. Cette action, qui n'était accordée, en principe, que pour l'exécution des obligations nées de contrats, l'était exceptionnellement pour l'obligation de garantie née du partage opéré par le juge. On s'était sans doute, pour la donner en ce cas, attaché à l'idée que l'instance et la décision du juge faisaient naître des obligations analogues à celles qui naissaient d'un contrat. L. 14 (3, 36).

Le copartageant évincé pouvait aussi avoir une autre action, l'action *ex stipulatu*. Le juge de l'action *familiæ erciscundæ* devait en effet faire faire aux cohéritiers la promesse réciproque qu'ils indemniseraient celui d'entre eux qui viendrait à subir l'éviction d'un bien compris daus son lot. C'est à cette promesse que les textes donnent le nom de *cautio de evictione*. L. 25, p. 21 (10-2). L. 10, p. 2 (10-3).

Quel était l'objet de cette promesse? Son objet semble avoir été une somme d'argent que le juge fixait par l'estimation qu'il devait faire des choses héréditaires avant de procéder au partage. Cela paraît résulter de ce que Paul (L. 10, p. 2, 10-3) rapproche l'obligation pour le juge d'opérer cette estimation de celle qui lui était imposée de faire faire aux parties la promesse *de evictione.*

Cette promesse, calculée sur le montant de l'estimation faite par le juge des biens héréditaires, avait-elle pour objet cette estimation au simple ou cette estimation portée au double? Aucun texte ne dit que ce devait être, comme dans le cas de vente, une *cautio duplæ* ; et le caractère du partage doit empêcher d'admettre à ce point de vue une assimilation entre le partage et la vente. Le partage est, à la différence de la vente, un acte d'égalité, et non de spéculation. Or l'égalité entre les copartageants serait rompue au profit de la partie évincée, si elle avait le droit de réclamer de ses cohéritiers le double de l'estimation du bien évincé faite par le juge. Le bénéfice qui en serait résulté pour celui qui subissait l'éviction ne pourrait se justifier. Car, ainsi que nous l'avons déjà dit, il y a faute de sa part, comme de celle de ses cohéritiers, d'avoir laissé comprendre dans le partage un bien n'ayant pas appartenu au défunt.

Cujas a cependant prétendu que la *cautio de evictione* fournie par les copartageants était une *cautio duplæ.* Pour le soutenir, il s'appuyait sur la loi 5, pr (45-1) : cette loi dit que la *stipulatio duplæ* est faite sur l'ordre, soit du juge, soit des édiles. En parlant de *stipulatio duplæ* faite par ordre du juge, Pomponius aurait précisément fait allusion à la *cautio duplæ* fournie en cas de partage judiciaire. — On ne peut pas cependant affirmer que cette loi se rapporte à la *cautio* fournie par ordre du juge de l'action *familiæ erciscundæ.* Cujas reconnaissait en effet lui-même que la *cautio duplæ* devait être fournie sur l'ordre du juge dans un autre cas qu'indique la loi 14, p. 1 (9-4).

L'obligation de garantie était de la nature du partage, mais elle n'était pas de son essence. Les parties pouvaient, par une clause expresse, l'exclure. L. 14 (C. 3-36). Mais aucun texte ne dit si elle pouvait être écartée d'une manière générale, ou s'il fallait, comme dans notre droit (art. 884, C. Nap.), que l'espèce d'éviction soufferte eût été expressément prévue.

Bien plus, le cohéritier évincé n'aurait pas eu l'action *præscriptis verbis*, s'il avait eu connaissance lors du partage de la cause d'éviction, c'est-à-dire qu'en cas pareil l'obligation de garantie ne résultait pas directement du partage. Mais le copartageant évincé avait toujours la ressource de l'action *ex stipulatu* si la stipulation *de evictione* avait été faite L. 7 (C. 3-38) (1).

CHAPITRE VI.

DES CAUSES POUR LESQUELLES LE PARTAGE POUVAIT ÊTRE ATTAQUÉ.

Lorsqu'un partage avait été fait, il était en principe irrévocable, L. 8 (C. 3-38). L. 57 (10-2), s'il avait eu lieu entre personnes capables. — Il était cependant permis

---

(1) Aucun texte ne pose de règles spéciales sur la garantie des créances comprises dans le partage.

aux copartageants de l'attaquer en certains cas exceptionnels. Pour déterminer les causes de rescision du partage, nous devrons parler du partage extra-judiciaire en même temps que du partage fait en justice. Nous examinerons successivement les effets sur la validité du partage du dol, de la lésion d'un copartageant, de l'erreur consistant à y avoir compris une personne qui n'avait aucun droit à la succession. (Ce sont les seuls vices du partage dont parlent les textes.)

Dol. — Les manœuvres frauduleuses pratiquées par l'une des parties permettaient à celles qui en avaient été victimes de réclamer ce que l'auteur de ces manœuvres avait reçu de plus que sa part. L. 8, C. *de Collat.* — Peu importait l'étendue du préjudice qne le dol avait pu causer. *Dolus qualitate facti, non quantitate pretii œstimatur.* L. 10 (C. IV-44). A cet égard, il n'y avait pas à distinguer entre le partage judiciaire et le partage extra-judiciaire.

Quel était l'effet sur le partage judiciaire du dol émanant du juge? Si le juge avait été corrompu, le partage opéré par lui était nul de plein droit. L. 7, C. *Quando provocari non est necesse.* Si le juge avait été partial, sans cependant qu'il eût été corrompu, le partage était inattaquable, à moins qu'une voie de recours ne fût ouverte contre la sentence du juge. Mais le copartageant, victime de sa partialité, pouvait s'en prendre au juge, *qui litem suam fecerat.* L. 15, p. 1 (V-1). G. C. IV, § 52.

Lésion. — *Partage extra-judiciaire.*— Aucun texte du droit romain ne formule une théorie générale relative aux effets de la lésion sur la validité des contrats. Deux constitutions de Dioclétien et de Maximien décident seulement que, dans la vente d'immeubles, la lésion du vendeur est une cause de rescision, quand elle excède la moitié du juste prix. L. 2 et 8 (4-44 C.). De ce silence des textes est née la question générale de savoir si, dans les contrats autres que la vente d'immeubles, la lésion était une cause de rescision, et, si elle en était une, quelle devait être son étendue? Cette question se présente à propos du partage. Nous aurons à l'examiner sous son double point de vue.

La lésion était-elle une cause de rescision du partage fait à l'amiable?

On pourrait soutenir que la lésion ne rendait pas le partage rescindable. La rescision de la vente pour lésion était admise exceptionnellement, car, en droit romain, on reconnaissait le principe : *naturaliter licere contrahentibus se circumvenire*. Les règles d'interprétation les plus simples défendent donc d'étendre les constitutions de Dioclétien et de Maximien relatives à la vente, à d'autres contrats à titre onéreux, et notamment au partage. La loi 3 (3-38 C.) paraîtrait devoir favoriser l'opinion contraire. Mais ce rescrit a été emprunté au Code Grégorien. Or, d'après le texte original, dans l'espèce, il y avait eu dol et non pas lésion, en l'absence de toutes manœuvres frauduleuses. D'ailleurs si la lésion avait vicié le partage, on n'aurait pas manqué de déterminer quel devait être son taux. C'est ce que ne font pas les textes. Aussi, dans l'opinion contraire, est-on fort embarrassé quand il s'agit de fixer quelle doit être l'étendue de la lésion (1).

Cette doctrine ne nous semble pas fondée. Le partage

(1) En ce sens Molitor, *Traité des obligations*, tome 2, page 357.

était rescindable pour cause de lésion. Pour le démontrer, il est inutile de chercher à établir ce principe très-douteux que tout contrat de bonne foi était, comme la vente, rescindable pour lésion, car la nature du partage, les textes spéciaux relatifs à ce contrat suffisent pour faire admettre qu'il devait être rescindable pour lésion, encore que la lésion n'eût pas été une cause générale de rescision des contrats de bonne foi.

Il serait bien extraordinaire que la lésion qui rendait la vente rescindable ne viciât pas le partage. Lorsqu'ils parlent de la vente, les textes disent : *In pretio emptionis et venditionis naturaliter licet contrahentibus se circumvenire.* Tout autre est leur langage quand il s'agit du partage ; ils indiquent que c'est un acte dominé par le principe d'égalité : *ut in omnibus æqualitas servetur.* (L. 4, C. 3-37.) Si la lésion viciait un acte dans lequel on permettait expressément une certaine inégalité, n'est-on pas autorisé à conclure *a fortiori* qu'elle rendait rescindable un contrat où l'égalité doit régner ?

La constitution de Dioclétien et de Maximien, qui forme au Code de Justinien la loi 3 (3-38), vient à l'appui de cette doctrine. Elle est conçue dans les termes suivants : *Majoribus etiam per fraudem vel dolum vel perperam sine judicio factis divisionibus, solet subveniri, quia in bonæ fidei judiciis et quod inæqualiter factum esse constiterit in melius reformabitur.* Sans doute, ce rescrit, dont le texte original se trouve dans le Code Grégorien, avait été rendu dans un cas où il s'agissait de dol et non de lésion; mais la généralité des motifs de la décision reproduits par Justinien démontrent que la lésion eût aussi vicié le partage en l'absence de manœuvres frauduleuses : *In bonæ fidei judiciis quod inæqualiter factum esse constiterit in melius reformabitur.*

Si le partage pouvait être attaqué pour cause de lésion, quel devait en être le taux ? C'est un point sur lequel les textes font complétement défaut. Aussi les interprètes sont-ils en désaccord. Les uns prétendent que le partage n'était vicié qu'autant que la lésion était d'outre moitié; ils le concluent par analogie de la loi 2, C., *De rescindenda venditione*, en argumentant de l'assimilation que certains textes font entre le partage et la vente. L. 1, C. (3-38). D'autres, s'attachant à l'idée que le partage est dominé par le principe d'égalité, prétendent que toute lésion viciait le partage. C'étaient là les deux principales opinions soutenues par nos anciens interprètes; mais d'autres doctrines sur le taux de la lésion étaient encore admises. (V. l'énumération de ces opinions diverses dans le tome II du Commentaire du Code civil de MM. Ducaurroy, Bonnier et Roustain, page 551, n° 783.) En l'absence de textes sur cette question, nous croyons préférable de nous borner à dire que la lésion devait vicier le partage, sans que nous puissions déterminer quel devait en être le taux.

Nous devons, pour le même motif, laisser indécise la question de savoir si le défendeur à l'action en rescision pour lésion d'un partage, pouvait faire écarter la demande formée contre lui en fournissant un supplément au demandeur, de même que l'acheteur pouvait arrêter la demande du vendeur lésé en lui payant le supplément du juste prix.

Partage judiciaire. — Le partage judiciaire pouvait-il,

comme le partage extrajudiciaire, être attaqué pour cause de lésion? Ce qui pouvait faire croire et a fait soutenir à des interprètes qu'il ne pouvait pas l'être, c'est que la loi 3 (3-38), sur laquelle nous nous sommes appuyés pour admettre la rescision du partage amiable pour lésion, parle du partage fait SINE JUDICIO.

Nous croyons cependant que le partage judiciaire était rescindable pour lésion. Les mots *sine judicio* ne signifient peut-être pas extrajudiciairement. Ils sont synonymes de *sine animi judicio*. Le rescrit suppose seulement un partage fait sans discernement, sans indiquer que le principe qu'il pose s'applique exclusivement au partage extrajudiciaire.

Ce qui semble prouver que ce rescrit ne peut pas être restreint au partage fait à l'amiable, c'est qu'il parle à la fois et de la lésion et du dol. Si donc on s'attachait à l'idée que le rescrit ne s'applique qu'au partage extrajudiciaire, on devrait dire que le dol, pas plus que la lésion, ne viciait le partage fait par le juge! D'ailleurs, le motif de décider que donne le texte s'applique aussi bien aux deux sortes de partages.

Cas d'erreur sur la qualité d'héritier d'un des copartageants. — Il peut arriver qu'un héritier intente l'action *familiæ erciscundæ* contre une personne qu'il croit à tort être son cohéritier. Par suite de cette erreur, des adjudications sont faites au profit du défendeur, et il est condamné à en payer le prix au demandeur; celui-ci est déclaré aussi adjudicataire de certains biens et condamné au profit du défendeur. Si l'erreur était découverte, le véritable héritier pouvait-il répéter contre celui qu'il avait pris à tort pour son cohéritier les biens dont celui-ci avait été déclaré adjudicataire et les sommes qu'il avait dû lui payer. Le faux héritier pouvait-il, de son côté, répéter les sommes qu'il avait été condamné à payer au véritable héritier? (L. 36, 10-2). Des questions semblables se présentaient dans le cas où un héritier *ex asse* avait procédé à un partage amiable avec un individu qui passait pour être héritier et où des traditions de biens héréditaires avaient été faites en exécution de ce partage.

On décidait qu'en aucun cas la revendication ne serait accordée aux parties. Les adjudications prononcées par le juge, les traditions effectuées et les payements faits avaient transféré la propriété. L'erreur sur la cause n'était pas, en droit romain, un obstacle à la translation de la propriété.

Donnait-on du moins la *condictio indebiti?* On faisait à cet égard une distinction entre le cas où le partage avait eu lieu à l'amiable et celui où il avait été fait par le juge. Dans le premier cas, la *condictio indebiti* était donnée. On ne pouvait pas, en effet, dire que les parties avaient exécuté les décisions *ex causa transactionis*, et qu'en conséquence la *condictio indebiti* ne devait pas être accordée; car *nulla est errantis transactio.*

Mais la *condictio indebiti* supposait nécessairement que la translation de la propriété avait eu lieu au profit de celui contre lequel elle était exercée. Or, il semblerait résulter de la loi 29 (41-3), que lorsque le partage était fait entre des personnes qui passaient à tort pour être héritiers, les traditions faites en vertu de ce partage aux faux héritiers n'étaient pas translatives de propriété.

Comment donc concilier la loi 29 (41-3) avec la décision de la loi 36 (10-2), qui confère la *condictio indebiti*. Ces deux lois prévoient deux hypothèses différentes. Dans la loi 29 (41-3), Pomponius ne suppose pas que des traditions sont faites en vertu d'un partage effectué entre deux personnes dont l'une passe à tort pour être héritier.

Il suppose qu'un héritier *ex asse* est seul en possession de l'hérédité et livre une partie des choses héréditaires à un individu qu'il croit être son héritier, non pour lui transférer la propriété, mais seulement pour le faire participer à la possession de l'hérédité. La tradition, en ce cas, ne transfère pas la propriété, parce que le *tradens* n'a pas eu l'intention de la transférer.

Au contraire, si le partage avait eu lieu en justice, la *condictio indebiti* n'était même pas accordée. C'était une application du principe que celui qui payait, parce qu'il craignait d'être menacé d'une condamnation au double, en cas de dénégation, ne pouvait pas répéter. Or, dans notre espèce, les parties croyant que des condamnations valables avaient été prononcées par le juge, avaient dû nécessairement penser que si elles ne les exécutaient pas, l'action *judicati* serait exercée contre elles ; et cette action était précisément du nombre de celles *quæ crescebant in duplum adversus inficiantes*.

DES PARTAGES D'ASCENDANTS.

PREMIÈRE PARTIE.

Introduction historique.

§. 1. — DROIT ROMAIN.

DES PARTAGES D'ASCENDANTS ET DU TESTAMENTUM INTER LIBEROS.

1. L'origine des partages d'ascendants se trouve dans deux institutions romaines : le partage d'ascendant (*divisio inter liberos*) et le testament entre enfants (*testamentum inter liberos*) (1). Ces deux modes de disposition

(1) Nous entendons dire seulement que c'est là l'origine connue des partages d'ascendants. Mais des traces de cette institution se trouvent à des époques très-reculées. V. chap. 17, verset 2, Livre de la Sagesse de Salomon, et le chap. 16, verset 7 du Deutéronome.

à titre gratuit, spéciaux aux ascendants, ne nous apparaissent dans les textes qu'à une époque assez tardive. On trouve pour la première fois des traces du partage d'ascendant à l'époque de Papinien. L. 20, p. 3 (10-2). Quant au *testamentum inter liberos*, il ne fut créé que par Justinien dans sa Novelle XVIII, ou par Constantin, selon l'opinion erronée de quelques interprètes.

2. Les Romains semblent cependant avoir compris bien antérieurement à ces époques toute la faveur dont sont dignes les libéralités faites par des ascendants à leurs descendants. Antonin le Pieux avait décidé que les donations *inter parentes et liberos* seraient parfaites, c'est-à-dire obligatoires par le seul consentement du donateur et du donataire, sans que les parties eussent accompli les formalités de la *stipulation*. (L. 4, 8-12, C., Théod.). Dès le temps d'Antonin le Pieux, se faisait donc déjà jour une idée dont les partages d'ascendants et le *testamentum inter liberos* ne furent que des applications : les dispositionos à titre gratuit faites par des ascendants au profit de leurs descendants doivent être dispensées des formes solennelles prescrites pour les libéralités ordinaires.

3. Mais jusqu'à l'époque de Papinien, les ascendants qui voulaient faire le partage de leurs biens entre leurs descendants paraissent n'avoir joui, ni quant au fond ni quant à la forme, d'aucun privilége spécial. Lorsqu'un ascendant faisait un testament, il pouvait répartir ses biens entre ses descendants, comme tout testateur pouvait le faire entre ses héritiers, en les instituant *ex re certa*, c'est-à-dire en déterminant les biens dont il voulait que le lot de chacun fût composé.

3. La distribution de ses biens ainsi faite par le testateur constituait au profit de chaque héritier un ensemble de legs *per præceptionem* ayant pour objet les choses déterminées dans l'institution de chacun. Le juge appelé à opérer le partage de l'hérédité entre les héritiers institués devait faire adjudication à chacun d'eux des biens que le testateur lui avait assignés. (*Res singulæ, universitas rerum, universitas juris.* L. 35 (28-5). L. 78 (28-5). Les cohéritiers étaient considérés comme légataires *per præceptionem* de ces biens, pour ce qui excédait la part qu'ils y prenaient en qualité d'héritiers (1).

Les différents héritiers institués *ex re certa* étaient-ils tenus les uns envers les autres de l'obligation de garantie dans le cas où ils venaient à être évincés des choses à eux attribuées? C'était là une pure question d'interprétation de volonté. Le testateur avait-il voulu faire des legs *per præceptionem* purs et simples, entièrement distincts les uns des autres? En ce cas, la garantie n'avait pas lieu. Avait-il eu l'intention en instituant ses héritiers *ex re certa*, de faire entre eux un partage? Les cohéritiers étaient tenus de la garantie. (Arg. L. 77, p. 8 *De legat.*-2°).

La répartition des dettes se faisat en principe entre les héritiers institués *ex re certa* en proportion de leurs

---

(2) Les Proculiens admettaient que le légataire *per præceptionem* devenait propriétaire des choses à lui léguées sans l'intervention du juge, tout comme un légataire *per vindicationem* (§ 222, G., C. 2). Reconnaissaient-ils les mêmes effets au legs *per præceptionem* résultant d'une institution *ex re certa?* Aucun texte ne tranche cette question. Mais nous ne voyons guère quel motif ils pouvaient avoir de faire une distinction.

parts héréditaires. On faisait abstraction complète, pour déterminer la part de chacun dans le passif, de la valeur de la *res certa* qu'il prenait. Ce n'était qu'une conséquence de ce que les héritiers recueillaient les *res certæ* en qualité de légataires *per præceptionem*. L. 35, p. 1, Ulpien (28-5). Toutefois c'était à la valeur de la *res certa* qu'on devait s'attacher, lorsque le testateur avait manifesté l'intention d'instituer chaque héritier pour une part représentée par la valeur de la *res certa* comparée à la valeur de l'hérédité entière. L. 9, p. 13, Ulp. (28-5).

Pour faire cette répartition entre ses héritiers, le testateur jouit, jusqu'à l'époque de la loi Falcidie, d'une liberté absolue. Après cette loi, la *res certa* prise par chaque héritier devait être égale au quart au moins de sa part héréditaire. L. 35, p. 1 (28-5).

4. Lorsqu'Auguste eut donné aux codicilles et aux fidéicommis force obligatoire (*Inst.* p. 1, 2, tit. 23; *Princip.*, 2, titre 25), les citoyens purent, même lorsqu'ils mouraient intestats, faire entre leurs héritiers le partage de leurs biens, au moyen de fidéicommis. L. 39, p. 1, (10-2). L. 77, p. 8 (*De legatis*.-2°).

5. A l'époque de Papinien, les pères de famille jouissaient d'un privilége particulier, pour faire entre leurs descendants placés sous leur puissance le partage de leurs biens. Ils pouvaient, qu'ils mourussent testats ou intestats, les répartir entre eux, dans une forme quelconque, même sans écrit (*quibuscumque verbis*). L. 1 (C. 3-36.) L. 20, p. 3 (10-2) *Si pater in filios sine scriptura bona divisit*). Tout ce qui était exigé, c'est que leur volonté fût certaine. Ils étaient en ce point assimilés aux militaires.

Ce partage fait par le père de famille n'avait pas d'effets immédiats. On n'avait pas pu décider qu'il entraînerait la translation immédiate de la propriété des biens qui y étaient compris. Car les fils de famille ne pouvaient rien avoir en propre. On n'avait pas pu l'admettre, même à l'époque de Justinien, où l'on avait fait à ce principe de nombreuses dérogations, le pécule profectice appartenant toujours au père. On considérait ce partage comme un acte de dernière volonté qui ne devait produire d'effets qu'à la mort du père (*supremi judicii divisio*). L. 20, p. 3 (10-2). La translation de la propriété des choses partagées aux descendants ne s'opérait même pas de plein droit au décès du père de famille. Il en résultait que ce partage n'empêchait pas l'état d'indivision de s'établir entre les descendants. L'indivision ne cessait entre eux que par la tradition qu'ils se faisaient réciproquement des biens partagés, conformément aux volontés de leur père. S'ils n'étaient pas d'accord, ils devaient exercer l'action *familiæ erciscundæ*. Le juge de cette action était alors dans l'obligation d'adjuger les biens héréditaires à ceux des descendants dans les lots desquels le père les avait placés. L. 21, C. (3-36) (*familiæ dividendæ causa datus arbiter in adjudicando patris sequetur divisionem*). Voir aussi L. 16, C. (3-36). Ainsi l'exécution du partage fait par le père de famille s'opérait de la même façon que l'exécution des legs *per præceptionem*.

Mais si le partage fait par le père de famille ne pouvait avoir d'effets de son vivant, du moins le père pouvait-il, pour procurer par anticipation à ses enfants la jouissance de ses biens, leur faire délivrance de leurs lots avant sa mort. C'est ce qui semble résulter de la loi 20,

p. 3 (10-2). Ulpien y rapporte que, selon Papinien, il ne fallait pas confondre le partage fait par un père avec une donation entre vifs. Si le jurisconsulte ne faisait pas allusion à un cas où les lots avaient été délivrés aux descendants du vivant même du père, il n'aurait pas eu besoin de prémunir contre cette confusion.

Le partage fait par un père de famille était considéré comme un acte de dernière volonté, même lorsqu'il avait fait la délivrance des lots. Mais il n'équivalait jamais à un testament : les descendants copartagés venaient recueillir leurs lots, en qualité d'héritiers *ab intestat*, à moins qu'ils eussent été institués dans un testament régulièrement fait. L. 16, C. (3-36).

6. Le pouvoir de partager ses biens entre ses enfants, dans une forme quelconque, qui primitivement n'était qu'une conséquence de la puissance paternelle, et qui par suite n'appartenait qu'au père de famille, fut conféré à la mère et à tous autres ascendants par Constantin et Théodose. L. 2, C. Théod. (*familiœ erciscundœ*). L. 21, p. 3. *C. De testamentis.*

7. A côté de cette institution vint se placer au Bas-Empire un autre mode de disposition privilégié pour les ascendants, le *testamentum inter liberos*. Cette espèce de testament paraît n'avoir été créée que par Justinien. C'est par erreur que beaucoup d'interprètes le font remonter à Constantin. Cet empereur s'occupa bien des testaments faits par les ascendants au profit de leurs descendants ; mais il n'établit pas des formes spéciales et privilégiées pour ces testaments. Voici en effet quelle réforme il accomplit :

Les principes rigoureux du droit sur les formes solennelles des testaments conduisaient à une conséquence choquante. Le testament, qui n'avait pas été fait avec toutes les solennités requises, était nul. On avait même été jusqu'à décider qu'un testament imparfait ne produirait ses effets comme codicille qu'autant que le testateur avait expressément déclaré sa volonté à cet égard. Il en résultait que, lorsqu'un père avait fait entre ses descendants le partage de ses biens dans un acte auquel il voulait donner le caractère de testament, le partage était nul, si toutes les formalités exigées pour la validité des testaments n'avaient pas été rigoureusement observées. Et cependant le partage fait par un père, dans un acte quelconque, était valable, s'il n'avait pas eu l'intention de donner à cet acte le caractère de testament!

Constantin fit cesser cette anomalie. Il décida que l'imperfection du testament d'un père de famille n'entraînerait pas la nullité du partage qu'il contenait, que ce partage vaudrait comme s'il avait été fait dans un acte quelconque. Son but, en faisant cette innovation, était d'obliger les descendants à respecter la mémoire de leur père de famille, en se conformant à ses volontés, et d'éviter les procès (*ut et memoria defuncti non violetur et occasiones litium dirimantur*). — L. 1, C. Théod. (2-24).

Mais le partage contenu dans un testament imparfait ne transformait pas plus la vocation *ab intestat* des descendants en vocation testamentaire que ne le faisait un partage fait dans toute autre forme (1). Tout ce qu'avait

(1) Cela résulte d'abord du texte original de la constitution de Constantin. Il assimile, en effet, le cas où le partage est contenu dans un testament im-

décidé Constantin, c'est que le partage fait par un père serait valable malgré la nullité du testament qui le contenait. On ne peut donc pas dire que Constantin créa le *testamentum inter liberos*.

Constantin applique son innovation même au cas où, dans le partage, étaient compris des descendants, qui avaient été émancipés par l'auteur du partage. (*Cum filiis ac nepotibus civili jure vel* AUXILIO PRŒTORIS *ut suis heredibus defuncti successio deferatur.*) L. 1, C. Théod. (2-24). Mais il est évident que, comme la constitution de Constantin établissait, au point de vue de la forme, un privilége au profit des ascendants, le partage dans lequel aurait été compris une personne autre qu'un descendant, était nul quant à cette personne, si le testament qui le contenait n'était pas revêtu des formes solennelles.

Théodose et Valentinien généralisèrent la décision de Constantin : ils l'étendirent aux partages faits par tout ascendant. L. 21, § 3 (C. de *testamentis*). Ces empereurs décidèrent en effet qu'un testament imparfait fait par un ascendant serait valable à l'égard des descendants, au profit desquels il contenait des dispositions quelconques.

Ainsi les ascendants qui voulaient partager leurs biens entre leurs descendants, jouissaient d'un seul privilége :

---

parfait à celui où il est fait dans un acte auquel le père n'a pas voulu donner le caractère de testament. Or, nous avons vu qu'en ce dernier cas, les descendants recueillaient certainement leurs lots en qualité d'héritiers *ab intestat*. Mais cela résulte surtout avec évidence de la constitution de Constantin, telle qu'elle est rapportée dans le Code de Justinien. L. 26, C. (3-36). (*Licet ab intestato ad successionem liberi vocentur.*)

ils n'étaient pas tenus de se soumettre aux formes solennelles des actes de dernière volonté.

8. Justinien fit en cette matière des innovations importantes, tout en n'accordant toujours aux ascendants qu'un privilége de forme. Il assujétit à certaines formalités déterminées, mais plus simples que les formes prescrites de droit commun pour les testaments, les partages d'ascendants, puis il créa le testament *inter liberos*.

9. Le pouvoir accordé aux ascendants de faire entre leurs descendants le partage de leurs biens dans une forme quelconque n'avait pas atteint le but qu'on s'était proposé en le leur conférant, et qu'ils cherchaient eux-mêmes à atteindre en l'exerçant. On voulait leur donner le moyen d'éviter les procès entre leurs descendants, et ces partages devenaient au contraire la source de nombreuses contestations (Nov. 18, cap. 7). *Frequenter enim plurimorum filiorum constituti patres, deinde putantes mox substantiam suam dividere, ut a fraterno certamine eos præservent, ad majores adhùc et sæviores contentiones, eos adducunt.* Cet inconvénient provenait de ce que le partage d'ascendant n'était assujéti à aucune forme déterminée; souvent s'élevaient des procès sur le point de savoir si les volontés qu'on attribuait à l'ascendant étaient réellement les siennes.

Justinien recommande d'abord dans sa Novelle 18, chapitre VII, aux ascendants de faire autant que possible le partage de leurs biens dans leur testament. S'ils ne le faisaient pas, ils devaient faire dresser un écrit contenant l'indication précise des biens qu'ils partageaient. Cet écrit devait être signé ou de l'ascendant lui-même ou de ses descendants copartagés.

10. Enfin Justinien établit le *testamentum inter liberos*. Il permit aux ascendants de s'écarter des formes ordinaires des testaments, quand ils voulaient disposer au profit de leurs descendants, et, en même temps, il détermina les formes plus simples qu'il devaient observer. L'ascendant testateur devait dresser un écrit contenant ses dispositions, le dater de sa propre main, écrire le nom de ses enfants, indiquer la part qu'il attribuait à chacun en toutes lettres, et non en chiffres. Dans cet acte, l'ascendant pouvait même faire des legs ou des fidéicommis au profit d'étrangers, faire des affranchissements, pourvu qu'il déclarât ses volontés devant témoins. (Novelle 107) (1).

Les descendants institués dans un testament fait dans cette forme privilégiée, recueillaient la succession de leur ascendant en qualité d'héritiers testamentaires.

Aussi peut-on dire que Justinien a créé au profit des ascendants une nouvelle espèce de testament, le *testamentum inter liberos*.

Justinien décida en outre, dans la Novelle 107, que le partage fait par un ascendant dans un *testamentum inter liberos* devrait être fait dans les formes de ce testament : il devait indiquer de sa main les objets qu'il voulait placer dans le lot de chacun de ses enfants. Mais

---

(1) La Novelle 119, cap. 9, n'a pas eu pour effet de dispenser l'ascendant qui faisait un *testamentum interliberos* de l'obligation d'écrire de sa propre main les noms de ses héritiers. Cette Novelle n'est relative qu'aux testaments ordinaires dans lesquels Justinien avait décidé que les noms des héritiers devaient être écrits de la main soit du testateur, soit des témoins. V. Inst., § 4-2, tit. x.

Justinien ne décida point d'une façon générale que tout partage fait par un ascendant serait assujéti aux formes du *testamentum inter liberos* (1).

Il ne faut pas confondre plus au point de vue du fond qu'au point de vue de la forme le partage *inter liberos* avec le testament *inter liberos*. Ce sont là deux institutions très-distinctes. Le partage *inter liberos* contenait nécessairement une répartition des biens de l'ascendant entre ses enfants, tandis que le testament *inter liberos* pouvait contenir toute espèce de dispositions autres qu'un partage. Le testament créait la vocation héréditaire des enfants, et en faisait, dans le cas où ils y étaienl institués, des héritiers testamentaires. Le partage au contraire n'était qu'un acte de distribution, qui supposait une vocation préexistante des copartagés, et n'avait nullement pour effet de transformer leur vocation légale en vocation testamentaire.

Ainsi, en résumé, à Rome, les ascendants étaient dispensés des formes des testaments pour faire le partage de leurs biens entre leurs descendants. Lorsque Justinien eut créé le *testamentum inter liberos*, ce privilége ne fut plus restreint au partage; il devint commun

(1) Domat fait donc une confusion lorsqu'après avoir dit : « Cette licence « si vague des dispositions informes à l'égard des enfants fut bornée par « Justinien, qui par sa Novelle 18, chap. 7, ordonna qu'elles seraient signées « ou par le père ou par les enfants ; » il ajoute : « Et par sa Novelle 107, « il ajouta que le père souscrirait la date, qu'il écrirait de sa propre main « les noms de ses enfants, et qu'il écrirait aussi de sa propre main, tout le « long et non en chiffres ni en abrégé, les portions qu'il réglerait pour « chacun. » Cela n'est vrai que des partages contenus dans un testament *inter liberos*.

à toutes les dispositions testamentaires faites par un ascendant au profit de ses descendants.

Tel est l'historique du partage d'ascendant dans le droit romain. Nous devons maintenant insister sur les règles de fond qui le régissaient.

11. Les ascendants pouvaient, ainsi que nous l'avons déjà indiqué, faire le partage de leurs biens entre leurs descendants, soit qu'ils mourussent testats, soit qu'ils mourussent intestats. Dans tous les cas, c'était un simple acte de distribution fait en vertu de la vocation légale ou testamentaire des descendants.

Le partage d'ascendant n'était au point de vue des pouvoirs de l'ascendant, pour la formation des lots, considéré que comme un acte de disposition à titre gratuit ordinaire, dans lequel il n'était pas obligé d'observer l'égalité entre ses descendants, pourvu qu'il laissât à chacun d'eux sa légitime intacte. (*Filii patris testamentum rescindendi, si hoc inofficiosum probare non possunt, nullam habent facultatem.* L. 16, C. (3-36). Voir aussi L. 8 princip. (1) (3-28). C'est bien là une preuve évidente de la justesse de cette idée de Domat qu'à l'origine tout au moins, le partage d'ascendant fut dispensé de formes non pas dans l'intérêt des enfants, mais uniquement par faveur pour la puissance paternelle. « Si cette « faveur des enfants, dit-il, devait être considérée dans « les difficultés de la validité des dispositions des pères « entre leurs enfants, elle porterait plutôt à les annuler,

---

(1) Ainsi la lésion n'était pas une cause de rescision du partage d'ascendant, tandis qu'on peut soutenir que le partage ordinaire pouvait être rescindé pour lésion d'un des copartageants. (Voir ci-dessus, pages 100 et suiv.)

« si elles manquaient des formes, qu'à suppléer aux « formes pour les faire valoir, quand elles blesseraient « l'égalité qui doit conserver l'union des frères. »

Quel moyen avait le descendant qui n'avait pas reçu sa légitime dans le partage pour l'obtenir? On paraît avoir distingué entre le cas où le partage était un partage *ab intestat* et celui où c'était un partage testamentaire.

Si c'était un partage *ab intestat*, le descendant dont le lot n'était pas au moins égal à sa légitime, pouvait retenir les biens qui lui étaient dévolus en qualité d'héritier *ab intestat* jusqu'à concurrence de cette légitime, tout comme l'héritier testamentaire chargé de legs ou le fiduciaire pouvait retenir sa quarte, soit en vertu de la loi Falcidie, soit en vertu du sénatus-consulte Pégasien. Ce n'était toujours en effet que sous la réserve du droit des descendants à leur légitime, que le juge de l'action *familiæ erciscundæ* devait, en faisant les adjudications, se conformer aux volontés du défunt. (*Judicio familiæ erciscundæ, licet ab intestato ad successionem liberi vocentur, servato senatusconsulti auxilio defuncti dispositio custodiatur*. L. 21 (3-36).

S'il s'agissait d'un partage testamentaire, le descendant qui n'avait pas sa légitime intacte, pouvait, avant Justinien, faire tomber par la *querela inofficiosi testamenti* le testament et, par suite, le partage qui y était contenu. A partir de Justinien, il put seulement obtenir le complément de sa légitime.

Les textes n'indiquent point si l'ascendant devait comprendre nécessairement dans le partage tous ses descendants. Nos auteurs des pays de droit écrit décidaient que le partage n'étant pas un testament, l'omission d'un descendant n'en entraînait pas la nullité et que le descendant omis pouvait seulement réclamer sa légitime. Furgole, ch. VII, sect. 1, n° 149, *Testaments.*

12. L'ascendant n'était pas obligé de comprendre tous ses biens dans son partage. S'il laissait des biens non partagés, il y avait lieu, après sa mort, de procéder à leur partage, tout comme s'il n'avait partagé entre ses descendants aucune portion de son patrimoine. Le juge devait partager ces biens entre eux, non pas d'après la valeur des biens que l'ascendant avait fait entrer dans le lot de chacun, mais en proportion de leurs droits héréditaires. L. 21, C. (3-36). L. 10 (3-38). Il n'en était évidemment ainsi qu'autant que les biens non partagés ne pouvaient pas être considérés comme des accessoires des choses partagées (*modo si res datas non sequuntur.* L. 32, (10-2). Toutefois le juge ne suivait pas ce mode de répartition des biens laissés indivis par l'ascendant, lorsque l'ascendant avait eu la volonté certaine de réduire la part héréditaire de chacun de ses enfants à la valeur du lot à lui attribué. Argt. L. 9, § 13 (28-5).

13. Lorsque le partage fait par un ascendant ne contenait aucune disposition relativement à la part que chaque descendant devait supporter dans ses dettes, chacun en était tenu en proportion de sa part héréditaire, et non en proportion de la valeur de son lot, car le partage ne faisait pas plus disparaître la vocation héréditaire de chaque descendant que ne le faisaient les legs *per præceptionem* résultant pour chaque héritier institué *ex re certa* de la désignation de *la res certa*. Argt. analog. L. 35, § 1 (28-5).

Mais l'ascendant pouvait aussi faire entre ses descendants la répartition de ses dettes et assigner à chacun d'eux la part qu'il devait supporter dans son passif. Toutefois la liberté de l'ascendant n'était pas plus illimitée à cet égard que pour le partage de son actif. La disposition du partage dans laquelle un ascendant aurait chargé un de ses descendants d'une telle part dans les dettes que celui-ci se trouvait n'avoir plus sa légitime, n'aurait pas dû être respectée. L. 20, § 5 (10-2).

Le partage du passif ne pouvait jamais être opposé aux créanciers de l'ascendant : ils conservaient, malgré ce partage, le droit de poursuivre les descendants copartagés pour leurs parts héréditaires. L. 20, § 3 (10-2). Entre les descendants, au contraire, cette répartition du passif produisait des effets. Si l'action *familiœ erciscundœ* était intentée après que les dettes avaient été payées, les descendants qui avaient payé dans le passif une part supérieure à celle que l'ascendant avait mis à leur charge, obtenaient des autres descendants le remboursement de ce qu'ils avaient payé au-delà de leur part. Si, au contraire, les dettes de l'ascendant n'étaient pas encore payées lors de l'exercice de l'action *familiœ erciscundœ,* le juge devait faire promettre au descendant chargé par le partage d'acquitter le passif dans une proportion supérieure à sa part héréditaire, qu'il désintéresserait ses copartagés dans le cas où ceux-ci seraient forcés de payer aux créanciers leurs parts héréditaires dans les dettes. L. 20, § 5 (10-2.) (*Indemnes suos coheredes prœstare cavebit.*)

Le partage fait par un ascendant engendrait-il, entre les ascendants copartagés l'obligation de garantie? On décidait par interprétation de la volonté de l'ascendant, qui avait dû vouloir que le rapport entre les différents lots restât tel qu'il l'avait établi, que l'obligation de garantie devait résulter du partage d'ascendant comme d'un partage ordinaire. L. 77, § 8. Papinien, *De legatis*-2°. — *Si inter filios pater, qui se dominum crediderit, divisionem fecit, conjectura voluntatis non patietur eum partes cohæredibus prælegatas restituere, nisi parati fuerint et ipsi patris judicium fratri conservare.*

Papinien prévoit une hypothèse analogue dans la loi 33 (x. 2).

Ces deux textes suposent que la cause d'éviction est connue, ou même que l'éviction se réalise avant que le juge ait été appelé par l'exercice de l'action *familiæ erciscundæ* à opérer le partage conformément aux volontés de l'ascendant. Mais il est évident que, dans le cas où la cause de l'éviction ne se révélait qu'après le partage, le copartagé évincé devait avoir une action pour se faire indemniser contre les autres descendants. Ce n'était pas l'action *familiæ erciscundæ,* puisqu'elle avait déjà été exercée une fois; c'était probablement l'action *præscriptis verbis.* Arg. L. 20, §. 3 (10-2.)

15. Il pouvait arriver que l'ascendant qui faisait le partage de ses biens eût compris dans ce partage des descendants émancipés ou des filles auxquelles il avait constitué des dots, ou des fils auxquels il avait fait des donations *propter nuptias.* Ces descendants devaient faire *collatio* à la succession de l'ascendant des biens qu'ils avaient acquis depuis l'émancipation, de ceux qui leur avaient été constitués en dot ou de ceux qui étaient compris dans la donation *propter nuptias.* L'exis-

tence du partage n'empêchait pas l'application des règles générales de la *collatio*. C'était même, notamment au point de vue de la *collatio*, qu'il y avait grand intérêt à constater que le partage d'ascendant ne détruisait pas la vocation légale des descendants. Dans le droit antérieur à Justinien, la *collatio* n'était pas due en cas de succession testamentaire; le partage d'ascendant n'empêchait pas qu'elle fût due, puisqu'il n'enlevait pas aux descendants la qualité d'héritiers *ab intestat*.

Mais il pouvait résulter de la façon même dont l'ascendant avait réparti ses biens, qu'il avait entendu dispenser de la *collatio* ceux par qui elle était due. Voici en effet quelle décision donne Scævola sur une espèce qui lui était présentée. L. 39, §. 1. (10-2.)

« Un père mort intestat avait fait par codicille le par- « tage de ses biens entre ses enfants; il avait attribué à « son fils un lot beaucoup plus considérable qu'à sa « fille. Celle-ci devait-elle faire à son frère *collatio* de sa « dot? Telle était la question posée au jurisconsulte. « Voici sa solution : D'après les circonstances de l'espèce, « il semble juste de décider que, si le père a partagé « tous ses biens, il ne doit pas y avoir lieu pour la fille « à la *collatio dotis*. » Cette solution est très-raisonnable : on pouvait dire que le père avait en quelque sorte opéré la *collatio* pour sa fille : l'excédant du lot du fils sur celui de sa sœur lui avait été attribué par le père pour remplacer ce dont la fille aurait dû faire *collatio* (1).

---

(1) Pothier dit très-bien : *Ex eo enim quod pater totum suum patrimonium diviserit, et plus filio quam filiæ reliquerit, colligitur testator voluisse ut quod plus filio reliquit, esset vice ejus quod filia fuisset collatura.* (Titre *De dotis collatione*, 37-7. Dig., n° 5, note 3.)

15 *bis*. Le partage d'ascendant, toujours considéré comme un acte de dernière volonté, alors même que la délivrance des lots était faite immédiatement aux descendants, était un acte essentiellement révocable. C'est ce que décide expressément Constantin, en conférant à la mère le droit de faire entre ses enfants le partage de ses biens (*hujusmodi divisionem durare, si modo usque ad extrenum ejus vivendi spatium voluntas eadem perceverasse doceatur*). L. 2, C., Théod. (2-24). Quant aux formes de la révocation, elles ne se trouvent indiquées dans aucun texte (1).

16. Justinien déclara les conventions faites sur succession future valables, sous la condition que celui de la succession duquel il s'agissait y consentît. L. 30, C. (2-4). Il dut résulter de cette innovation que toute personne pût faire entre ses héritiers quelconques le partage de ses biens, sans observer les formes solennelles des actes de dernière volonté. Il suffisait pour cela du concours des volontés du disposant et des copartagés. Les partages ainsi faits étaient révocables, comme les partages d'ascendants. Car les effets des pactes sur succession future étaient, d'après la constitution de Justinien, subordonnés à la persistance du consentement du *de cujus* jusqu'à sa mort.

---

(1) Justinien s'est borné, dans la Novelle 107, chap. 2, à établir les formes de la révocation du testament *inter liberos*.

§ 2. — ANCIEN DROIT FRANÇAIS.

DES PARTAGES D'ASCENDANTS ET DE LA DÉMISSION DE BIENS.

1. Les ascendants ne pouvaient, en droit romain, partager leurs biens entre leurs enfants que par un acte dont les effets étaient reculés jusqu'après leur mort. Il n'en était pas ainsi dans notre ancien droit français. A côté du partage d'ascendant qui conserva, dans les pays coutumiers, comme dans les pays de droit écrit, le caractère d'acte testamentaire, existait dans les pays de coutumes, une institution permettant aux ascendants de donner immédiatement pendant leur vie des effets au partage qu'ils faisaient de leurs biens entre leurs enfants, c'était la *démission de biens*.

Nous trouvons ainsi dans notre ancien droit deux institutions qui correspondent l'une au partage d'ascendant testamentaire de notre droit actuel, l'autre au partage fait par acte entre-vifs. Nous étudierons successivement chacune de ces institutions.

A. *Des partages d'ascendants.*

Les partages d'ascendants paraissent avoir été en usage en France dès les temps les plus reculés. On en trouve des traces dans les monuments de notre très-ancien droit français.

Les règles qui régissaient le partage d'ascendant étaient

différentes dans les pays de droit écrit et dans les pays coutumiers.

a. *Partages d'ascendants dans les pays de droit écrit.*

4. Dans les pays de droit écrit, le partage d'ascendant était en général soumis au mêmes règles qu'en droit romain. On y connaissait des partages testamentaires et *ab intestat*. Les formes de ces partages furent celles qu'avaient établies les Novelles de Justinien, jusqu'à l'ordonnance de 1735 qui soumit les partages d'ascendants à des formes semblables dans toute la France.

Il n'était pas nécessaire que tous les biens de l'ascendant fussent compris dans son partage; les biens restés indivis étaient partagés après sa mort comme composant une succession *ab intestat*.

On n'exigeait pas que l'ascendant maintînt l'égalité entre ses descendants dans ces partages; tout ce qu'il fallait, c'est que les inégalités ne fussent pas assez grandes pour entamer la légitime d'un des descendants. L'omission d'un descendant ne rendait pas le partage nul. Le descendant omis avait seulement le droit de réclamer sa légitime.

On discutait sur le point de savoir si les copartagés devaient être tenus de l'obligation de garantie les uns envers les autres. Furgole, pour résoudre la question, faisait une distinction. Il admettait l'obligation de garantie dans le cas où l'ascendant avait d'abord institué héritiers ses descendants entre lesquels il partageait ses biens. Il niait l'existence de cette obligation lorsque l'ascendant, sans instituer ses enfants, s'était borné à distribuer entre eux les biens dont il formait leurs lots.

Mais, dans les pays de droit écrit, les partages d'ascendants différaient à un point de vue important des partages du droit romain. Nous avons vu précédemment qu'en droit romain, les partages d'ascendants ne produisaient pas leur effet de plein droit; qu'il fallait que le juge intervînt pour faire à chaque descendant adjudication des biens dont l'ascendant avait composé son lot. Il n'en était plus ainsi en pays de droit écrit : dès la mort de l'ascendant, les copartagés se trouvaient saisis de plein droit des biens qu'il leur avait attribués.

b. *Partages d'ascendants dans les pays coutumiers.*

5. Toutes les coutumes n'autorisaient pas le partage d'ascendant. Il y en avait un très-petit nombre qui en parlaient (1); la plupart gardaient, sur cette institution, le plus complet silence.

Les coutumes qui autorisaient expressément le partage d'ascendant le soumettaient à des règles diverses. Les unes permettaient aux ascendants seuls de faire le partage de leurs biens (c'étaient les plus nombreuses); les autres le permettaient aussi aux collatéraux; enfin il en était qui ne conféraient le droit de faire un partage qu'aux père et mère. La jurisprudence étendait, en gé-

(1) Les coutumes qui autorisaient le partage d'ascendant étaient les suivantes : Artois (art. 85), Amiens (art. 49), Bourbonnais (art. 216), Bourgogne (titre VII), Bretagne (art. 560), Douai (chapitre II, art. 39), Poitou (art. 219), Nivernais (chap. 34, art. 17), Péronne et Montdidier (art. 101), Lorraine.

néral, à tous les ascendants les dispositions de ces coutumes (1).

6. Les coutumes ne réglaient pas, généralement, les formes du partage d'ascendant. Les coutumes de Bourgogne et du Bourbonnais seules les déterminaient. Il pouvait se faire soit en justice, soit par un acte public passé devant un notaire en présence de deux témoins ou devant deux notaires, soit enfin par un acte sous-seing privé écrit, daté et signé par l'ascendant. Ces formes étaient suivies dans les coutumes qui, tout en autorisant le partage d'ascendant, étaient muettes sur elles.

Les coutumes de Bourgogne et du Bourbonnais exigeaient, pour la validité du partage d'ascendant, qu'un certain intervalle de temps s'écoulât entre le jour où il était fait et la mort de l'ascendant; ce délai était de quarante jours en Bourgogne, de vingt jours en Bourbonnais. Le motif de ces dispositions est donné en ces termes par Dumoulin : « cela fut établi *non solum metu suggestionum, sed ne dividens, nimium vicinus morti facile erret in œquali distributione.* » Ce motif avait dû nécessairement conduire à assimiler la perte de la raison à la mort. Pour que les dispositions de ces coutumes ne fussent pas violées, on exigeait, quand le partage était fait par acte olographe, ou qu'il fût suivi d'un acte de reconnaissance par-devant notaires, ou bien qu'il y eût un acte public du dépôt de l'acte de partage.

L'ordonnance de 1735 sur les testaments posa sur les

(1) Furgole dit cependant que les dispositions de ces coutumes ne devaient pas être étendues à l'aïeul et à l'aïeule. Dans le même sens, Taisand, *Sur la coutume de Bourgogne*, art. 6, titre VII.

formes des testaments des règles générales pour toute la France. Elle décidait que les partages d'ascendants pourraient être faits dans des formes plus simples que les testaments ordinaires; il suffisait qu'ils fussent faits en présence soit de deux notaires, soit d'un notaire et de deux témoins (art. 15 et 16, ordonnance de 1735). En outre, l'ordonnance permettait aux ascendants de partager leurs biens par acte olographe, même dans les pays de droit écrit, dans lesquels le testament olographe n'était pas en usage. Enfin, après avoir prohibé les testaments mutuels ou faits conjointement, elle faisait exception à cette prohibition pour les partages d'ascendants. (Art. 77).

Tout en établissant ces formes pour la France entière, l'ordonnance déclarait ne pas dispenser de formalités plus amples que pouvaient exiger les coutumes locales.

Il résulte de ces dispositions, soit des coutumes, soit de l'ordonnance de 1735, que, dans notre ancien droit comme en droit romain, le partage d'ascendant était un acte privilégié, à raison de la simplicité des formes auxquelles il était soumis. Aussi déclarait-on nulles les dispositions qui, dans un acte ainsi fait, concernaient d'autres personnes que les descendants. (*Analog.*, l. 21, p. 3; C., *De testamentis.*)

7. Dans le droit romain, le partage d'ascendant ne tirait pas son autorité de la seule volonté du défunt, le juge devait intervenir pour assurer ses effets à cette volonté. Il n'en était pas ainsi dans notre droit coutumier (nous avons dit qu'il n'en était même pas ainsi dans les pays de droit écrit); jamais l'intervention du juge n'était nécessaire; l'autorité du partage d'ascendant

dérivait, en principe, de la seule volonté de l'ascendant. Cependant, en certaines coutumes, à raison des règles particulières sur la disposition des propres, l'ascendant ne pouvait partager ses propres qu'avec le consentement de ses descendants (Artois, art. 70). En Bretagne, les propres ne pouvaient être compris dans le partage qu'avec le consentement de deux parents du côté paternel et de deux parents du côté maternel.

8. Le partage d'ascendant était, de même qu'en droit romain, considéré comme un simple acte de distribution entre les descendants. Les copartagés recueillaient leurs lots en qualité d'héritiers légitimes. Aussi, certaines coutumes décidaient que les copartagés étaient saisis de plein droit des biens compris dans leurs lots; et, en droit coutumier, la saisine n'était accordée qu'aux héritiers légitimes. (Art. 17, tit. 34, *Cout. de Nivernais.*)

Non seulement les descendants recueillaient leurs lots en qualité d'héritiers légitimes, s'ils acceptaient la succession de l'ascendant; mais encore ils ne pouvaient pas, en renonçant à la succession, les prendre en qualité de légataires. C'est le principe que Guy-Coquille posait en ces termes : *Chacun prendra en qualité d'héritier, et, s'il ne prend en qualité d'héritier, il n'aura rien.*

Les descendants, qui recueillaient leurs lots étaient tenus des dettes de leur ascendant *ultra vires,* non pas en proportion de la valeur de leurs lots, mais à raison de leur part héréditaire.

9. On discutait, en pays coutumiers comme en pays de droit écrit, sur le point de savoir si le partage d'ascendant engendrait entre les descendants l'obligation de garantie. Merlin dit que, dans presque toutes les coutumes,

le partage d'ascendant était sans garantie, tant que, distraction faite de l'objet dont l'un des descendants était évincé, il lui restait assez pour la formation de sa légitime (Répert., *Partage d'ascendant*, n° 11).

10. Dans son partage, l'ascendant devait comprendre tous ses descendants, ses héritiers. En cas d'omission d'un descendant, le partage était nul, contrairement à ce que décidait le droit romain. Cette nullité provenait de ce que l'acte de l'ascendant étant qualifié de partage, devait nécessairement être fait entre tous les cohéritiers, sous peine de perdre son caractère. Le président Duret disait : *ex quibus aliquo prœterito, facta divisio prorsus corruit;* Louis Semin ajoutait : *etiamsi prœteritus non conqueratur dummodo instet alius.*

11. Le partage d'ascendant devait porter sur tous les biens qui appartenaient à l'ascendant au moment du partage. Le motif qu'on en donnait, c'est que ce partage avait été autorisé pour permettre aux ascendants d'éviter entre leurs enfants les contestations qui naissent de l'état d'indivision. Or ce but n'était pas atteint lorsque l'ascendant laissait certains biens indivis. Boullenois allait même jusqu'à soutenir qu'en vertu de cette idée le partage devenait nul, dans le cas où il y avait compris tous ses biens actuels, si postérieurement à sa confection il survenait de nouveaux biens à l'ascendant.

11 *bis*. L'ascendant devait-il observer l'égalité entre ses descendants, soit quant à la valeur des biens à eux attribués, soit quant à la composition de leurs lots? Sur ce point, comme sur les autres, les coutumes qui autorisaient les partages d'ascendants avaient des dispositions diverses.

Plusieurs coutumes (*Bourgogne*, *Nivernais*, *Bourbonnais*, *Douai*, *Péronne*, *Montdidier*) permettaient à l'ascendant d'attribuer à ses descendants des biens d'une inégale valeur. Le copartagé plus maltraité que les autres par le partage ne pouvait se plaindre qu'autant que sa légitime était entamée. L'action qui lui était donnée était, non pas une action en nullité du partage, mais une action en complément de sa légitime. En ce point, ces coutumes admettaient le système du droit romain ; elles traitaient, quant au fond, le partage d'ascendant comme un acte de disposition à titre gratuit ordinaire, pour n'en faire un acte privilégié qu'au point de vue des formes.

Mais, pour que l'inégalité des lots n'entamant pas la légitime d'un copartagé ne dût pas être réparé, il était nécessaire qu'elle eût été établie intentionnellement par l'ascendant. Si elle ne résultait que d'une erreur de sa part sur la valeur exacte des choses héréditaires, il y avait lieu de compléter la part inférieure aux autres.

Dans la rigueur des principes, les coutumes qui n'admettaient pas que l'un des héritiers fût avantagé aux dépens des autres, auraient dû ne pas tolérer entre les descendants copartagés la plus petite inégalité. On avait admis dans ces coutumes que le partage d'ascendant était rescindable pour cause de lésion. Cela avait été décidé, dit d'Argentré, *ne obliqua dispositione contra juris consuetudinarii regulam, alterius ex heredibus melior conditio fieret.* Mais on ne pouvait pas admettre que toute lésion vicierait le partage d'ascendant; c'eût été le rendre à peu près impossible. Car il est bien difficile que l'ascendant ne commette pas quelque erreur sur la valeur de ses biens. La coutume de Bretagne exigeait que la lésion fût de plus du sixième. Quant aux autres coutumes, elles étaient muettes sur la question ; les juges avaient le pouvoir d'apprécier si la lésion était suffisante pour entraîner la rescision du partage.

D'après le système des coutumes d'égalité, la lésion, même la plus minime dans le partage d'ascendant, n'eût dû être tolérée qu'autant qu'elle provenait d'une erreur de l'ascendant. Au contraire, on aurait dû admettre que toute inégalité viciait le partage, si elle avait été établie intentionnellement par l'ascendant; car alors il y avait de sa part fraude à la loi. Mais, comme il était bien difficile d'arriver à déterminer s'il y avait eu erreur ou fraude commise par l'ascendant, on avait généralement admis que toute inégalité qui n'engendrerait pas une lésion de plus du sixième, en Bretagne, ou qui ne serait pas trouvée excessive par le juge dans les pays où la coutume était muette, ne vicierait pas le partage d'ascendant.

12. L'ascendant jouissait-il d'un pouvoir illimité pour composer les lots de ses enfants ? ou devait-il mettre dans chaque lot des biens de même nature ? C'était un point controversé.

Dans les coutumes d'inégalité, on exigeait seulement en général que chaque descendant reçût sa légitime en biens héréditaires. Ainsi l'ascendant ne pouvait pas attribuer à un copartagé une soulte pour sa légitime. Il n'en était pas ainsi dans la coutume de Bourbonnais : l'enfant réduit à sa légitime devait se contenter de la somme d'argent qui lui était attribuée par le partage. Mais cette décision était vivement critiquée par les auteurs. (Merlin, Répert., v° *Partage d'ascendant*, XII.)

Dans les coutumes d'égalité, l'ascendant devait mettre, autant que possible, dans chaque lot, la même quantité de meubles et d'immeubles. C'est ce que dit Boullenois, dans sa cinquième question (page 80).

« *Si un père, ayant plusieurs fonds et de simples deniers d'argent comptant, donnait à l'un tout son argent comptant, et à l'autre tous ses fonds, je croirais que le fils, qui a reçu l'argent, serait en état, après la mort du père, de demander part dans les fonds, en offrant de partager les deniers, encore que les deniers dont le père lui aurait fait partage, montassent à la valeur des fonds. Ma raison est que je ne trouve pas que le père, dans son partage, ait observé l'égalité, étant certain que des deniers comptants n'ont pas la même stabilité que des fonds.* »

13. Les coutumes défendaient en général d'avantager dans les propres un héritier au préjudice des autres. Ce principe aurait dû logiquement conduire à admettre que, dans les propres, chaque héritier devait avoir un lot égal. Cependant on s'était écarté de cette conséquence logique de la règle, et on reconnaissait que l'héritier, qui avait reçu moins de propres dans son lot, ne pourrait pas se plaindre, s'il avait reçu l'équivalent en acquêts.

14. Le partage d'ascendant étant un acte de disposition à cause de mort, était révocable. C'est ce que décidaient expressément plusieurs coutumes. (*Bourgogne, Bretagne,* etc.) Mais le partage fait par les père et mère de leurs biens confondus et mêlés ne pouvait être révoqué que du consentement de tous deux; il en résultait que le partage devenait irrévocable par le prédécès de

l'un des époux. On admettait aussi l'irrévocabilité du partage fait par contrat de mariage.

Enfin plusieurs jurisconsultes décidaient aussi que le partage était irrévocable, lorsque l'ascendant avait fait la délivrance immédiate des lots. C'est l'opinion que semble admettre Loysel (n° 308, édit. Dupin et Laboulaye).

« *Père et mère, ou l'un d'eux, peuvent, de leur vivant,*
« *répartir leurs biens entre leurs enfants, leur légitime*
« *sauve; et est cette disposition réputée testamentaire et*
« *révocable, sinon que la donation eût été effectuée et*
« *parfaite.* »

La révocation du partage se faisait par testament ou par une déclaration écrite.

Telles étaient les règles admises en général dans les coutumes qui autorisaient expressément le partage d'ascendant.

15. Cette institution devait-elle être également reçue dans les coutumes muettes? Plusieurs motifs paraissaient devoir s'y opposer à son admission. Dans les coutumes d'égalité, le partage constituait pour les ascendants un moyen de violer les dispositions des coutumes, puisqu'on y tolérait les inégalités minimes. Dans toutes les coutumes, les actes de dernière volonté étaient assujétis à des formalités spéciales. Les ascendants, s'ils pouvaient faire un partage dans les coutumes muettes, devaient-ils être aussi dispensés de ces formes? En outre, les coutumes réservaient les propres aux héritiers du côté et ligne d'où ils venaient. En partageant les propres, on assignait à chaque héritier tels d'entre eux, et on les enlevait aux autres.

Malgré ces obstacles, le partage d'ascendant était reçu

dans les pays régis par ces coutumes. On décida que les ascendants pouvaient partager même leurs propres, sans observer toutes les formes des testaments.

16. Comment la question d'égalité entre les copartagés était-elle réglée dans ces coutumes? Dans les coutumes d'inégalité, on tolérait les inégalités qui n'avaient pas pour effet d'entamer la légitime d'un descendant. Dans les coutumes d'égalité, on distinguait entre le partage par lequel l'ascendant avait eu l'intention de faire une répartition égale de ses biens, et le partage par lequel il s'était proposé de détruire l'égalité entre ses descendants. Dans le premier cas, le partage devait être respecté, pourvu que l'égalité ne fût pas notablement rompue, encore qu'il n'eût pas été revêtu des formes des testaments. Dans le second cas, le partage était nul si les formes testamentaires n'avaient pas été observées, et, si elles l'avaient été, les dispositions y contenues ne pouvaient entamer ni les réserves coutumières, ni les légitimes des descendants.

17. Dans les coutumes qui n'autorisaient pas expressément le partage entre collatéraux, un collatéral pouvait distribuer ses bieus entre ses héritiers présomptifs. Mais cet acte de distribution était, soit quant au fond, soit quant à la forme, soumis aux règles des testaments. Ainsi l'auteur du partage ne pouvait pas entamer les réserves coutumières de ses héritiers présomptifs. — (5e quest., Boullenois, page 77.)

B. *De la démission de biens.*

18. Dans les pays de coutumes existait un mode de

déposition à titre gratuit spécial qui pouvait contenir un partage fait par l'auteur de la disposition entre ses héritiers présomptifs. Ce mode de disposition différait essentiellement du partage d'ascendant, en ce qu'il pouvait être employé non-seulement par les ascendants, mais encore par les collatéraux, et en ce qu'il produisait des effets actuels du vivant même du disposant.

Pothier donne de la démission de biens la définition suivante :

« On peut définir la démission de biens un acte par « lequel une personne, *en anticipant le temps de sa suc-* « *cession, se dépouille de son vivant de l'universalité de* « *ses biens, et en saisit d'avance ses héritiers présomptifs,* « *en retenant néanmoins le droit d'y rentrer lorsqu'il le* « *jugera à propos.* » (*N° 1, Appendice, Introd. au titre XVII de la Cout. d'Orléans.*)

La démission de biens n'était en principe qu'un abandon par indivis de ses biens fait par le démettant aux démissionnaires. Ceux-ci, devenus copropriétaires des biens du démettant, avaient à en opérer entre eux le partage soit du vivant du démettant, soit après sa mort. Mais le démettant pouvait faire lui-même le partage de ses biens dans l'acte même de démission. C'est alors seulement que la démission de biens offrait de l'analogie avec le partage d'ascendant ; et c'est à cette démission accompagnée de partage seule que se rattache le partage d'ascendant fait entre-vifs qu'autorise notre Code. — Néanmoins, comme l'étude de la démission de biens avec partage nécessite la connaissance de la démission de biens pure et simple, nous devons l'examiner dans ces deux formes différentes.

La démission de biens avait été établie dans différents buts : elle permettait aux individus âgés et infirmes de se décharger de l'administration de leurs biens en les abandonnant à leurs héritiers présomptifs. Elle retirait en outre aux personnes faibles d'esprit la crainte de voir leur interdiction provoquée par leurs héritiers, en leur enlevant tout intérêt pécuniaire à la faire prononcer. Ferrière dit qu'elle offrait encore une autre utilité : « Elle « se pratiquait entre gens d'un état très-médiocre, qui, « pour se mettre à couvert de la taille et s'assurer de quoi « vivre en repos le reste de leurs jours, abandonnaient « leurs biens à leurs présomptifs héritiers. — Outre ces « avantages qui lui étaient spéciaux, la démission de « biens offrait en outre tous les avantages du partage « d'ascendant, lorsqu'elle était accompagnée de par- « tage. »

19. L'origine de cette institution était nationale. On en trouve des traces dans les formules et dans les Capitulaires. C'est ce qui explique comment cette institution n'était connue qu'en pays de coutumes. Mais il est visible que la démission de biens avait emprunté un grand nombre de ses règles à la donation à cause de mort du droit romain. Ainsi la démission de biens était révocable au gré du démettant et elle n'avait d'effets définitifs qu'à sa mort.

La nature juridique de la démission de biens était très-indécise. C'était un acte de disposition à titre gratuit qui différait à la fois des donations entre-vifs et des testaments ; car, d'un côté elle était révocable, et d'un autre côté elle produisait des effets du vivant même du démettant.

Boullenois trouvait trois caractères différents dans la démission de biens, suivant les personnes relativement auxquelles il la considérait. Selon lui, c'était à l'égard du démettant une espèce de donation à cause de mort; par rapport aux démissionnaires, c'était une succession anticipée; par rapport aux créanciers du démettant et aux tiers, c'était un acte entre-vifs translatif de propriété.

Ce qu'il importe surtout de remarquer, c'est que la démission de biens, malgré les analogies qu'elle présentait avec la donation à cause de mort, n'était pas confondue avec elle. — Ainsi, elle était permise même dans les coutumes qui prohibaient les donations à cause de mort. D'ailleurs, même en admettant que la démission de biens constitue une véritable donation à cause de mort, on peut dire que les motifs qui avaient fait prohiber les donations à cause de mort ne se rencontraient pas pour faire aussi défendre les démissions de biens. En effet, c'était uniquement dans l'intérêt des héritiers légitimes que la donation à cause de mort avait été défendue. Or la démission de biens, loin de leur nuire, leur profitait en ouvrant par anticipation la succession de leur auteur à leur profit. C'est aussi pour ce motif que la démission de biens subsista, même après que l'ordonnance de 1735 eût aboli ce mode de disposition. — (Pothier, *Traité des fiefs*, 609; Cout. d'Orléans, n° 2, Appendice au titre 17.)

20. La démission de biens n'était en général réglée que par la doctrine ou par la jurisprudence; la coutume de Bretagne seule en faisait expressément mention.

La plupart des auteurs posaient en principe que la démission de biens était une anticipation de succession ou l'anticipation de l'espérance héréditaire (*spei hereditariæ anticipatio*) ; et, de cette idée, ils déduisaient toutes les règles de la démission de biens. Elles étaient en effet presque toutes en rapport avec elle. — Ces règles avaient une grande importance : la démission de biens n'était dispensée de toutes formes, qu'à la condition qu'elles seraient observées. Si elles ne l'étaient pas, l'acte prenait le caractère de disposition à titre gratuit entre-vifs ordinaire et était nul pour défaut de formes.

21. Les personnes qui pouvaient faire une démission de biens étaient celles-là seules qui pouvaient transmettre leur succession. Ainsi les morts civilement et les aubains n'étaient pas capables de faire une démission de biens. — Le droit de se démettre de ses biens appartenait à tous les parents, autres mêmes que les ascendants. Il est vrai toutefois que les auteurs ne traitaient pas en général du cas où la démission était faite par un descendant au profit de ses ascendants. Mais cela ne tenait pas à ce que cette démission n'était pas possible, cela provenait seulement de ce qu'elle était peu fréquente.

22. La démission de biens ne pouvait avoir lieu qu'au profit des héritiers présomptifs du démettant ; elle devait les comprendre tous et avoir lieu en proportion de la part héréditaire de chacun. Les aubains ne pouvaient donc pas recevoir par voie de démission de biens.

23. La démission de biens devait comprendre l'universalité des biens du démettant. En outre, elle devait avoir lieu à titre universel. Ainsi la démission n'aurait pas été valable comme telle, si le démettant s'était démis de tels ou tels biens individuellement déterminés,

encore qu'en réalité il eût abandonné tous ses biens à ses descendants. Mais le démettant pouvait (et cela avait lieu très-fréquemment) se réserver l'usufruit de tout ou partie de ses biens ou certains objets particuliers, sans faire perdre à la démission le caractère de disposition à titre universel. Le motif de cette règle est, dit Pothier, que c'est l'universalité des biens des personnes que la loi des successions transmet en celles de leurs héritiers. (N° 4, Introd. t. XVII, Appendice.)

24. La démission des biens n'était assujétie aux formes ni des donations entre-vifs, ni des testaments. C'était un contrat purement consensuel : la manifestation du consentement des parties n'était soumise à aucune forme, il suffisait qu'il existât : mais il était nécessaire, car de même qu'on disait : *Nul n'est héritier qui ne veut*, on admettait le principe : *Nul n'est démissionnaire qui ne veut*.

Cette dispense de formes, ainsi que nous l'avons déjà dit, n'avait lieu qu'autant que le démettant s'était conformé à la loi des successions, soit quant aux personnes au profit desquelles il avait fait la démission, soit quant aux biens qu'il y avait compris, soit quant à la part pour laquelle il avait abandonné ses biens à chacun des démissionnaires.

Il faut toutefois remarquer que cette dispense de formes n'était pas admise d'une façon absolue. La démission de biens avait pour effet de transférer la charge de la taille du démetttant aux démissionnaires. Pour éviter les fraudes, on avait décidé que cette translation ne serait produite qu'autant que l'acte de démission aurait été passée devant notaires et aurait été entourée de formalités de publicité compliquées et homologué par les élus. (Voir Ferrière, *Dict. de droit* tome 1er, pages 657 et 658.)

25. Après avoir indiqué les règles principales qui régissaient la démission de biens, nous devons en déterminer les effets. A cet égard, il faut considérer la démission de biens tour à tour pendant la vie du démettant et après sa mort.

26. Dès le jour où, en vertu de la démission, le démettant faisait tradition de ses biens aux démissionnaires, il en était dessaisi et ceux-ci en devenaient propriétaires. Les immeubles compris dans la démission de biens formaient des propres dans la personne des démissionnaires, encore qu'ils provinssent d'un collatéral et que les donations d'immeubles faites par les collatéraux ne fussent pas dans la grande majorité des coutumes un titre qui formait des propres. Car les démissionnaires étaient réputés tenir les biens du démettant en qualité d'héritiers, et non en qualité de donataires.

Conformément aux principes généraux, la démission de biens n'était opposable aux tiers que du jour où elle avait acquis date certaine.

Devait-elle également être insinuée pour pouvoir être opposée à ceux qui avaient contracté avec le démettant postérieurement à la démission? La question était discutée. Boullenois faisait une distinction qu'adopte Merlin. (Quest. de droit, V°. *Démission de biens*, § 2.) Il dispensait de cette formalité les démissions en ligne directe et y déclarait assujéties les démissions en collatérale.

Les démissionnaires étaient tenus des dettes que le démettant avait lors de la démission. Mais, comme on ne pouvait pas les considérer véritablement comme héritiers et partant comme représentants du démettant avant sa mort, ils n'étaient pas tenus de ses dettes *ultra vires*, mais seulement jusqu'à concurrence de la valeur des biens à eux abandonnés. Pour que l'obligation des démissionnaires fût restreinte dans ses limites, il fallait nécessairement qu'ils pussent justifier de la consistance de ces biens; il fallait donc qu'ils en eussent dressé un inventaire. On était même dans l'usage de lui annexer un état des dettes du démettant.

27. Ces effets de la démissison de biens étaient actuels, comme ceux d'une donation entre vifs; mais, à la différence de ceux-ci, ils n'étaient pas irrévocables. On avait, après bien des incertitudes, fini par admettre en général que les démissions de biens seraient révocables comme les testaments. Cette révocabilité *ad nutum* était une précieuse garantie pour le démettant contre l'ingratitude des démissionnaires. (V. Pothier, nº 30. Merlin, Quest. de droit, § 3.)

Par exception, la démission de biens, lorsqu'elle était faite dans un contrat de mariagé, etait irrévocable à l'égard de l'héritier, dans le contrat de mariage duquel elle se trouvait contenue. Elle était alors en effet comme une condition de son contrat de mariage.

La révocation de la démission de biens produisait l'effet de l'accomplissement d'une condition résolutoire. Elle obligeait les démissionnaires á restituer les biens au démettant, qui était réputé n'avoir jamais cessé d'en être propriétaire. Par suite, tous les droits réels constitués par les démissionnaires étaient résolus (1).

Les formes de la révocation n'étaient pas déterminées. Lebrun exigeait que le démettant, pour révoquer, obtînt des lettresr oyaux. Son opinion avait été rejetée, car les lettres royaux ne se prenaient que pour les actes qui, de leur nature, étaient irrévocables.

La démission de biens pouvait aussi être révoquée pour survenance d'enfants au démettant. La démission faite en ligne collatérale était nécessairement révoquée pour cette cause, car la survenance d'un enfant légitime au démettant empêchait les collatéraux démissionnaires d'être les héritiers présomptifs du démettant.

Lorsque la démission avait été faite en ligne directe, la survenance d'enfant ne pouvait en entraîner la révocation, puisque le démettant avait des enfants à l'époque de la démission. L'enfant survenu avait seulement le droit de réclamer sa part après la mort de l'ascendant dans les biens compris dans la démission.

28. Quels étaient les effets du décès d'un démissionnaire avant le démettant? Lorsqu'un démissionnaire décédait avant le démettant, les droits qu'il avait acquis en vertu de la démission étaient résolus; car ils étaient subordonnés à ce qu'il arrivât effectivement à la succession du démettant. Sa part était caduque. Toutefois s'il avait des enfants appelés à le représenter, ils prenaient sa part dans les biens compris dans la démission. S'il n'a-

(1) Pothier semble admettre pourtant que la révocation de la démission de biens ne rétroagit pas. — V. n° 610, Traité des Fiefs. Il dit que la révocation a lieu *prout ex nunc et non prout ex tunc*.

vait pas de représentants à la succession du démettant, sa part accroissait aux autres démissionnaires qui arrivaient à la succession. Ainsi lors même que la démission avait été faite par un ascendant, le prédécès d'un démissionnaire donnait lieu à accroissement au profit des autres, et non au droit de retour au profit de l'ascendant. Si tous les démissionnaires prédécédaient, sans laisser de représentants, la démission était réputée non avenue; les biens revenaient au démettant.

Il résulte de ces différentes solutions que les effets définitifs de la démission à l'égard des démissionnaires étaient subordonnés à leur survie. Jamais, en cas de prédécès, ils ne transmettaient leurs droits sur les biens dont on s'était démis en leur faveur à leurs héritiers, comme l'auraient fait des donataires entre-vifs décédés avant le donateur.

29. L'acquisition résultant pour les démissionnaires de la démission ne se réalisait définitivement à leur profit qu'à la mort du démettant, car, ainsi que nous venons de le voir, des événements postérieurs à la démission pouvaient, en changeant les personnes appelées à la succession du démettant ou en modifiant les proportions de leur vocation héréditaire, faire tomber la démission en tout ou en partie.

30. L'acceptation que les démissionnaires avaient faite de la démission ne les privaient pas du droit de renoncer à la succession du démettant. En effet, ils n'avaient pas pu accepter sa succession avant son ouverture. Ils pouvaient donc, à la mort du démettant, accepter sa succession soit purement ou simplement, soit sous bénéfice d'inventaire, ou y renoncer.

31. Les démissionnaires, en acceptant la succession du démettant, rendaient définitif et irrévocable le droit qu'ils avaient acquis lors de la démission sur les biens du démettant, et consolidaient celui qu'ils avaient acquis par suite de l'ouverture de la succession sur les biens dont le défunt ne s'était pas démis.

L'acceptation pure et simple des démissionnaires avait deux effets principaux quant à leur obligation de payer les dettes du démettant soit antérieures, soit postérieures à la démission; ils étaient tenus de payer *ultra vires* les dettes postérieures à la démission dont ils n'avaient pas été tenus durant la vie du démettant; et ils se trouvaient tenus de payer aussi *ultra vires* les dettes antérieures à la démission, dont, avant la mort de l'ascendant, ils n'avaient été tenus *qu'intra vires successionis*.

Si l'acceptation des démissionnaires était faite sous bénéfice d'inventaire, ils n'étaient obligés à payer les dettes postérieures à la démission qu'*intra vires*, et leur obligation de payer les dettes antérieures ne se trouvait pas étendue.

32. En renonçant à la succession du démettant, les démissionnaires perdaient leurs droits sur les biens acquis par le démettant après sa démission, et se soustrayaient à l'obligation de payer les dettes postérieures à cet acte. Par leur renonciation ils perdaient même en principe leurs droits sur les biens compris dans la démission, et cessaient d'être tenus des dettes du démettant qui existaient au moment où elle avait été faite.

Mais n'avaient-ils pas aussi la faculté, tout en renonçant, de retenir les biens dont ils avaient été saisis comme démissionnaires, à la charge de payer seulement les dettes dont ils étaient tenus en cette qualité durant la vie du démettant? Pothier se prononçait pour la négative. Selon lui, la renonciation produisait des effets qui ne pouvaient pas êtrescindés; par elle, les démissionnaires perdaient tous leurs droits sur les biens compris dans la démission, comme sur ceux que le démettant avait acquis postérieurement. Le droit des démissionnaires était en effet subordonné à l'acquisition par eux de la qualité d'héritiers. Leur renonciation leur faisait perdre tout titre pour conserver les biens du démettant. Ferrière et Boullenois soutenaient l'opinion contraire ; ils prétendaient que les biens advenus depuis la démission formaient une succession particulière n'ayant rien de commun avec celle que la démission avait ouverte.

33. Nous n'avons parlé jusqu'ici que de la démission en général, sans nous occuper du cas où elle était accompagnée de partage. C'est de cette hypothèse qu'il nous reste à parler.

Le démettant pouvait, que ce fut un ascendant, un descendant ou un collatéral partager entre les démissionnaires les biens dont il se démettait.

34. Dans ce partage, le démettant pouvait-il établir l'inégalité entre les démissionnaires? La solution de cette question dépendait à la fois et des dispositions de la coutume sous l'empire de laquelle étaient situés les biens du démettant, et de la qualité d'ascendant ou de collatéral du démettant. (Comme nous l'avons dit plus haut, les auteurs ne s'occupaient pas de la démission faite par les descendants au profit de leurs ascendants).

Lorsque le partage accompagnant la démission était fait par un ascendant, on suivait les mêmes règles que pour le partage d'ascendant proprement dit, destiné à ne produire d'effets qu'après la mort de l'ascendant. Ainsi, dans les coutumes de préciput, l'ascendant pouvait établir des inégalités quelconques, pourvu qu'elles n'eussent pas pour effet d'entamer la légitime des descendants. Dans les coutumes d'égalité, les inégalités considérables rendaient le partage nul, à moins que l'ascendant n'eût fait la démission dans un acte revêtu des formes solennelles des donations entre-vifs ou des testaments.

25. Dans le partage pouvaient être compris des biens situés dans des lieux soumis à des coutumes d'égalité et à des coutumes de préciput. Dans ce cas, le démettant devait se conformer à chacune des lois des lieux de la situation de ces biens, parce que, comme le dit Pothier, la démission de biens était l'exécution anticipée de la loi des successions. Or cette loi était une loi réelle.

36. Quant aux collatéraux, on n'avait pas en eux la même confiance que dans les ascendants : toute inégalité contenue dans un partage qu'ils avaient fait était considérée, non comme le résultat d'une erreur sur la valeur des biens partagés, mais comme établie dans le but prémédité d'avantager quelques-uns de leurs héritiers au détriment des autres. Par suite, dans les coutumes de préciput comme dans les coutumes d'égalité, le partage n'était pas valable, s'il était inégal, à moins qu'il fût fait dans les formes solennelles des dispositions à titre gratuit.

37. Les démissionnaires copartagés étaient-ils tenus les uns à l'égard des autres de l'obligation de garantie? Dans les coutumes d'inégalité un doute sérieux pouvait s'élever sur cette question. Les démissionnaires tenaient

leurs portions héréditaires du démettant, qui avait pu partager ses biens comme bon lui semblait, pourvu qu'il n'entamât la légitime ou les réserves coutumières d'aucun d'eux. Or il avait pu, avec intention, donner aux uns des biens sujets à éviction, tandis qu'il donnait aux autres des biens à l'égard desquels l'éviction n'était pas à craindre. Mais on répondait avec beaucoup de justesse : jamais on ne doit supposer que le démettant, surtout lorsque c'est un ascendant, a voulu établir des inégalités entre les démissionnaires Aussi la plupart des auteurs admettaient que le partage contenu dans l'acte de démission donnait naissance à l'obligation de garantie. A plus forte raison on reconnaissait l'existence de cette obligation dans les coutumes d'égalité.

Aucun auteur n'a examiné si le démissionnaire évincé pouvait exercer l'action en garantie contre ses copartagés du vivant du démettant.

38. A quel moment devait-on se placer pour examiner si le partage était conforme à la loi? — A l'époque de la mort du démettant et non au moment de la démission. Boullenois justifiait ainsi cette décision : « La démission « n'est qu'un partage anticipé, une dessaisine prématurée « qui doit avoir pour règle la saisine légale. Or, la loi « ne saisissant définitivement que par le décès, c'est le « moment du décès qui met la loi en action, et c'est par « l'opération que la loi fait en ce moment que l'on peut « connaitre si l'opération de l'homme se trouve d'accord « avec l'opération de la loi. » (Septième question sur les démissions de biens, pages 168 et suivantes.)

Ainsi, pour savoir si les inégalités du partage entamaient la légitime d'un descendant, c'est à la mort du démettant qu'il fallait estimer les biens, et ce n'est qu'à partir de ce moment que le partage pouvait être attaqué. Cette règle était conforme à l'idée que chacun reste libre durant sa vie de disposer de ses biens à son gré, sans que personne soit admis à se plaindre de ses actes de disposition. C'est une idée que Beaumanoir exprimait en ces termes :

Ne porquant, li hons ou le feme poent bien donner auquel qui li plest de ses enfants, de ses muebles, de ses conquès, et li garantir tant comme il vit; mais après se mort, se li dons fu si outrageus que li autre en demorent deshireté, li dons n'est pas à souffrir.

Cette décision était même admise dans le ressort de la coutume de Bretagne, où les démissions étaient irrévocables.

39. La perte arrivée par cas fortuit d'un bien contenu dans le lot d'un démissionnaire devait-elle être supportée par la masse, et le démissionnaire avait-il le droit de se faire indemniser par ses cohéritiers? Boullenois admettait la négative : selon lui, la perte devait être pour le démissionnaire; il était devenu propriétaire dès le jour où la tradition de son lot lui avait été faite en vertu du partage. Or il est naturel que les choses périssent pour leur propriétaire.

En cas de nullité du partage, il est évident qu'il en devait être autrement. On pouvait dire alors que les biens étaient toujours restés indivis. La perte devait donc tomber sur la masse et non sur un des héritiers en particulier,

40. La démission de biens étant une succession anticipée Boullenois la considérait comme ayant été faite

avec toutes les charges que l'ouverture réelle de la succession aurait entraînées pour les démissionnaires. En conséquence, les démissionnaires qui avaient reçu antérieurement des donations du démettant pouvaient être tenus de les rapporter s'ils eussent dû en faire le rapport à sa succession. *Il y a, disait Boullenois, du jour de la démission, une espèce de mort civile, qui est égalée à la naturelle.* D'autres auteurs, notamment Ferrière, soutenaient que le rapport n'était dû qu'à la mort du démettant, parce que ce n'était qu'alors que les démissionnaires se trouvaient saisis définitivement et irrévocablement.

Les collatéraux pouvant en général être à la fois héritiers et donataires, n'étaient pas obligés au rapport des donations que leur avait faites le démettant. Par suite si un collatéral faisait une démission accompagnée de partage, il n'était pas tenu de précompter sur la part des démissionnaires la valeur des biens qu'il leur avait donnés.

Lorsque la démission avait lieu sans partage en ligne directe, les démissionnaires se devaient les rapports que la loi des successions leur imposait. L'ascendant qui joignait un partage à sa démission devait-il précompter sur la part des démissionnaires les avantages qu'il leur avait faits? — A cet égard il faut distinguer entre les coutumes d'inégalité et les coutumes d'égalité. Dans les premières, l'ascendant démettant pouvait ne pas précompter ces avantages; en ce cas, il y avait de sa part dispense de rapport. — Dans les coutumes d'égalité, l'ascendant démettant devait précompter les libéralités déjà faites aux démissionnaires sur leur part. S'il ne l'avait pas fait, cela n'empêchait pas les démissionnaires de se devoir le rapport. Car, dans ces coutumes, la dispense de rapport n'était pas reçue.

41. Dans la coutume de Bretagne, on avait admis sur la démission de biens quelques règles particulières. Elle pouvait ne comprendre qu'une partie des biens du démettant; elle était irrévocable. Mais pour qu'elle eût ce dernier caractère, il fallait qu'elle eût été rendue publique, dans les formes déterminées par la coutume : elle devait être bannie par trois dimanches consécutifs, à l'issue de la grand'messe, dans la paroisse où était domicilié le démettant, et dans toutes celles où il avait maison, ainsi qu'au marché; elle était certifiée devant le juge et enregistrée au greffe.

L'inobservation de ces formalités n'entraînait pas la nullité de la démission entre les parties; elle empêchait seulement que la démission pût être opposée à ceux qui avaient contracté avec le démettant après la démission.

Malgré l'irrévocabilité de la démission, on décidait en Bretagne, comme dans les autres pays coutumiers, que le droit des démissionnaires était résolu, s'ils ne devenaient pas héritiers du démettant et que le partage ne pouvait être attaqué par eux qu'après la mort du démettant.

En Normandie, on admettait, comme en Bretagne, l'irrévocabilité des démissions de biens. En outre, les démissions n'étaient opposables aux tiers qui traitaient avec le démettant qu'autant qu'elles avaient été insinuées.

La coutume de Clermont en Argonne admettait expressément l'irrévocabilité des démissions. (Titre VI, art. 12.)

42. Quand la coutume aurait donné des profits au seigneur sur la succession des démissionnaires au démettant, la démission y donnait ouverture. Mais on peut se demander si ces profits pouvaient être exigés dès le jour de la démission ou ne devenaient exigibles qu'à la mort du démettant. Quelques auteurs prétendaient qu'ils ne l'étaient qu'à la mort du démettant. Celui-ci, disaient-ils, étant toujours à même de révoquer ; il était toujours considéré par rapport au seigneur comme propriétaire et saisi. Selon Dumoulin, Ferrière et Pothier (n° 610, *Traité des fiefs*), les profits seigneuriaux étaient, au contraire, exigibles dès le jour de la démission.

Pothier allait même jusqu'à décider qu'en cas de révocation, la restitution du profit n'était pas due. D'après lui, la révocation de la démission, à la différence de celle de la donation à cause de mort, avait lieu *prout ex nunc*, et non *prout ex tunc* (n° 610, *Traité des fiefs*).

§ 3. — DROIT INTERMÉDIAIRE.

La loi du 17 Nivôse an II avait étendu à la France entière le système des coutumes d'égalité parfaite : elle décidait que tous les avantages faits par le défunt à ses héritiers seraient soumis au rapport.

Il est certain que, sous l'empire de cette loi, la démission de biens était admise. Ce mode de disposition n'avait en effet rien de contraire au principe absolu d'égalité que la loi de Nivôse consacrait : la démission de biens devait être faite au profit de tous les héritiers présomptifs, et en proportion des droits héréditaires de chacun. La conservation de cette institution, sous l'empire de la loi du 17 Nivôse an II, résulte d'ailleurs de l'art. 18 du décret du 22 Ventôse an II.

Mais, au contraire, on s'est demandé si, sous la loi du 17 Nivôse an II, un ascendant pouvait partager ses biens entre ses descendants soit dans un acte de démission, soit dans un acte de dernière volonté? Des auteurs prétendent que cette loi, en consacrant le système des coutumes d'égalité, a implicitement enlevé aux ascendants ce pouvoir. L'égalité absolue, disent-ils, est incompatible avec le droit de partager conféré aux ascendants, car il leur donne un moyen facile de violer la loi. (Genty, n° 62.)

Cette doctrine nous semble tirer une conséquence exagérée du système de la loi de Nivôse. La preuve évidente que de la consécration du principe d'égalité on ne devait pas nécessairement conclure à l'abolition du partage d'ascendant, c'est que ce mode de disposition avait été admis dans les pays régis par les coutumes d'égalité parfaite, qui ne le reconnaissaient pas expressément. On devait seulement en déduire que tout partage d'ascendant qui aurait établi des inégalités entre les descendants était défendu. Mais quelle aurait dû être l'importance de ces inégalités pour que le partage en fût vicié? Fallait-il qu'elles eussent été établies par l'ascendant intentionnellement? Ce sont là des questions qui étaient laissées indécises sous l'empire de la loi de Nivôse. Il est probable que, par analogie de ce qu'on décidait dans les coutumes d'égalité parfaite, on aurait dû admettre que le juge avait un pouvoir d'appréciation pour ne considérer que comme le résultat de l'erreur de l'ascendant, et, par suite, comme ne viciant pas le partage, les inégalités qui n'avaient qu'une faible importance. Req. rej. 11 décembre 1814. — Req. rej. 11 juin 1835. (Sirey, 35-1, page 247.)

La loi du 5 Germinal an VIII ayant permis de faire à ses héritiers des libéralités préciputaires ; avec elle disparut l'obstacle qu'on avait prétendu trouver au partage d'ascendant dans la loi du 17 Nivôse an II. Aussi est-il admis sans contestation que le partage d'ascendant était permis à partir de la loi de Germinal, encore que cette loi ait gardé sur lui un complet silence.

— Nous arrivons à la législation actuelle. Pour étudier les partages d'ascendants sous l'empire du Code Napoléon, nous examinerons successivement :

Quels sont les caractères des partages d'ascendants;

Quelles sont leurs conditions de validité;

Quels sont leurs effets;

Quelles sont les différentes actions en nullité, en rescision et en réduction qui sont données contre eux;

Enfin, nous examinerons, dans un appendice, les dispositions de notre législation fiscale applicables aux partages d'ascendants.

DEUXIÈME PARTIE.

Des partages d'ascendants dans la législation actuelle.

CHAPITRE PREMIER.

CARACTÈRES DES PARTAGES D'ASCENDANTS.

1. Le chapitre VII du titre des Donations et des testaments (art. 1075 à 1082) consacre expressément le droit des ascendants de faire le partage de leurs biens entre leurs descendants. Notre Code civil a apporté aux règles du droit romain et de notre ancien droit sur cette matière de notables modifications.

Dans l'ancien droit français, les ascendants pouvaient partager leurs biens de deux façons différentes : ils pouvaient se borner à faire un partage ou joindre un partage à leur démission de biens. Dans les deux cas, le partage était révocable *ad nutum* ; mais, tandis que le partage fait isolément était un acte de dernière volonté qui ne produisait comme tel d'effets qu'à la mort de l'ascendant, le partage accompagnant la démission de biens produisait des effets actuels. Ces deux espèces de partage n'étaient pas soumises aux formes solennelles des actes de disposition à titre gratuit ordinaires.

Dans notre législation actuelle, la démission de biens n'existe plus. Son abolition résulte de la disposition de l'art. 893 qui ne reconnaît que deux manières de disposer de ses biens à titre gratuit : la donation entre vifs et le testament ; et de l'art. 153 du projet de Code, qui supprimait expressément cette institution (1). — L'ascendant ne peut donc plus partager ses biens accessoirement à une démission de biens. — Cependant il a encore deux manières de faire son partage. — Dans les législations antérieures, le partage d'ascendant fait isolément n'avait jamais que le caractère d'acte de dernière volonté, et comme tel il ne produisait d'effets qu'à la mort de l'ascendant. Le Code permet de le faire soit entre vifs, soit par testament. Le partage d'ascendant testamentaire n'a d'effets qu'au décès du testateur. Le partage entre vifs au contraire dépouille actuellement l'ascendant, et, comme une donation entre vifs ordinaire, il est irrévocable.

En droit romain et dans notre ancien droit, le partage d'ascendant était une disposition à titre gratuit privilégiée en ce qu'il était dispensé des formes solennelles des testaments. Au point de vue du fond du droit, on le confondait en général avec les libéralités ordinaires. Ainsi dans nos pays de droit écrit et dans les pays régis par les cou-

(1) Cet article a été retranché comme inutile.

tumes de préciput, il ne pouvait être attaqué qu'autant qu'il entamait la légitime d'un descendant. Notre Code a, au contraire, soumis les partages d'ascendants à toutes les formes des donations entre vifs et des testaments (1). Ainsi ils ne constituent plus une disposition privilégiée au point de vue de leurs formes. Il est cependant évident que le législateur a entendu conférer aux ascendants un droit tout spécial. Car sans cela il eût été inutile de consacrer expressément à leur profit le droit de faire le partage de leurs biens à côté du droit qui leur appartient, comme à toute personne, de faire un testament et des donations entre vifs.

Mais, s'il est facile d'affirmer que le partage d'ascendant constitue un mode de disposition privilégié, on ne voit pas aussi clairement en quoi consiste le privilége des ascendants. Il semblerait au premier abord qu'en l'absence même des dispositions des art. 1075 et suiv., les ascendants auraient pu distribuer leurs biens entre leurs descendants, tout comme ils le peuvent en vertu de ces articles.

Ce serait cependant là une erreur. Si le partage d'ascendant n'est plus une disposition privilégiée quant à la forme, il l'est quant au fond du droit. Il produit des effets qui ne sont pas attachés aux donations entre vifs et aux legs, et peut comprendre des biens que ces libéralitss ne pourraient pas avoir pour objet. — L'intelligence

(1) Il faut donc bien se garder de confondre le partage entre vifs avec la demission de biens accompagnée de partage. Ce dernier acte était dispensé des formalités solennelles des dispositions à titre gratuit.

exacte de ces points exige la connaissance de la nature juridique du partage d'ascendant.

2. Le partage d'ascendant a une nature mixte. C'est à la fois un acte de *disposition* à titre gratuit, une donation ou un testament — et un acte de *distribution*, un partage.

C'est un acte de *distribution*. Il ne crée pas en effet complétement les droits des descendants sur les biens partagés. Leur droit préexiste au partage d'ascendant, comme le droit des héritiers préexiste au partage qu'ils font des biens de leur auteur après sa mort. L'ascendant ne fait qu'effectuer à l'avance entre ses descendants ce qu'ils feraient après son décès, en partageant sa succession ; il n'attribue à chacun d'eux un lot qu'à raison de ses droits héréditaires.

Ce caractère d'acte de distribution prédomine surtout dans le partage testamentaire : les copartagés ne peuvent recueillir leurs lots qu'autant qu'ils acceptent la succession de l'ascendant.

Entre les descendants, le partage d'ascendant a les effets d'un partage et non ceux d'une libéralité : ils sont tenus de l'obligation de garantie les uns envers les autres, ils ont le privilége des copartageants, ils ont une action en rescision, quand ils ont été lésés de plus du quart; les descendants omis peuvent, en invoquant la nullité du partage, demander un nouveau partage. — Si le partage d'ascendant était considéré comme un ensemble de libéralités par préciput faites à chacun des descendants, ils ne seraient pas tenus de l'obligation de garantie, n'auraient pas de privilége et ne pourraient se plaindre d'avoir été lésés de plus du quart ; tout ce qu'ils pourraient, c'est demander la réduction des legs ou des donations par préciput qui entameraient leur réserve.

A d'autres points de vue, le partage d'ascendant est un acte de *disposition*. Ce caractère existe même dans le partage testamentaire ; l'ascendant, qui effectue ce partage modifie la vocation de ses descendants à la succession. Il limite exclusivement à certains biens compris dans le lot de chaque descendant leur droit qui se serait étendu sur la masse indivise entière.

Mais le caractère d'acte de disposition existe surtout dans le partage entre vifs. L'ascendant attribue en effet par ce partage ses biens à ses descendants avant l'époque où ils sont devenus ses héritiers. Pendant sa vie, les descendants se trouvent propriétaires des biens de l'ascendant, non pas en vertu d'un droit préexistant au partage, mais en vertu du droit créé par l'ascendant à leur profit.

Après la mort même de l'ascendant, les descendants copartagés peuvent conserver leurs lots, encore qu'ils ne viennent pas à sa succession par suite de leur renonciation ou de leur indignité.

De la nature mixte des partages d'ascendants, il résulte nécessairement qu'ils doivent être soumis à la fois à certaines règles des donations et des testaments et à certaines règles des partages. Il ne faut pas prendre à la lettre l'art. 1076, d'après lequel les partages d'ascendants doivent être soumis aux formalités, conditions et règles prescrites pour les donations entre vifs et les testaments. Sans cela on serait conduit à admettre que les partages d'ascendants ne sont que des dispositions à titre gratuit ordinaires. L'assimilation que l'art. 1076 établit entre les partages d'ascendants et les donations ou les testaments n'est absolument vraie que quant aux formes; elle ne l'est pas quant aux effets des partages d'ascendants.

L'une des plus grandes difficultés de la matière est de déterminer exactement dans quels cas on doit appliquer les règles du partage, dans quels cas celles des testaments et des donations. Il n'est pas possible de poser à cet égard de principe absolu. On peut seulement dire qu'en règle générale il faut appliquer les règles du partage, quand il s'agit des rapports des descendants entre eux (1), tandis qu'il faut appliquer celles des donations et des testaments, lorsqu'il est question des rapports de l'ascendant avec ses descendants ou avec les tiers

Ainsi si une charge a été stipulée au profit d'un descendant copartagé, et n'est pas exécutée par ceux à qui elle incombait, ceux-ci ne seront pas soumis à l'action résolutoire. Il est en effet généralement reconnu que le partage n'est pas résoluble en vertu de l'art. 1184 du Code civil. Mais au contraire, si l'ascendant a grevé par un partage entre vifs des copartagés d'une charge, il pourra, en cas d'inexécution, demander la révocation du partage en vertu de l'art. 954.

3. Après avoir déterminé la nature juridique du partage d'ascendant nous pouvons indiquer comment le droit pour les ascendants de faire le partage de leurs biens est un droit distinct de celui de disposer par donation ou par testament, et comment par suite il constitue pour eux un privilége.

---

(1) Entre les descendants, comme nous l'avons dit plus haut, le partage d'ascendant est un acte de *distribution*.

L'ascendant a la faculté de comprendre dans son partage non-seulement sa quotité disponible, mais encore la réserve de ses descendants. C'est là une dérogation évidente aux principes généraux du droit sur la réserve. Il est en effet de règle que la réserve ne peut pas être l'objet de la disposition de l'homme. Non-seulement, elle doit arriver intacte aux réservataires, mais encore elle doit leur arriver dans l'état où la loi l'a établie à leur profit. Par suite du partage opéré par l'ascendant, elle n'arrive pas dans cet état aux descendants. Elle constituait pour eux un droit portant sur la masse indivise de la succession. L'ascendant, en faisant son partage, a transformé la réserve de ses descendants en un droit exclusif sur les biens composant leurs lots.

Le partage d'ascendant n'a pas seulement pour conséquence de modifier la nature de la réserve des descendants, il peut aussi avoir pour effet de l'entamer. Cet acte produisant entre les descendants les effets d'un partage, le législateur n'y prend pas en considération les inégalités qui ne sont pas assez considérables pour faire éprouver à un copartagé une lésion de plus du quart. Si la réserve d'un descendant est entamée par le partage sans que cependant il éprouve une telle lésion, il n'a pas le droit de se plaindre. (Voir ci-dessous, n° 91.)

Le partage d'ascendant entre vifs a un caractère tout particulier. Il a été autorisé par exception à la règle de l'art. 1130, qui prohibe les stipulations sur succession future. Les descendants copartagés sont tenus d'accepter ce partage comme partage de succession, s'ils succèdent effectivement à l'ascendant.

Le partage entre vifs constitue donc de la part des

descendants une renonciation au droit de provoquer le partage de la succession de l'ascendant à sa mort, et en même temps une renonciation de chaque descendant au droit de demander la réduction, dans le cas où les inégalités du partage entameraient leur réserve.

Les rédacteurs du Code ont donc eu raison de consacrer spécialement le droit de partager leurs biens pour les ascendants, car dans ce partage les ascendants comprennent la réserve, ce qu'ils ne pourraient faire dans une disposition par préciput; le partage peut entamer la réserve, sans que les descendants aient le droit de se plaindre, ce qui ne pourrait avoir lieu par des dons préciputaires Enfin le partage entre-vifs contient une renonciation implicite à des droits qui ne doivent s'ouvrir qu'à la mort de l'ascendant, renonciation qui ne pourrait être contenue dans aucun autre acte de disposition.

4. Dans quel but le législateur a-t-il donc dérogé à certains principes généraux du droit pour permettre les partages d'ascendants? Quelle est la cause de la faveur qu'il a témoignée pour cet acte? Le partage d'ascendant a été considéré par les rédacteurs du Code comme un mode de disposition, qui devait avoir sur le sort des familles la plus grande influence. *C'est*, a dit M. Bigot de Préameneu, *le dernier et l'un des actes les plus importants de l'affection des pères et mères*.

Il est en effet susceptible d'offrir pour la famille les plus grands avantages. Les uns sont communs aux partages entre vifs et testamentaires; les autres sont spéciaux aux partages entre vifs.

Les partages d'ascendants, en quelque forme qu'ils

soient faits, en empêchant l'indivision de s'établir entre les descendants, en rendant inutile le partage de la succession de l'ascendant, peut éviter dans les familles les dissensions auxquelles donne lieu l'état d'indivision et les contestations qu'engendrent les partages. C'est là le principal but que l'institution a été destinée à atteindre.

En outre les partages d'ascendants évitent les frais d'un partage judiciaire, lorsque, parmi les descendants, se trouvent des mineurs, des interdits ou des absents. Ils permettent, dans la répartition des biens, de tenir compte des aptitudes et des convenances de chacun, et préviennent ainsi la distribution fâcheuse qui peut résulter d'un tirage au sort. Enfin ils fournissent le moyen aux ascendants d'éviter le morcellement de leurs biens. Mais ces avantages sont considérablement diminués, même presque supprimés, par la jurisprudence qui exige que l'ascendant compose autant que possible les lots de biens de la même nature. (Voir ci-dessous, n°s 39 et suiv.)

Les partages entre vifs servent aux ascendants à procurer à leurs descendants un établissement prompt; par eux un ascendant parvenu à un grand âge se débarrasse de l'administration de ses biens, qui lui pèse, et se soustrait à une demande en interdiction ou en nomination de conseil judiciaire qu'il craint de la part de ses descendants, en leur enlevant tout intérêt pécuniaire à la former.

Mais à côté de ces précieux avantages, les partages d'ascendants présentent des inconvénients assez graves pour les descendants, et certains dangers pour l'ascendant lui-même.

L'ascendant peut profiter du partage pour faire à quelques-uns de ses enfants des avantages qu'il n'aurait pas osé leur conférer ouvertement. Cet inconvénient n'existe réellement pas dans le partage entre vifs. Car les descendants apportionnés n'ont qu'à ne pas l'accepter, s'ils y trouvent des inégalités.

Le partage entre vifs est irrévocable, à la différence de l'ancienne démission de biens. Aussi les descendants copartagés n'ayant plus rien à attendre de leur ascendant peuvent être facilement entraînés à se montrer ingrats envers lui. Loysel dit dans une règle bien connue, qu'il pose à titre de conseil : *Qui le sien donne avant mourir bientôt s'apprête à moult souffrir* (1). Il est vrai que l'ascendant a contre ses descendants l'action en révocation pour ingratitude. Mais les faits constitutifs de l'ingratitude au point de vue légal, sont extrêmement graves, et un fils peut se montrer très-ingrat envers son père, sans pourtant encourir la révocation pour ingratitude.

Tels sont les avantages que peuvent présenter les partages d'ascendants ; tels sont aussi les inconvénients qu'ils engendrent. Mais il faut le reconnaître, si les inconvénients sont réels, les avantages sont loin d'avoir été complétement obtenus. Cette institution était destinée à faire régner la concorde dans les familles, et elle est une des sources les plus fécondes de procès. Quelle est donc la cause de ce désaccord entre les résultats poursuivis par les rédacteurs du Code civil et les résultats auxquels ils sont arrivés ?

Les dispositions de la loi sur les partages d'ascendants

---

(1) Laurière ajoute avec raison : « Cela est vrai quand on donne ses biens à des indignes : *beneficium enim dando accepit qui digne dedit.*

sont en très-petit nombre : six articles y sont seulement consacrés ! Le silence complet du Code sur les questions les plus importantes que devaient faire naître les partages d'ascendants, a donné lieu aux difficultés pratiques et théoriques les plus nombreuses.

Cette insuffisance incontestable de la loi a donné à la matière des partages d'ascendants un caractère tout-à-fait spécial. La jurisprudence a dû combler les lacunes de la loi ; elle a eu à poser la plupart des principes sur lesquels le Code a gardé le silence. Aussi a-t-on pu dire non sans quelque raison que c'était la jurisprudence plus encore peut-être que la loi, qui a déterminé les règles des partages d'ascendants.

Il ne faut pas cependant chercher la cause des nombreux procès qu'engendrent les partages d'ascendants, uniquement dans l'insuffisance des dispositions du Code civil. Ces procès tiennent beaucoup à la jalousie des descendants, toujours portés à attaquer le partage, parce qu'ils croient voir dans le mode de répartition des biens des marques de la préférence de l'ascendant pour quelques-uns d'entre eux. Ils tiennent aussi à la complexité des effets d'une espèce de disposition dont la nature est assez indéterminée.

Les difficultés nombreuses qu'a soulevées cette matière peut faire penser que les rédacteurs du Code auraient peut-être bien fait de ne pas faire des partages d'ascendants un mode de disposition spécial, mais de laisser les actes de répartition de leurs biens faits par les ascendants sous l'empire des règles générales des donations entre-vifs et des testaments. Cette distinction entre les partages d'ascendants et les actes de dispositions à titre gratuit a notamment le grave inconvénient de donner lieu à des questions d'interprétation que nous devons examiner.

5. Les ascendants peuvent disposer de leurs biens à titre gratuit au profit de leurs descendants de deux façons bien distinctes : ils peuvent leur faire des libéralités sans dispense de rapport et par préciput, ou faire entre eux un partage. Ces deux modes de disposition sont régis par des règles différentes. Il importe donc de distinguer nettement dans quels cas un ascendant a fait une disposition à titre gratuit ordinaire ; dans quels cas, au contraire, il a fait un partage. Cette distinction peut offrir des difficultés assez graves. Il peut se faire, en effet, qu'un ascendant ait distribué ses biens entre ses descendants et cependant n'ait entendu faire que des legs ou des donations ordinaires, réductibles s'ils excèdent sa quotité disponible, mais qui ne peuvent donner lieu à l'action en rescision pour lésion de plus du quart.

Pour trancher les questions d'interprétation qui s'élèvent sur ce point, on doit s'en tenir à la règle de droit commun, selon laquelle, pour déterminer la nature et les effets d'un acte, il ne faut pas s'attacher à la qualification que lui ont donnée les parties, mais à sa substance. Ainsi on ne doit pas considérer comme partage d'ascendant un acte émanant de l'ascendant, par cela seul que ce nom lui a été donné. A l'inverse, un acte peut constituer un partage d'ascendant, encore qu'il ait reçu une autre dénomination.

Ainsi on ne devrait pas traiter comme légataires et non comme copartagés des descendants, par cela seul que leur ascendant aurait déclaré leur faire des legs. Il n'y a là qu'une pure question d'intention, pour la solution de laquelle les juges du fait sont seuls compétents. Mais, d'après la jurisprudence générale de la Cour de Cassation, un pourvoi en cassation pourrait être dirigé contre un arrêt des constatations mêmes duquel il résulterait que les juges ont attribué les effets du partage à un acte qui n'en avait aucun des caractères ou ont déclaré, au contraire, disposition à titre gratuit ordinaire un acte réunissant toutes les conditions du partage.

5 *bis.* — Les mêmes principes doivent être appliqués lorsqu'il s'agit de savoir si un ascendant a fait un partage ou un acte à titre onéreux avec ses descendants. — Ainsi il a été décidé qu'on doit considérer comme partage, et non comme transaction l'acte par lequel un ascendant avait déclaré répartir ses biens entre ses descendants pour éviter une instance en partage, et les descendants avaient dit qu'ils transigeaient sur leurs droits.

6. Le partage d'ascendant, tel qu'il se présente le plus ordinairement, contient la distribution matérielle des biens de l'ascendant entre les descendants. L'acte par lequel un ascendant se bornerait à abandonner ses biens sans en faire la répartition, n'aurait-il pas également le caractère de partage? Cette question offre deux intérêts principaux :

a. Si cet acte d'abandon constitue un partage d'ascendant, il devra sous peine de nullité être fait au profit de tous les descendants (art. 1078). Sinon il pourrait ne comprendre que quelques-uns d'eux, car ce serait une donation entre-vifs ordinaire. Le descendant non compris dans l'abandon ne pourrait que réclamer sa réserve.

b. Si c'est un partage d'ascendant, il est soumis à un

droit de mutation moins fort que les donations entre-vifs (art. 3, loi du 16 juin 1824).

Un tel acte d'abandon n'est que l'exercice du droit général de l'ascendant de disposer de ses biens à titre gratuit. Il doit être soumis aux règles des dispositions à titre gratuit ordinaires. Les articles 1075 et suivants ne parlent que des partage et distribution de biens d'un ascendant, et la loi du 16 juin 1824 se refère expressément à ces articles. Comment d'ailleurs concevoir qu'on qualifie de partage un acte qui doit avoir pour effet de faire naître l'indivision entre les descendants? Le législateur a jugé les partages d'ascendants dignes de sa faveur, parce qu'ils évitent les contestations que le partage engendre entre les héritiers; et on étendrait les dispositions de la loi à un acte qui a pour résultat de rendre le partage nécessaire !

Malgré ces raisons de décider qui nous semblent péremptoires, les auteurs se prononcent en général en sens contraire; la jurisprudence voit également un partage dans cet abandon par indivis qui a pour effet de rendre les descendants copropriétaires. Cette opinion se fonde sur ce que l'art. 1075 n'impose pas aux ascendants de faire la distribution matérielle de leurs biens. Elle nous paraît sur ce point faire une pétition de principes en contradiction manifeste avec les textes. L'art. 1075 dit en effet : Les père et mère et autres ascendants pourront faire entre leurs enfants et descendants la *distribution et le partage de leurs biens*. (Req. rej. 28 avril 1829. Sirey 29, 1-186.—Rej. ch. civ., 26 avril 1836 (36-1-499.)

7. Il arrive fréquemment que le partage est effectué par l'ascendant de concert avec ses descendants, ou que

les descendants, après avoir reçu les biens de leur ascendant, procèdent eux-mêmes à leur partage en sa présence et avec son consentement. Dans ces hypothèses, doit-on considérer ces actes qui ont fait sortir d'indivision les descendants comme des partages d'ascendants ?

Pour résoudre cette question il est nécessaire de distinguer entre les deux hypothèses. Dans la première, il y a certainement partage d'ascendant. Le concours des descendants au partage n'empêche pas que ce soit l'ascendant qui l'ait fait : il s'est borné à consulter ses enfants sur la composition des lots, pour assurer la stabilité du partage. Agen, 17 novembre 1856 (56-2-662.)

Dans la seconde hypothèse nous admettrions au contraire qu'il n'y a pas partage d'ascendant, car l'ascendant n'a fait le partage ni seul, ni même avec le concours de ses descendants. Il s'est borné à leur faire un abandon par indivis de ses biens. Ayant cessé d'en être propriétaire par cet abandon, il n'a pu les partager. Ce sont les descendants qui seuls ont pu le faire. V. en sens contraire. Cass. 4 juin 1849 (49-1-48).

8. La distribution matérielle des biens est nécessaire, avons-nous dit, pour qu'il y ait partage d'ascendant régi par les articles 1075 et suivants. Nous en concluons que la donation faite par un ascendant à son enfant unique ne sera jamais soumise à ces règles. Ainsi si un enfant survenait à l'auteur de cette donation, cet enfant ne pourrait pas soutenir que la donation est nulle en vertu de l'art. 1078 ; il aurait seulement le droit de réclamer sa réserve. C'est un point sur lequel sont d'accord même la jurisprudence et les auteurs qui décident en principe que la distribution matérielle des biens n'est pas néces-

saire pour que l'acte constitue un partage d'ascendant. Il y a là de leur part une contradiction évidente, car si la distribution n'est pas nécessaire pour qu'il y ait partage, dans le cas où il y a plusieurs descendants, comment peut-on dire que l'absence de distribution empêche qu'on puisse considérer l'acte comme partage, lorsque le disposant n'a qu'un seul enfant! Cass. 20 janvier 1840 (40-1-185.)

CHAPITRE II.

CONDITIONS DE VALIDITÉ DES PARTAGES D'ASCENDANTS.

9. Les conditions de validité des partages d'ascendants sont relatives aux personnes qui peuvent les faire, à celles qui y peuvent être comprises, à la capacité qui est requise chez elles, aux formes des partages d'ascendants, aux biens qu'ils peuvent comprendre.

A. *Quelles personnes peuvent faire entre leurs héritiers des actes produisant les effets indiqués dans les articles* 1075 *et suivants?*

10. Le droit de faire le partage de ses biens entre leurs descendants avec les effets que les art. 1075 et suivants y attachent appartient à tous les ascendants légitimes à quelque degré que ce soit (rubrique du chapitre VII et texte de l'art. 1075).

11. Mais un autre parent qu'un ascendant pourrait-il faire entre ses héritiers présomptifs un acte qui serait soumis aux dispositions des art. 1075 et suivants? Il est

un point sur lequel la controverse n'est pas possible. Des descendants ne pourraient pas comprendre dans un partage fait entre leurs ascendants la réserve de ceux-ci. Le leur permettre, serait leur conférer un pouvoir qui serait en contradiction avec la nature de la réserve et leur donnerait des facilités pour l'entamer, ce qu'on ne peut faire en l'absence d'une disposition formelle de la loi.

Mais les effets du partage peuvent-ils découler d'un acte par lequel un disposant distribue sa quotité disponible entre ses ascendants, ou répartit ses biens entre ses collatéraux, ou même entre des personnes étrangères? (Pour plus de simplicité, nous ne parlerons que du cas où l'acte est fait par un collatéral; nos décisions devront être étendues aux deux autres hypothèses.)

On est d'accord pour reconnaître qu'un collatéral peut faire produire à son acte de disposition certains effets qui sont attachés aux partages d'ascendants. Mais la difficulté consiste à déterminer d'abord dans quel cas on pourra dire que l'acte fait par un collatéral au profit de ses héritiers présomptifs devra produire ces effets, et ensuite si tous les effets du partage d'ascendant pourront être attachés à l'acte dont il s'agit.

Ainsi on peut se demander si l'acte de disposition fait par un collatéral produira les effets que les art. 1075 et suivants attachent au partage d'ascendant, par cela seul qu'il aura été qualifié de partage par le collatéral. La négative nous semble évidente. La qualification d'un acte ne peut jamais suffire pour en déterminer les effets. D'ailleurs le collatéral a pu qualifier de partage un acte par lequel il s'est borné à faire des legs ou des donations à chacun de ses héritiers présomptifs, sans vouloir qu'en cas d'inégalité cet acte pût être rescindé pour lésion ou que ses héritiers fussent tenus de l'obligation de garantie. On ne peut pas présumer que le collatéral a voulu maintenir l'égalité entre ses cohéritiers; cette inégalité ne constitue pas pour lui un devoir comme pour les ascendants. Son intention ne résulte pas suffisamment de la qualification de partage qu'il a employée.

12. Pour qu'elle soit certaine, il nous semble nécessaire qu'il ait expressément déclaré qu'il entendait que son acte de distribution produisît les effets du partage qu'il voulait en faire dériver.

Mais peut-il y attacher tous les effets qui résultent du partage d'ascendant ? Il peut certainement déclarer que ses héritiers auront le droit d'attaquer son acte de répartition pour lésion de plus du quart, que, dans le cas où il aurait omis un collatéral, cet acte sera nul.

Il pourrait aussi imposer à ses héritiers l'obligation de garantie les uns à l'égard des autres. Mais le privilége des copartageants n'appartiendrait pas, dit-on généralement, en ce cas au cohéritier évincé. Si on admettait que ce privilége existe, on méconnaîtrait le principe selon lequel les priviléges sont établis par la loi et ne peuvent l'être par la volonté de l'homme. Car ici le privilége dériverait de la volonté du collatéral, qui aurait déclaré que ses héritiers seraient tenus à la garantie.

Cette opinion, généralement admise, pourrait être contestée. Sans violer la règle qui n'admet que les priviléges établis par la loi, on peut peut-être décider que le cohéritier collatéral évincé aura le privilége des copartageants, lorsque le disposant aura déclaré attacher à son acte de disposition tous les effets du partage. Il ne faut pas attribuer au principe : les priviléges ne peuvent pas être établis par la volonté de l'homme, un sens trop absolu. Cela signifie qu'on ne peut attacher un privilége à une créance qui n'est pas déclarée privilégiée par la loi. Mais il n'en est pas moins vrai que la volonté de l'homme est la cause indirecte de la naissance des priviléges. C'est elle en effet qui fait naître les créances auxquelles la loi les attache. Ainsi le collatéral a fait naître entre ses héritiers la créance de garantie ; cette créance doit dès lors exister avec toutes ses qualités, notamment avec son privilége.

Tout en refusant le privilége au collatéral évincé, les auteurs ne décident pas cependant qu'il sera dépourvu de toute garantie. Il est d'abord évident que le disposant pourrait conférer sur les biens partagés par lui à chaque héritier, une hypothèque pour le cas où il viendrait à subir une éviction. Il y a entre cette hypothèque conventionnelle et le privilége des copartageants de notables différences au point de vue du moment où elle doit être inscrite pour être opposée aux autres créanciers ou aux tiers détenteurs. (Art. 2109-2134. C. civ., art. 6. Loi du 23 mars 1855.)

Des jurisconsultes ont été plus loin. Ils ont soutenu qu'en notre hypothèse une hypothèque légale appartient au copartagé évincé; selon eux, en déclarant que ses héritiers seront tenus de l'obligation de garantie, le disposant a fait à celui d'entre eux qui viendrait à subir une éviction un legs de créance de garantie. En qualité de légataire, la partie évincée devrait avoir l'hypothèque de l'art. 1017 du Code civil. Cette hypothèque lui serait à un certain point de vue plus avantageuse qu'une hypothèque conventionnelle et même que le privilége des copartageants que nous lui avons accordé. Car elle lui permettrait d'obtenir hypotécairement, de chacun de ses cohéritiers, le payement de l'indemnité qui lui est due. Une hypothèque conventionnelle ou le privilége ne lui laisserait le droit d'agir hypothécairement contre chacun d'eux que pour leur part héréditaire.

Nous pouvons dire, en résumé, qu'il y a entre les partages faits par des collatéraux et les partages faits par les ascendants, plusieurs différences importantes. Par cela seul qu'un ascendant a fait un acte de répartition de ses biens entre ses descendants, cet acte est rescindable pour lésion, est nul pour omission d'un descendant, engendre l'obligation de garantie contre les descendants. Au contraire ces effets ne sont produits par un partage fait par un collatéral qu'autant qu'il a déclaré expressément vouloir les en faire dériver.

En outre il faut observer que le partage entre collatéraux ne pourra jamais être attaqué pour la cause indiquée dans la deuxième partie de l'art. 1079. Il s'agit là d'un cas où la réserve des copartagés a été entamée, et les collatéraux n'ont pas de réserve.

B. *Entre quelles personnes les partages d'ascendants doivent-ils être faits ?*

13. L'ascendant doit comprendre dans le partage tous ses descendants légitimes, légitimés ou adoptifs appelés à sa succession (1).

---

(1) En disant qu'un ascendant doit comprendre dans son partage ses *descendants* adoptifs, nous n'entendons parler que des adoptés et non de leurs

Les père et mère naturels doivent-ils aussi y comprendre leurs enfants naturels reconnus ?

Quelques interprètes ont soutenu la négative. Les enfants naturels, disent-ils, ne sont pas héritiers, et les héritiers seuls doivent être apportionnés dans cet acte.

Sans doute les enfants naturels ne sont pas héritiers ; mais ils ont un droit héréditaire de la même nature que celui des enfants légitimes : ils sont propriétaires en qualité de successeurs irréguliers. Or, cette qualité leur suffit pour qu'ils doivent être compris dans le partage. Les descendants légitimes n'auraient pu faire le partage après la mort de leur père ou de leur mère sans y appeler l'enfanl naturel ; et l'ascendant doit apportionner tous ceux qui auraient dû prendre part au partage fait après sa mort.

Le seul moyen qu'aurait un père naturel de faire un partage valable, sans y comprendre son enfant naturel reconnu serait de lui donner entre vifs la moitié de sa part *ab intestat*, en déclarant expressément qu'il entend le réduire à cette portion (art. 761).

14. Mais en aucun cas les père et mère ne doivent comprendre dans leur partage leurs enfants incestueux ou adultérins. Ceux-ci, à la différence de l'enfant naturel simple n'ont aucun droit de copropriété sur la succession de leurs parents ; ils sont de simples créanciers d'aliments (art. 762).

---

enfants. Car nous croyons que ces derniers n'ont aucun droit sur la succession de l'adoptant. Les auteurs qui admettent, au contraire, qu'ils viennent à la succession de l'adoptant, doivent décider que l'adoptant doit les comprendre dans son partage.

15. Le partage d'ascendant devrait même en certains cas comprendre des étrangers. Si l'ascendant a institué des légataires universels ou à titre universel, il doit les apportionner dans son partage. S'il ne le faisait pas, on pourrait considérer le partage comme entraînant la révocation de ces legs antérieurement faits. Si la révocation des legs n'en résultait pas, le partage serait nul comme ne comprenant pas les légataires. Car les légataires ont un droit sur la masse indivise de la succession du disposant ; et tout ayant-droit à cette masse, doit être apportionné dans le partage (1).

16. L'ascendant ne doit comprendre dans son partage que ceux de ses descendants qui sont appelés à sa succession *ab intestat*. Ainsi un ascendant ferait un acte qui serait régi par les règles ordinaires des donations entre-vifs et des testaments, s'il répartissait ses biens entre ses petits-enfants et si ses enfants lui survivaient et arrivaient à sa succession. On ne pourrait pas en effet dire en ce cas que l'ascendant a fait un acte de distribution, puisque les copartagés n'ont aucun droit à sa succession. Au contraire, il y aurait véritable partage d'ascendant si les petits-enfants apportionnés succédaient à l'ascendant par suite soit du prédécès, soit de la renonciation, soit de l'indignité de leur père.

17. Les descendants doivent recevoir un lot propor-

---

(1) Il y a ici à remarquer une différence notable entre notre droit actuel et l'ancien droit ou le droit romain. Comme, dans ces dernières législations, le partage d'ascendant était un mode de disposer privilégié, dispensé des formes solennelles, il ne pouvait comprendre des étrangers. (L. 21, § 1. C. de testament ; art. 18, ord. de 1735).

tionné à leur part héréditaire. Toutefois, en attribuant par le partage entre-vifs à son enfant naturel la moitié de sa part *ab intestat*, les père et mère naturels pourraient déclarer qu'ils entendent le réduire à cette portion. (Art. 761.)

Lorsque ses petits-enfants viennent à sa succession par représentation de ses enfants, l'ascendant peut, soit se borner à faire un partage par souches, soit répartir entre ses petits-enfants par têtes les biens qu'il a attribués à chaque souche. S'il n'a fait qu'un partage par souches, c'est à ses petits-enfants qu'il appartient de faire entre eux un partage par têtes. Ce partage subsidiaire produit les effets d'un partage ordinaire. Il doit être fait dans les formes des partages judiciaires si parmi les petits-enfants se trouvent des mineurs, des interdits ou des absents.

C. *De la capacité et des pouvoirs nécessaires pour faire un partage d'ascendant ou pour y être compris et l'accepter.*

17 *bis*. Pour poser les règles de capacité, il est nécessaire de distinguer entre les partages entre-vifs et les partages testamentaires.

a. Capacité nécessaire pour faire un partage d'ascendant entre-vifs ou y être compris.

18. L'art. 1076 soumet les partages d'ascendants entre-vifs aux règles des donations. Il résulte nécessairement de cette disposition que, pour faire cet acte, il est nécessaire d'être capable de donner entre-vifs et que, pour y être compris, il faut être capable de recevoir par donation entre-vifs ; de même pour accepter un partage en-

tre-vifs, il faut avoir la capacité d'accepter une donation.

Ainsi un mineur, à quelque âge qu'il soit parvenu, ne peut faire un partage d'ascendant entre-vifs (art. 903-904). Il en est de même de l'interdit judiciaire ou légal, dans l'opinion des auteurs qui refusent à ces interdits le droit de donner entre-vifs dans des intervalles lucides. Rien n'empêcherait toutefois le conseil de famille d'un de ces interdits de faire en leur nom le partage de leurs biens entre leurs enfants, dans les formes indiquées par l'art. 511, pour favoriser leur établissement.

Le condamné à une peine afflictive perpétuelle ne peut pas faire un partage entre-vifs (art. 3, loi du 31 mai 1854). Mais si le gouvernement relevait le condamné de l'incapacité de donner, il redeviendrait par cela même capable de faire ce partage.

L'étranger peut faire un partage d'ascendant, encore qu'il n'ait pas en France la jouissance des droits civils et que dans son pays ce mode de disposition ne soit pas admis. Car le partage d'ascendant n'est qu'une manière de disposer des biens à titre gratuit ; ce n'est pas un acte qui constitue l'exercice d'un droit de puissance paternelle.

La femme mariée, sans l'autorisation de son mari et de justice, le prodigue et le faible d'esprit, sans l'assistance de leur conseil, ne peuvent non plus partager leurs biens entre-vifs.

Les individus capables peuvent faire le partage entre-vifs, ou par eux-mêmes, ou par un mandataire muni d'une procuration reçue dans les formes des mandats donnés pour faire une donation. (L. 21 juin 1843.) Il est évident que le mandataire doit être muni d'un pouvoir spécial. Mais est-il nécessaire que le mandat contienne le détail des biens et indique comment devront être composés les lots ? — Le simple pouvoir de partager suffit. Car ce pouvoir comprend nécessairement celui de faire toutes les opérations utiles pour le partage, et notamment celui de composer les lots. — *Toulouse*, 10 *mars* 1843.

19. Pour être compris dans un partage entre-vifs, il faut être conçu au moment du partage et avoir la capacité de recevoir entre-vifs. Ainsi un descendant condamné à une peine afflictive perpétuelle ne peut être apportionné entre-vifs. Il en résulte nécessairement qu'un ascendant ayant parmi ses enfants un individu condamné à une peine perpétuelle, ne peut pas faire un partage entre-vifs valable. Car si les condamnés à des peines afflictives perpétuelles ne peuvent recevoir de libéralités, ils sont capables de succéder *ab intestat*. Par suite, le père qui n'a pas pu comprendre son fils condamné dans son partage, a fait un acte nécessairement nul pour omission d'un de ses enfants (art. 1078). C'est là une conséquence malheureuse de l'incapacité de recevoir, dont la loi du 31 mai 1854 a frappé les condamnés à des peines afflictives perpétuelles. (*Voir les excellentes critiques de mon vénéré maître M. Valette sur l'art.* 3 *de la loi du* 31 *mai* 1854. *Explication sommaire, pages* 24 *et suiv.*)

19 *bis*. Lorsque les copartagés ont la capacité de recevoir, s'il sont en même temps l'exercice de leurs droits, ils peuvent accepter par eux-mêmes ou par un mandataire muni d'une procuration authentique. (Art. 932.)

Pour accepter une donation ordinaire, il suffit que le mandataire ait reçu le pouvoir général d'accepter les donations qui pourraient être faites à son mandant. Un tel pouvoir ne serait pas suffisant pour permettre à un mandataire d'accepter un partage. L'acceptation d'un partage a des conséquences plus graves que celle d'une donation, puisqu'elle prive les copartagés du droit de demander la réduction quand leur réserve est entamée par suite des inégalités du partage. On ne peut pas par suite dire que le pouvoir d'accepter un partage est compris dans celui d'accepter des donations.

Pour le même motif, nous n'admettrions même pas que le pouvoir d'accepter toutes les donations qui pourraient être faites précisément par l'auteur du partage au mandant serait suffisant. Un pouvoir d'accepter spécialement le partage d'ascendant est nécessaire.

20. Si les copartagés n'ont pas l'exercice de leurs droits, le partage doit être accepté soit par eux avec l'assistance ou l'autorisation des personnes chargées de les habiliter, soit par leurs mandataires légaux ou judiciaires.

Le partage d'ascendant entre-vifs doit donc être accepté par la femme mariée avec l'autorisation de son mari ou de justice, par le mineur émancipé avec l'assistance de son curateur ; pour le mineur non émancipé ou pour l'interdit par son tuteur. (Art. 463, 935.)

21. L'art. 935 autorise les ascendants, même non tuteurs, à accepter sans autorisation du conseil de famille les donations faites à leurs descendants mineurs. Il est évident qu'un ascendant autre que l'auteur du partage peut l'accepter au nom de ses descendants. Mais l'ascendant qui fait le partage pourrait-il lui-même l'accepter au nom des copartagés mineurs? Cette question dépend

de celle de savoir si l'ascendant donateur peut accepter la donation pour le donataire, son descendant mineur? Une telle acceptation de donation serait nulle : l'ascendant ne peut pas jouer un double rôle dans la donation. Cette décision doit être d'autant plus étendue au partage d'ascendant entre-vifs que l'acceptation de ce partage nous semble, ainsi que nous le démontrerons, constituer une renonciation au droit de demander la nullité du partage pour composition vicieuse des lots. Ainsi le système contraire conduirait à permettre à l'ascendant de renoncer, au nom d'un copartagé mineur, à attaquer le partage annulable à raison d'un vice dont lui-même est l'auteur! (Voir ci-dessous n° 40.)

22. Lorsque l'ascendant, qui fait le partage, est précisément le tuteur d'un copartagé mineur non émancipé et qu'aucun autre ascendant n'accepte en son nom, l'acceptation devra-t-elle être faite par le subrogé-tuteur autorisé à cet effet par le conseil de famille? Des auteurs ont nié que le subrogé-tuteur pût en ce cas représenter le mineur : ils prétendent qu'il n'y a pas d'opposition d'intérêts entre l'ascendant tuteur et son pupille copartagé, parce qu'ils tendent au même but, à la réalisation du partage, et qu'en conséquence l'ascendant tuteur peut accepter au nom de son descendant mineur. Mais c'est là une erreur évidente. Il y a bien opposition d'intérêts, et partant il y a lieu à la représentation du pupille copartagé par son subrogé-tuteur. (Art. 420-450.)

C'est ce qui est évident, lorsque le partage est accompagné de charges stipulées au profit de l'ascendant. L'opposition d'intérêts résulte d'ailleurs en tous les cas, comme nous l'avons déjà dit, de ce que l'acceptation d'un copartagé lui enlève le droit d'attaquer le partage pour composition vicieuse des lots. (Voir ci-dessous n° 40, pages 207 et suiv.)

Si l'ascendant était curateur du copartagé mineur émancipé, il y aurait lieu de nommer un curateur *ad hoc* pour assister ce mineur.

23. Il arrive fréquemment que les père et mère font par un seul et même acte le partage entre-vifs de leurs biens. En ce cas, le père peut-il accepter le partage au nom de son enfant mineur, en ce qui concerne les biens de la mère, la mère peut-elle l'accepter en ce qui concerne les biens du père? Une distinction est nécessaire pour résoudre cette question. Le partage des biens du père et celui des biens de la mère peuvent être distincts ou les biens du père et de la mère peuvent avoir été confondus en une seule masse avant d'être partagés. Dans le premier cas chacun d'eux peut accepter au nom de l'enfant mineur le partage fait par l'autre ; il se trouve être complétement étranger à ce partage. Dans le second cas, au contraire, cette acceptation n'est pas possible. Par suite de la confusion des biens, les père et mère ne forment pour ainsi dire qu'une seule partie vis-à-vis de leurs descendants, de même qu'il n'y a qu'une seule masse indivise partagée.

24. Lorsque plusieurs mineurs non émancipés, ayant le même tuteur, sont parties dans un partage ordinaire, ils doivent, s'ils ont des intérêts contraires, recevoir chacun un tuteur *ad hoc* (art. 838, C. civ.). Cette disposition ne doit pas être appliquée au partage d'ascendant. C'est en effet là une règle spéciale au partage ; on ne peut l'étendre à un acte qui, au point de vue des per-

sonnes qui ont qualité pour l'accepter, doit être assimilé à la donation. (Voir ci-dessous n° 30 *bis*.)

25. Si parmi ses descendants se trouve un absent, l'ascendant peut ne pas le comprendre dans son partage; il peut aussi l'apportionner à tout événement, pour que le partage ne soit pas nul pour cause d'omission dans le cas de retour de l'absent. Lorsque l'ascendant a pris ce dernier parti, par quelles personnes le partage doit-il être accepté au nom de l'absent? S'il y a eu déclaration d'absence, l'acceptation doit être faite ou par les envoyés en possession ou par le conjoint administrateur légal de la communauté.

Mais que décider dans le cas où l'absent n'est qu'en état de présomption d'absence? Pour représenter un absent à un partage ordinaire, les tribunaux doivent nécessairement choisir un notaire (art. 113. C. civ.). Ils peuvent au contraire nommer pour accepter un partage d'ascendant telle personne que bon leur semble. Car ils ont un libre choix pour déterminer la personne chargée d'accepter une donation au nom d'un absent; l'art. 113 n'est relatif qu'aux partages ordinaires.

b. Capacité nécessaire pour faire un partage d'ascendant testamentaire ou y être compris.

26. Pour faire un partage par testament, il faut et il suffit d'avoir la capacité de tester. (Art. 1076.)

En conséquence, les femmes mariées et les prodigues ou faibles d'esprit peuvent faire un partage par testament sans l'autorisation de leur mari ou de justice, ou san- l'assistance de leur conseil (art. 226; *arg. a contrario* des art. 499-513), tandis qu'au contraire ces personnes ne sont pas capables de faire seules un partage entre-vifs.

Les interdits légaux et judiciaires ne peuvent faire un partage testamentaire dans des intervalles lucides, qu'autant qu'on leur reconnaît la capacité de tester.

Les individus condamnés à une peine afflictive perpétuelle sont incapables de faire un partage testamentaire comme un partage entre-vifs. Celui qu'ils auraient fait avant leur condamnation contradictoire devenue définitive serait nul. (Art. 3. Loi du 31 mai 1854.)

Le mineur parvenu à l'âge de 16 ans peut tester; mais il ne peut disposer par testament que de la moitié des biens dont il pourrait disposer s'il était majeur. Faut-il en conclure qu'il ne peut comprendre dans un partage d'ascendant testamentaire que cette quantité de biens? L'affirmative nous semble découler de l'assimilation que fait le Code (art. 1076), entre la capacité nécessaire pour tester et la capacité pour faire un partage testamentaire. Cependant les auteurs sont d'accord pour ne reconnaître aucune restriction à la capacité du mineur âgé de 16 ans de faire un partage par testament. Mais cette opinion est en contradiction évidente avec l'art. 1076. En outre, ses partisans nous paraissent commettre une erreur, quand ils disent: la capacité du mineur n'a été restreinte que dans l'intérêt de la famille, or ici cet intérêt est hors de cause, puisque c'est précisément au profit de la famille que le partage est fait. Il nous semble que l'intérêt de la famille n'est pas du tout hors de cause. Le partage peut porter à cette famille un préjudice plus grave que ne le feraient des legs ; car il peut entamer la réserve des descendants, sans qu'ils puissent se plaindre.

27. Pour être compris dans un partage testamentaire, il faut être conçu à l'époque de la mort de l'ascendant. (Art. 906.)

La disposition de l'art. 1076 semblerait devoir faire admettre que, pour être compris dans le partage, il est nécessaire d'être capable de recevoir des legs. Mais cette décision serait en contradiction avec la nature de la vocation des descendants copartagés. Nous verrons, en effet (n°s 47 et suiv.) que le partage testamentaire ne détruit pas la vocation légale des descendants; ils recueillent leurs lots en qualité, non pas de légataires, mais d'héritiers *ab intestat*. Il en résulte que, pour être capable d'être compris dans un partage fait par testament, il faut avoir la capacité, non de recevoir des legs, mais de succéder *ab intestat*. Cette observation n'offre pas, d'ailleurs, une importance très-grande; car, en général, les personnes capables de recueillir une succession *ab intestat*, le sont aussi de recevoir par testament. Toutefois, la loi du 31 mai 1854, en laissant aux individus condamnés à une peine afflictive perpétuelle le droit de succeder *ab intestat*, leur a enlevé la capacité de recevoir par testament (1).

Il nous paraît découler du principe que nous venons de poser, que ce condamné peut être compris dans un

---

(1) M. Genty, dans son excellent Traité des partages d'ascendants, tout en posant en principe que le partage testamentaire ne détruit pas la vocation légale des copartagés, dit cependant que pour être compris dans ce partage, il faut être capable de recevoir par testament. Il nous semble y avoir là une contradiction évidente. Mais cette erreur ne pouvait avoir aucune conséquence pratique avant la loi de 1854.

partage testamentaire. On doit cependant reconnaître que le rapport fait au Corps législatif, sur la loi de 1854, est contraire à cette doctrine. M. Riché y déclare que le condamné ne peut profiter d'aucun don ou *legs* qui pourrait lui écheoir depuis l'incapacité encourue, *pas même en vertu d'un partage d'ascendant*. Mais, malgré l'autorité de ce document, nous ne croyons pas devoir nous y arrêter. L'honorable rapporteur semble ne s'être pas formé une idée bien nette de la nature de la vocation des descendants copartagés par testament, lorsqu'il a dit : Le condamné ne peut profiter *d'aucun legs* qui pourrait lui écheoir, *pas même en vertu d'un partage d'ascendant*. Par le partage testamentaire, les descendants ne reçoivent pas de *legs;* ils recueillent leurs lots en qualité d'héritiers.

On doit être d'autant plus heureux d'admettre cette solution, qu'avec la doctrine opposée, un père, dont l'un des enfants aurait été condamné à une peine afflictive perpétuelle, se trouverait complétement privé du droit de faire le partage de ses biens. Avec notre système, le père ne pourra pas sans doute faire un partage entre-vifs, mais il aura du moins la capacité de faire un partage testamentaire.

D. *Des formes des partages d'ascendants.*

28. En droit romain et dans notre ancien droit français, les partages d'ascendants étaient dispensés des formes solennelles des donations entre-vifs et des testaments. Notre Code civil décide au contraire que les partages entre-vifs sont soumis aux formes des donations

entre-vifs, et les partages testamentaires aux formes des testaments (art. 1076). Des conséquences nombreuses résultent de cette assimilation faite au point de vue des formes entre les partages d'ascendants et les dispositions à titre gratuit ordinaires.

Partages entre-vifs. — 29. Les partages entre-vifs doivent être faits par acte notarié, conformément à l'article 931 (C. civ.) et à l'art. 2 de la loi du 21 juin 1843. Le partage du mobilier peut être fait par dons manuels.

Si le partage fait par acte notarié comprend des meubles, un état estimatif de ces meubles doit y être annexé (art. 948). S'il comprend des immeubles, il doit être transcrit (art. 939; art. 2, L. du 23 mars 1855). La transcription des partages entre-vifs est d'autant plus utile pour les tiers, que le dépouillement de l'ascendant reste très-souvent caché, parce que le partage est fait avec réserve d'usufruit, et qu'ainsi l'ascendant demeure en possession des immeubles partagés.

Le partage entre-vifs doit être accepté expressément par les copartagés (art. 932). Cette acceptation n'est pas plus que celle des donations entre-vifs, soumise à des formes sacramentelles; ainsi elle résulterait suffisamment de ce que les descendants auraient déclaré se soumettre à l'exécution du partage. *Metz, 2 juillet* 1847.

L'acceptation peut être faite par actes séparés : en ce cas, une difficulté se présente. Lorsque parmi les descendants, les uns acceptent, tandis que les autres refusent d'accepter, les premiers peuvent-ils prétendre conserver les biens à eux attribués en qualité de donataires? Leur prétention ne serait pas admissible. Du moment où le partage fait par l'ascendant n'est pas accepté par tous, il ne peut valoir comme donation à l'égard des acceptants. S'il en était autrement, on méconnaîtrait complétement les intentions de l'ascendant. Il a voulu faire une donation à titre de partage, et non des donations individuelles distinctes. Il a entendu par suite subordonner l'effet de l'acceptation de chacun de ses descendants à celle des autres. Par suite, le refus d'acceptation de l'un des descendants empêchera le partage de produire ses effets à l'égard des autres, et jusqu'à ce que tous aient accepté, l'ascendant aura le droit de révocation.

Si un partage entre-vifs a été déguisé sous la forme d'un contrat à titre onéreux, on doit admettre, si avec la jurisprudence on reconnaît la validité des donations déguisées, que ce partage est valable. Cassat. 3 juin 1863 (64-1-269).

Partages testamentaires. — 30. Les partages testamentaires doivent être faits dans les formes des testaments, c'est-à-dire dans la forme authentique, mystique ou olographe. (Art. 969 et suiv.)

Deux personnes ne peuvent, par un seul et même testament, partager leurs biens entre leurs enfants. L'article 968 défend en effet les testaments conjonctifs, sans reproduire pour les partages d'ascendants l'exception que l'art. 77 de l'ordonnance de 1735 apportait à cette prohibition. On a beaucoup reproché aux rédacteurs du Code civil de n'avoir pas consacré de nouveau cette exception. Il faut reconnaître que la prohibition offre un assez grave inconvénient en matière de partages d'ascendants. Elle met les père et mère dans l'impossibilité de partager les biens de leur communauté par testament;

car ils ne peuvent pas plus les partager par testaments séparés que par un testament conjonctif; ils ignorent quels biens seront mis dans leurs lots, lors de la dissolution de la communauté.

Malgré cet inconvénient, nous croyons que les rédacteurs du Code ont eu raison de ne pas permettre les partages d'ascendants testamentaires conjonctifs; ces partages auraient, en effet, donné lieu à des complications trop grandes. Il aurait fallu décider que, quand les biens des époux auraient été confondus, ces partages ne pourraient être révoqués par l'un des ascendants qu'avec le consentement de l'autre. Sans cela un ascendant aurait pu détruire par son fait les dispositions de son conjoint, en modifiant l'économie du partage par sa révocation, et après la mort de l'un des ascendants le partage serait devenu irrévocable même par rapport au survivant. Ainsi la nature du testament aurait été complètement modifiée (1).

On a fait aux rédacteurs de notre Code un reproche encore plus général : on les a blâmés d'avoir, contrairement aux précédents, soumis les partages d'ascendants aux formes solennelles des donations entre-vifs et des testaments. Les solennités, a-t-on dit, dont ont été en-

---

(1) Il peut cependant se faire qu'un partage testamentaire conjonctif produise ses effets en France ; c'est ce qui a lieu dans le cas où deux Français testent dans un pays étranger où est admis le partage testamentaire conjonctif. La règle qui prohibe les testaments conjonctifs n'est, en effet, qu'une règle de forme. Or *locus regit actum.*

V. cependant en sens contraire, Marcadé, art. 968. Cet auteur considère la règle qui prohibe les testaments conjonctifs comme une règle de capacité, qui, comme telle, doit être appliquée aux Français, même en pays étranger.

tourés les actes de disposition à titre gratuit ordinaires ont été surtout établies par faveur pour les héritiers légitimes, afin de multiplier les causes de nullité des libéralités destinées à les dépouiller. Elles n'ont donc pas de raison d'être pour les partages d'ascendants, puisqu'ils sont précisément faits au profit des héritiers légitimes.

Ces critiques ne sont pas bien fondées. Les formes solennelles des actes de libéralité ont été établies non-seulement dans l'intérêt de la famille légitime ; mais aussi dans le but de protéger la liberté du disposant. Or l'ascendant a besoin de protection comme tout autre donateur ou testateur ; les obsessions de la part de ses descendants sont d'autant plus à craindre, qu'on ne partage en général ses biens, surtout par acte entre-vifs, qu'à un âge assez avancé. Il est bon aussi qu'un notaire puisse, quand un ascendant fait un partage dans cette dernière forme, l'avertir que l'acte qu'il fait étant irrévocable, il fera bien, pour ne pas avoir à craindre l'ingratitude de ses enfants, de conserver une partie de ses biens ou de se réserver un droit d'usufruit.

30 *bis*. Les formalités des donations entre-vifs et des testaments sont nécessaires pour la validité du partage d'ascendant, mais elles suffisent toujours. Le législateur n'a pas exigé l'accomplissement des formalités du partage judiciaire, alors même que parmi les copartagés se trouvent des mineurs, des interdits ou des absents. C'est ainsi que nous avons décidé que l'art. 838 n'est pas applicable au cas où des mineurs ayant un tuteur unique sont compris dans un partage d'ascendant entre-vifs. (Voir ci-dessus n° 24.)

E. *Des biens que peuvent comprendre les partages d'ascendants, et du mode de répartition de ces biens entre les descendants.*

31. Les partages d'ascendants ne peuvent comprendre que les biens dont l'ascendant pourrait disposer à titre gratuit, par donation ou par testament, selon que le partage est entre-vifs ou testamentaire.

Ainsi le partage entre-vifs ne peut comprendre que les biens présents de l'ascendant (art. 1076-2°). C'est là une des conséquences de ce que ce partage est, comme la donation entre-vifs, soumis à la règle : *donner et retenir ne vaut.* Nous aurons à déterminer si le partage entre-vifs serait absolument nul dans le cas où, parmi les biens partagés, se trouveraient des biens à venir, ou s'il serait valable quant aux biens présents. Le partage testamentaire, au contraire, peut comprendre même des biens à venir. Il est seulement évident que ces biens ne peuvent être individuellement désignés; ils ne peuvent être partagés que par quotités.

32. Une femme mariée sous le régime dotal ne peut pas, en principe, partager entre-vifs ses immeubles dotaux inaliénables. Elle le pourrait exceptionnellement si le partage avait pour but l'établissement de ses enfants (1);

---

(1) Il faut alors qu'il s'agisse de l'établissement de tous les copartagés ; il ne suffirait pas que le partage fût fait pour favoriser l'établissement d'un ou de plusieurs des copartagés.

elle devrait alors se munir des autorisations indiquées dans les art. 1555 et 1556; Agen, 16 février 1857. Elle aurait au contraire toujours la faculté de les partager par testament.

33. Les biens d'une communauté entre époux peuvent-ils être partagés soit entre vifs, soit par testament?

Il est certain, comme nous l'avons dit plus haut, que des époux communs en biens ne peuvent partager les biens communs par testament. Ils ne le peuvent faire par un testament conjonctif, parce que cette espèce de testament est prohibée; ils ne le peuvent faire non plus par deux testaments séparés, car, tant que le partage de la communauté n'a pas lieu, ils ne savent pas quels biens seront mis dans leur lot et, par suite, ils ignorent de quels biens ils peuvent disposer.

Cet obstacle au partage des biens communs par deux testaments séparés est évidemment levé, lorsque le partage de la communauté a eu lieu à la suite d'une séparation de corps ou de biens.

Mais les époux ne pourraient-ils pas eux-mêmes faire cesser cet obstacle, en partageant entre eux les biens communs avant la dissolution de la communauté?

On reconnaît unanimement que ce partage de la communauté opéré entre les époux avant qu'elle soit dissoute, n'enlèverait pas au mari ses pouvoirs sur les biens communs même non compris dans son lot, et à la femme le droit de renoncer à la communauté. D'un côté, en effet, le partage n'étant destiné à produire ses effets qu'à la dissolution de la communauté, ne retire pas aux biens partagés la qualité de biens communs, et, d'un autre côté la femme ne peut, tant que la communauté dure, abdiquer son droit de renoncer. (Art. 1453.)

Mais si la femme ou ses héritiers acceptent la communauté, et si le mari n'a pas porté atteinte au partage de la communauté par des actes de disposition postérieurs, le partage d'ascendant fait par testaments séparés sera-il valable à raison du partage anticipé de la communauté? La solution de cette question dépend de celle de savoir si le partage de la communauté est valable; car s'il est nul, le partage d'ascendant est vicié dans sa base même; chaque époux a disposé des biens qui ne lui appartenaient pas lors de son décès.

Des arrêts ont admis que le partage de la communauté fait avant sa dissolution est valable, lorsqu'il a eu lieu dans le but de comprendre les biens communs dans un partage d'ascendant testamentaire. La loi, dit-on, [illegible] as pu vouloir empêcher les époux communs en biens de partager les biens de leur communauté par testament. Elle a donc dû leur fournir le moyen de le faire. Ce moyen ne peut consister que dans la faculté pour eux de partager la communauté avant sa dissolution. Le partage anticipé ne modifie pas le contrat de mariage des disposants; car il n'enlève ni au mari ses pouvoirs comme chef de la communauté, ni à la femme la faculté de renoncer. Enfin on a ajouté que le partage opéré par les époux n'était en tout cas qu'un partage provisionnel, et que rien ne s'opposait à ce qu'ils fissent un tel partage pour exercer le droit que leur confère l'art. 1075. — Bourges, 2 février 1860 (61-2-70).

Malgré ces arguments, la nullité du partage de la communauté, et par suite du partage d'ascendant, paraît évidente. Les époux communs en biens ne peuvent, avant la dissolution de la communauté, en opérer le partage sans violer les dispositions des articles 1453, 1467 et 1395. Sans doute la loi a permis aux ascendants de partager leurs biens entre leurs descendants ; mais elle n'a entendu parler que des biens dont les ascendants ont la libre disposition. Parmi ces biens ne se trouvent pas ceux de la communauté. Il ne faut pas objecter que le partage de la communauté est possible, parce qu'il ne serait que provisionnel, car le partage provisionnel suppose toujours la possibilité du partage définitif. — Ch. civ. cassat. (23 décembre 1861 ; 62-1-29).

Le partage de la communauté étant nul, rien ne met obstacle à ce que les parties en provoquent un nouveau après sa dissolution et fassent ainsi tomber les partages d'ascendants faits par testaments séparés. Mais les parties intéressées (l'époux survivant et les descendants ou les deux époux) peuvent ratifier le partage de la communauté. Il importe, en ce cas, de déterminer quels seront les effets de cette ratification sur les partages d'ascendants.

Si les époux ratifient leur partage après leur séparation de corps ou de biens, les deux partages testamentaires sont validés et produisent leurs effets, car les père et mère se trouvent n'avoir compris dans leurs partages respectifs que des biens qui leur appartenaient au moment de leur mort.

Lorsqu'au contraire la ratification du partage de la communauté a lieu après le décès d'un des époux, ses effets ne sont pas semblables sur le partage d'ascendant de l'époux survivant et sur celui de l'époux prédécédé.

Elle valide le partage testamentaire de l'époux survivant. Car, grâce à elle, le partage fait par lui se trouve réunir toutes les conditions requises pour sa validité au moment où il doit produire ses effets, c'est-à-dire à la mort du survivant : il ne comprend que des biens qui lui appartiennent. Au contraire, la ratification du partage de la communauté ne valide pas le partage testamentaire de l'époux prédécédé. Car, à l'époque où ce dernier partage eût du produire son effet, le partage de la communauté qui lui servait de base était nul.

33 *bis*. Les époux peuvent partager entre-vifs leurs biens communs entre leurs descendants. Pour indiquer les effets de ce partage, il faut distinguer plusieurs hypothèses : le partage d'ascendant comprenant des biens communs a été fait ou par les deux époux conjointement, ou par le mari seul, ou par la femme seule.

a. Les époux peuvent conjointement partager tous leurs biens communs entre leurs descendants, car les époux réunis doivent avoir sur les biens de leur communauté les mêmes pouvoirs que tout copropriétaire. Ce point ne peut être contesté que par les auteurs qui soutiennent que le concours de la femme ne peut avoir pour effet d'étendre les pouvoirs de disposition du mari sur les biens de la communauté.

Ce partage n'enlève pas à la femme le droit de renoncer à la communauté. Paris, 2 juin 1849 (49-2-554), ou de l'accepter à son gré.

Si elle l'accepte, le partage produit ses effets à son égard; elle n'a fait que disposer de biens qui lui appartenaient. Si elle renonce, son droit sur les biens communs se trouvant résolu, son partage doit tomber. En pareil cas, le partage subsiste à l'égard du mari, et les biens partagés par la femme accroissent aux copartagés. On doit en effet supposer que le mari a entendu faire pour lui le partage de toute la communauté pour le cas où sa femme renoncerait. Car, ordinairement, la femme n'intervient, dans les actes faits par son mari que pour assurer aux tiers que cet acte ne sera pas attaqué par elle. (Arg. art. 1431). Toutefois il pourrait résulter d'une déclaration de volonté expresse ou des circonstances que la validité du partage, même en ce qui concerne le mari, a été subordonnée à l'acceptation de la femme.

b. Le partage opéré par le mari seul peut comprendre tous les biens communs, lorsqu'il est fait pour procurer aux enfants nés du mariage un établissement. Si le partage était fait par le mari dans tout autre but, il ne pourrait y comprendre que des meubles, pourvu encore qu'il ne s'en réservât point l'usufruit (art. 1422). S'il y avait compris d'autres biens, le partage ne serait valable qu'autant que la femme, par suite de sa renonciation à la communauté, n'aurait pas le droit de l'attaquer.

c. Le partage fait par la femme seule resterait sans aucun effet relativement aux biens communs. Si un pareil partage était valable, il entraînerait une acceptation de la femme avant la dissolution de la communauté.

La nullité du partage de la communauté, fait par le mari seul, en cas d'acceptation de la femme, ou du partage opéré par la femme seule, ne serait pas empêchée par cela seul que les époux auraient procédé au partage de la communauté avant sa dissolution. Car, ainsi que nous l'avons dit plus haut, le partage anticipé de la communauté est nul.

34. Il est certain qu'un ascendant n'a pas le pouvoir de comprendre dans un partage testamentaire des biens appartenant à ses descendants. S'il le faisait, il disposerait de biens sur lesquels il n'a aucun droit. Mais au contraire il peut arriver que des biens des descendants se trouvent compris dans un partage entre-vifs, car, en acceptant le partage, ceux-ci consentent au partage de leurs propres biens. En ce cas, le partage est considéré comme un partage ordinaire en ce qui concerne les biens des descendants. Aussi, lorsque parmi eux se trouvent des mineurs ou des interdits, il n'est valable qu'autant que les formalités exigées pour les partages judiciaires ont été accomplies.

L'application de ces principes doit être faite au cas où un époux survivant partage entre ses enfants ses biens personnels confondus en une seule masse avec les biens de son conjoint prédécédé, ou les biens de la communauté dissoute qui se trouvent indivis entre lui et ses enfants. Ce n'est que par une dérogation aux principes et uniquement par des motifs d'intérêt pratique que quelques arrêts ont pu ne pas admettre la demande en nullité formée par des descendants contre des partages testamentaires de cette espèce. (1)

---

(1) Il faut donner les mêmes décisions dans le cas où un ascendant comprend dans son partage des biens grevés de substitution au profit de ses des-

35. Les ascendants ne sont plus obligés, comme ils l'étaient dans notre ancien droit, de comprendre dans leurs partages tous leurs biens. Ils peuvent se borner à faire le partage d'une quote-part de leur patrimoine ou seulement de certains biens déterminés. On disait, dans notre ancien droit, que le partage d'ascendant partiel n'atteignait pas le but dans lequel il avait été établi; il n'empêchait pas les contestations entre les descendants, puisqu'il laissait des biens indivis entre eux. Par suite, les partages d'ascendants partiels n'étaient pas dispensés de formes. C'était là un raisonnement qui n'était pas parfaitement juste. Moins nombreux seront les biens indivis, et moins grandes seront les chances de contestations entre les descendants. En outre l'ascendant peut vouloir partager spécialement certains biens entre ses descendants, parce qu'il craint que le partage de ces biens, vu leur importance, donne surtout lieu à des dissentiments entre les descendants. Le partage qui ne comprend pas tous les biens de l'ascendant est donc aussi véritablement digne de faveur. (Voir n° 11, 1re partie.)

Lorsque l'ascendant n'a pas partagé tous ses biens, il y a lieu de faire après sa mort le partage de ceux qu'il a laissés indivis (art. 1077). Ce n'est là qu'une application de la règle de l'art. 887, selon lequel on doit faire un partage supplémentaire, lorsque tous les biens à par-

---

cendants, car ceux-ci, en leur qualité d'appelés, en sont propriétaires sous condition suspensive.

tager n'ont pas été compris dans un premier partage (art. 887). Ce partage ne comprend que les biens restés indivis. On n'oblige pas les copartagés à rapporter leurs lots pour faire un partage général des biens déjà partagés par l'ascendant et des biens laissés indivis par lui. Une telle manière d'opérer serait la destruction du partage d'ascendant; et il ne serait plus vrai de dire que les partages partiels d'ascendants sont autorisés.

36. L'ascendant ne peut pas comprendre dans son partage des biens qu'il aurait antérieurement donnés avec dispense de rapport à l'un des copartagés. S'il y faisait entrer ces biens, il méconnaîtrait le principe de l'irrévocabilité des donations entre-vifs. Mais au contraire il peut partager ceux qu'il a précédemment donnés à un descendant sans dispense de rapport, car ces biens auraient dû être compris dans le partage que ses descendants auraient fait après sa mort par suite du rapport qui en aurait été effectué; et l'ascendant doit pouvoir partager tous les biens que ses descendants auraient pu faire entrer dans le partage de sa succession. Ce droit de l'ascendant de comprendre dans son partage les biens sujets à rapport, ne peut pas faire de doute, quand le partage est fait entre vifs, car le descendant donataire, par son acceptation de ce partage, consent à effectuer le rapport. Mais on a prétendu que, si le partage était fait par testament, l'ascendant violait la règle de l'irrévocabilité des donations en faisant entrer dans son partage des biens qu'il avait donnés entre vifs. C'est là une erreur certaine. L'ascendant ne révoque pas sa donation; il ne fait que régler lui-même à l'avance les effets du

rapport de cette donation. (Req. rej. 9 juillet 1840. — 40-1-805). Il est si vrai que la donation n'est pas révoquée que le descendant donataire aurait toujours la faculté de conserver l'avancement d'hoirie, en renonçant à la succession de son ascendant (art. 845).

On admet même généralement que, lorsqu'un ascendant ne comprend pas dans son partage les biens antérieurement donnés par lui, l'omission de ces biens vaut dispense de rapport. Car elle prouve que l'ascendant entend qu'ils restent au descendant donataire en dehors et en sus de sa part héréditaire.

L'ascendant peut attribuer les biens donnés en avancement d'hoirie soit au donataire, soit même à un autre descendant. Si le partage est fait par testament, le rapport n'a lieu qu'après la mort de l'ascendant. Si le partage est fait entre-vifs, le donataire peut y être soumis par une clause expresse dès le jour même de l'acceptation des copartagés.

Dans ce dernier cas, si les biens donnés sont placés dans le lot d'un autre descendant que le donataire, les droits réels constitués sur eux par ce dernier sont-ils immédiatement résolus ou subsistent-ils jusqu'à la mort de l'ascendant, tout comme si le rapport n'avait eu lieu qu'à cette époque? La résolution ne doit s'opérer qu'à la mort de l'ascendant. Ceux qui ont acquis des droits réels sur ces biens ont pu légitimement s'attendre à les conserver jusqu'alors. D'ailleurs la règle : *resoluto jure dantis, resolvitur jus accipientis*, ne peut recevoir son application, lorsque la résolution provient du fait de celui-là même qui a constitué un droit réel. Or, dans notre hypothèse, la résolution immédiate de la donation faite à un copartagé dépend de son fait, c'est-à-dire de l'acceptation du partage (1).

37. Lorsqu'un ascendant a fait au profit d'un tiers une donation de biens à venir d'une quote-part indivise de ses biens a-t-il encore la liberté de faire un partage entre ses enfants? La difficulté provient de ce que le partage d'ascendant ne pourrait être valable qu'autant que le donataire de biens à venir y serait compris; et il semble qu'il ne peut pas y être apportionné. Le droit du donataire de biens à venir ne peut être modifié par aucun acte de disposition à titre gratuit du donateur. Le partage aurait pour résultat de le modifier. Le droit indéterminé du donataire sur une quote-part de la succession se trouverait transformé par l'effet du partage en un droit sur certains biens déterminés. En outre, par ce partage, le donataire pourrait se trouver privé d'une partie de ses droits, car il ne pourrait l'attaquer qu'autant qu'il serait lésé de plus du quart.

On ne peut pas méconnaître qu'il soit exorbitant de priver un ascendant du droit de partager ses biens par cela seul qu'il a fait une institution contractuelle. Mais cette doctrine rigoureuse nous paraît résulter des principes qui régissent les donations de biens à venir. La jurisprudence ne l'a cependant pas en général consacrée;

(1) Il est déjà bien rigoureux de dire que, dans notre espèce, les droits consentis par le descendant donataire seront résolus à la mort de l'ascendant. Si le partage avait été fait après la mort de l'ascendant, les personnes auxquelles le donataire avait constitué les droits réels auraient pu y intervenir pour faire en sorte que les biens à rapporter fussent placés dans le lot du donataire même, afin d'éviter la résolution de leurs droits (art. 882). Par suite du partage d'ascendant, ils se trouvent privés de ce droit d'intervention.

elle permet au donateur de biens à venir de faire un partage d'ascendant dans lequel il comprend son donataire, pourvu qu'il observe scrupuleusement l'égalité à son égard ; ce qui signifie que le donataire ne doit pas éprouver une lésion même de moins du quart. Mais s'il n'éprouve qu'une lésion inférieure au quart, on décide qu'il a seulement le droit de demander le complément de la part à laquelle il a droit en vertu de la donation, mais non celui d'attaquer le partage. (Caen, 21 mars 1838; 38, 2-409, Sirey.)

38. Lorsqu'un ascendant a la copropriété d'un bien par indivis, il peut faire le partage de sa part indivise entre ses descendants qui sont alors dans l'indivision avec le tiers copropriétaire de leur ascendant, ou faire intervenir celui-ci au partage, ou enfin provoquer le partage contre son copropriétaire, et partager entre ses descendants la part divise qui lui est attribuée.

39. Tels sont les différents biens qu'un ascendant peut partager entre ses descendants. Mais jouit-il dans la répartition de ces biens d'un pouvoir absolu : peut-il attribuer à l'un des meubles, à l'autre des immeubles— ou répartir inégalement les biens mobiliers et immobiliers dans les différents lots — ou même se borner à composer le lot d'un descendant d'une soulte mise à la charge d'un copartagé ? C'est là l'une des questions les plus importantes que soulèvent les partages d'ascendants et qui est encore vivement controversée.

Le Code distingue, dans les articles 815 et suivants, en matière de successions, deux espèces de partages, le partage fait à l'amiable et le partage judiciaire. — Le premier n'est soumis à aucune règle impérative par la loi : les parties y peuvent notamment composer les lots comme bon leur semble. Au contraire, dans le second le législateur exige que dans chaque lot on fasse entrer autant que possible la même quantité de meubles, d'immeubles, de droits ou de créances de même nature et valeur (art. 832). — Est-ce au partage fait à l'amiable ou au partage judiciaire que doit être, au point de vue de la liberté laissée à l'ascendant pour la composition des lots, assimilé le partage d'ascendant ?

Comme il est possible d'admettre sur cette question des solutions différentes pour le partage entre-vifs et pour le partage testamentaire, nous l'examinerons séparément pour chacun d'eux.

Partages testamentaires. — Pour donner toute liberté à l'ascendant dans la composition des lots, on a fait valoir les arguments suivants : le chapitre des partages d'ascendants, a-t-on dit, n'a pas reproduit les dispositions des art. 826-832. Son silence doit conduire à en écarter l'application. Sans doute il faut étendre aux partages d'ascendants toutes les règles qui tiennent à la nature du partage ordinaire, encore que le Code ne les ait pas expressément reproduites à propos de ces actes. Mais la nécessité de la composition des lots en biens de la même nature ne doit pas être comptée parmi ces règles. Elle ne tient pas à la nature du partage, mais uniquement à la manière toute spéciale dont s'opère le partage judiciaire pour lequel seul elle est posée. La distribution des lots, dans le partage judiciaire, se fait par voie de tirage au sort. Les chances ne seraient pas égales si tous les lots n'étaient pas composés de la même façon. D'ailleurs, on ne pourrait pas tenir compte pour ce motif des convenances de chacun en composant son lot des biens qui peuvent lui être le plus avantageux à raison de sa profession et du lieu de sa résidence : on ne sait pas à qui tel ou tel lot sera dévolu.

La distribution des lots se fait d'une toute autre manière dans les partages d'ascendants ; l'ascendant attribue déterminément chaque lot à tel ou tel descendant. Il peut donc régler la composition des lots d'après les convenances de chacun des copartagés. A-t-il un fils agriculteur ? Il lui donne sa ferme. A-t-il un autre fils commerçant ? Il compose son lot exclusivement d'argent. — Comment admettre que le législateur ne considère pas un tel partage comme très-équitablement fait, et que le fils commerçant puisse se plaindre de n'avoir pas reçu dans son lot la moitié d'une ferme, qui ne peut lui être d'aucune utilité ?

L'ascendant doit donc avoir pleine liberté pour composer les lots comme bon lui semble. Le système contraire aboutirait à assimiler les pouvoirs de l'ascendant à ceux d'un simple expert. Ce résultat serait en contradiction manifeste avec les idées émises à plusieurs reprises dans les travaux préparatoires du Code. Bigot de Préameneu dit que *le partage d'ascendant est l'un des actes les plus importants de la puissance paternelle*. Serait-ce vrai, si ce n'était qu'une opération d'expert ! Malleville semble du reste avoir tranché expressément cette question en ce sens, quand il a dit : « *Il importe de laisser à la prévoyance et à la sagesse éclairée des pères de famille, la distribution économique de leurs biens, selon la position de chacun de leurs enfants.* »

La gravité des raisons invoquées par ce système est incontestable; mais nous pensons pourtant que dans un partage testamentaire les ascendants doivent composer les lots d'une même quantité de biens de la même nature, autant que cela n'entraîne pas un morcellement excessif des héritages ou une division des exploitations (art. 832).

L'ascendant, en faisant un partage, a dû se soumettre aux règles qui tiennent à la nature de cette espèce d'actes. Or, quoi qu'en prétendent les partisans du système contraire, de ce nombre est la règle qui prescrit de composer les lots des copartageants d'une même quantité de biens de même nature. Le droit de copropriété appartenant aux héritiers sur les biens de la succession devrait rigoureusement leur permettre de demander une portion de chacun des biens héréditaires. Mais, pour éviter un morcellement excessif, la loi se borne à exiger que les lots de chaque héritier soient composés d'une même quantité de biens de même nature. Il est vrai que la règle posée dans l'article 832 ne l'est que pour les partages judiciaires; mais cela tient uniquement à ce que dans les partages amiables les descendants étant capables sont libres de renoncer à leur droit d'exiger la composition identique des lots.

La liberté illimitée laissée aux ascendants pour la composition des lots aurait un grave inconvénient; elle leur permettrait de rompre avec la plus grande facilité l'égalité qui doit régner entre leurs descendants. Car, malgré l'importance qu'ont prise depuis la promulgation du Code civil les valeurs mobilières, il est encore bon nombre de cas où l'on peut dire, tout comme le faisait Boullenois dans notre ancien droit, que celui qui a reçu des meubles est placé dans une moins bonne condition que celui dont le lot est composé d'immeubles. C'est ce qui arriverait évidemment si l'ascendant avait composé exclusivement le lot d'un descendant de meubles meublans qui dépérissent par l'usage.

Mais il ne faut pas méconnaître que l'application de l'article 832 aux partages d'ascendants testamentaires pourra avoir des inconvénients en empêchant les ascendants de tenir compte dans la composition des lots des convenances de leurs descendants. La faute en est au législateur qui, par un respect peut-être exagéré pour le principe d'égalité entre les descendants n'a pas jugé convenable de déroger en notre matière, à la nécessité de la mise dans chaque lot d'une même quantité de biens de même nature. Il ne faut d'ailleurs pas exagérer et dire qu'avec ce système le rôle de l'ascendant se trouve réduit à celui d'un simple expert. Certes, son rôle est considérablement réduit ; mais il peut toujours tenir compte des convenances des copartagés dans une certaine mesure. Son droit à cet égard est seulement limité par le droit des descendants d'exiger que leurs lots aient une composition identique. Ainsi il peut toujours attribuer à un descendant tel immeuble de préférence à tel autre ; ce que ne pourrait faire un expert.

40. *Partage entre vifs.* — Doit-on aussi exiger que les lots aient autant que possible une composition identique lorsque le partage est fait entre-vifs ? La raison spéciale de douter, c'est que les descendants ont dû en ce cas accepter le partage. Leur acceptation ne les rend-elle pas non recevables à se prévaloir de la composition vicieuse des lots ? — Des auteurs prétendent qu'à cet égard il n'y

a pas de distinction à faire entre le partage entre-vifs et le partage testamentaire. Selon eux, l'acceptation ne peut pas effacer le vice qui résulte de l'inégale répartition des biens de même nature.

Cette acceptation a été faite sous l'influence de la crainte que l'ascendant ne disposât de sa quotité disponible au préjudice de ceux qui n'accepteraient pas ; elle a eu lieu pour ne pas le mécontenter. N'étant pas le résulat d'une volonté libre, on n'en peut tenir compte. Cet argument méconnaît évidemment le principe incontestable d'après lequel la crainte révérentielle n'est pas prise en considération par le législateur pour destituer d'effets les actes faits entre ascendants et descendants (V. art. 1114, Code civil). — La faiblesse de cet argument l'a fait abandonner, et, pour appliquer les art. 826, 832 même au partage entre-vifs, on a dit que par l'acceptation du partage fait sous forme de donation, les copartagés s'obligent bien envers l'ascendant à supporter les charges que celui-ci peut leur avoir imposées ; mais qu'on ne saurait inférer de l'acceptation une renonciation au droit d'attaquer le partage comme tel. On a ajouté enfin qu'en tous les cas cette acceptation de lots ne comprenant pas une égale quantité de biens de même nature devrait être considérée comme nulle, alors même qu'elle constituerait une renonciation au droit d'attaquer le partage, puisque c'est une convention sur succession future. — (Art. 1130.)

Ces raisons ne sont pas décisives. L'acceptation des descendants a porté sur l'acte tout entier ; ils l'ont accepté aussi bien comme partage que comme donation. Rien n'autorise à faire une distinction. Ce qui prouve bien qu'ils l'ont accepté même comme partage, c'est qu'à la mort de l'ascendant, ils ne peuvent pas provoquer un nouveau partage. — Or, accepter un partage, c'est accepter toutes les clauses qu'il contient, et notamment le mode de composition des lots.

Mais cette acceptation, si elle porte sur le partage est, dit-on, nulle; c'est une convention sur succession future. — On oublie évidemment que le législateur, en autorisant les partages entre-vifs, a précisément consacré une dérogation à la règle qui prohibe les stipulations sur les successions non encore ouvertes.

Ainsi nous admettons que la répartition égale des biens de même nature dans chaque lot est exigée dans le partage testamentaire, mais qu'elle cesse de l'être dans le partage entre-vifs par suite de l'acceptation des copartagés.

Bien que nous assimilions le partage d'ascendant au partage judiciaire quant au mode de composition des lots, une différence importante subsiste entre ces deux partages. — Dans le partage judiciaire, un tuteur ne pourrait pas au nom de son pupille renoncer au droit d'exiger la composition identique des lots. Il n'en est pas de même dans le partage d'ascendanls; car l'acceptation faite par le tuteur d'un copartagé doit y avoir les mêmes effets que l'acceptation d'une personne capable (art. 463 et 1076).

Depuis 1826, la Cour de Cassation s'est décidée invariablement dans le sens de l'application de l'art. 832 aux partages entre-vifs comme aux partages testamentaires. — Ar. ch. civ., 16 août 1826 — req. rej. 30 août 1856 — req. rej. 18 août 1859 (Sirey, 60, 1-64). — La jurisprudence des cours impériales est conforme. — Limoges 5 août

1836. — Bordeaux, 9 juin 1863. — Agen, 7 février 1865.

41. Notre système ne doit pas être pris dans un sens trop absolu. L'art. 832 n'exige la composition identique des lots qu'autant que cela est possible, qu'il n'en résulte pas un morcellement exagéré des fonds, ni une division excessive des exploitations. La nature des biens pourra donc exempter l'ascendant qui fait un partage testamentaire de mettre dans chaque lot une égale quantité de meubles et d'immeubles. — Mais il ne faut pas aller avec certains arrêts jusqu'à admettre que les convenances des descendants autoriseront l'ascendant à s'écarter de la règle de l'art. 832. Une telle dérogation, si elle était consacrée, aboutirait bientôt à la destruction de la règle elle-même.

42. Tout en composant les lots d'une égale quantité de biens de même nature, il est difficile parfois à l'ascendant d'établir une égalité absolue de valeurs entre les différents lots : s'il n'y parvient pas, il compense les inégalités par des retours en nature ou en argent (art. 833), qui sont garantis par le privilége des copartageants (art. 2103-3°).

42 *bis*. Lorsque parmi les biens à partager se trouvent des immeubles impartageables et qu'on ne peut pas placer un des immeubles dans le lot de chaque copartagé, l'ascendant peut-il les attribuer à un ou plusieurs de ses descendants, en leur imposant de payer une certaine somme d'argent aux autres? Ne doit-il pas, en ce cas, faire procéder à une licitation de ces immeubles, comme devraient le faire en cas pareil des héritiers copartageants (art. 827)? Dans le cas de partage fait entre vifs, nous ad-

mettrons sans difficulté que la licitation ne sera pas nécessaire. En acceptant le partage, les descendants ont renoncé au droit de l'exiger. Leur acceptation exclut l'application de l'art. 827, comme celle de l'art. 832.

Mais au contraire, lorsque le partage est fait par testament, la licitation doit être exigée. L'art. 827 pose une règle qui tient à la nature du partage, tout comme la disposition de l'art. 832. Il faut donc l'appliquer comme celle-ci aux partages d'ascendants testamentaires. Il serait bien exorbitant, d'ailleurs, qu'un ascendant pût obliger un des copartagés à acquérir un immeuble et à payer une somme qui peut excéder ses ressources.

Cependant, parmi les auteurs qui étendent l'art. 832 aux partages d'ascendants, il en est qui écartent l'application de l'art. 827. Il disent qu'en conférant à l'ascendant le droit de partager ses biens, le législateur a dû entendre lui donner tous les pouvoirs nécessaires pour faire les opérations qu'exige le partage, et notamment celui de faire un acte analogue à la licitation lorsque cela devient utile.

Ce motif n'est pas du tout concluant. L'acte que ferait un ascendant en attribuant à un copartagé un immeuble impartageable à la charge de payer une somme d'agent, n'a absolument aucune analogie avec la licitation. Lorsqu'il y a licitation, celui-là seul se rend acquéreur qui le veut bien. En cas de partage d'ascendant, il y aurait, d'après les partisans de l'opinion contraire, acquisition forcée de l'immeuble pour le copartagé dans le lot duquel il serait placé.

Le législateur exige la licitation des immeubles impartageables, parce qu'elle maintient l'égalité entre les descendants, à raison même de son caractère purement volontaire. On a très-bien dit qu'elle met les immeubles au concours entre les héritiers, elle leur permet de les acquérir ou d'en obtenir le prix le plus élevé possible, s'ils laissent des tiers s'en rendre acquéreurs. L'attribution qu'on permettrait à l'ascendant de faire à l'un des copartagés des immeubles impartageables, n'aurait nullement cet avantage.

Nous ne devons cependant pas méconnaître l'inconvénient grave qu'offre l'application de l'art. 827 aux partages testamentaires. Il en résulte que l'ascendant qui a un immeuble impartageable ou qui en ayant plusieurs, n'en a cependant pas autant que de descendants se trouve privé du droit de faire un partage par testament, s'il ne veut pas mettre préalablement ses immeubles aux enchères; et ainsi il pourra arriver que des biens dont il désirait peut être tout spécialement la conservation dans sa famille seront acquis par des étrangers.

C'est sans doute cet inconvénient qui a décidé la jurisprudence à reconnaître aux ascendants le droit de placer l'Immeuble impartageable dans le lot d'un copartagé (Agen 7 février 1865. Cass. 7 août 1860).

CHAPITRE III.

DES EFFETS DES PARTAGES D'ASCENDANTS.

43. Les effets des partages d'ascendants sont différents suivant qu'ils ont été faits par testament ou entre vifs. Il

est par suite nécessaire d'examiner séparément les effets de ces deux sortes de partages.

§ 1er. — DES EFFETS DU PARTAGE TESTAMENTAIRE.

44. Le partage testamentaire ne dépouille pas l'ascendant de son vivant. C'est un acte de dernière volonté, qui, à ce titre, est révocable jusqu'à la mort du disposant. La révocation faite par l'ascendant peut porter soit sur le partage tout entier, soit seulement sur l'un des lots.

Elle a en principe lieu de la même manière que la révocation des testaments en général ; elle peut être expresse ou tacite.

Si elle est expresse, elle doit être faite dans les formes qu'indique l'art. 1035.

La révocation tacite peut résulter de la contrariété ou de l'incompatibilité des deux partages successifs (art. 1037). Ainsi lorsque l'ascendant comprend dans un nouveau partage des biens déjà compris dans un partage précédent, comme les deux partages ne peuvent pas être exécutés concurremment, le premier est considéré comme révoqué par le second.

45. Il est évident aussi que la révocation résulterait de l'aliénation faite par l'ascendant de tous les biens partagés (art. 1038). Mais on ne pourrait, en principe, induire la révocation du partage de l'aliénation de quelques-uns des biens partagés, ce serait étendre la présomption de l'art. 1038, qui ne considère l'aliénation comme entraînant la révocation de la disposition testamentaire que relativement au bien aliéné.

On ne pourrait même pas dire que l'aliénation d'un bien compris dans un lot doit entraîner la révocation du lot quant à ce bien. On étendrait ,encore la disposition de l'art. 1038 hors de ces termes : car ce serait conclure de l'aliénation que l'ascendant a voulu modifier les bases de son partage. Le descendant, dans le lot duquel avait été mis le bien aliéné, n'aurait donc pas seulement le droit de demander la rescision du partage, quand par suite de cette aliénation, il se trouverait lésé de plus du quart; il aurait encore le droit de recourir en garantie contre ses copartagés ou de faiae annuler le partage, quand il se trouverait ne plus avoir sa part de biens en nature, comme ses cohéritiers. (Art. 826-832.)

46. Des changements peuvent se produire dans les biens partagés entre le jour de la confection du testament contenant le partage et la mort de l'ascendant.

Les diminutions et les augmentations de valeur résultant de cas fortuits nuisent et profitent exclusivement aux descendants dans les lots desquels se trouvent les biens dont la valeur a augmenté ou diminué. Car les héritiers et les légataires prennent les biens dans l'état où ils se trouvent lors de l'ouverture de la succession. Mais ces augmentations et diminutions, si elles avaient pour effet de faire éprouver a un descendant une lésion de plus du quart, pourraient entraîner la rescision du partage.

Il faudrait donner les mêmes décisions dans le cas où des changements auraient été apportés aux biens partagés par le fait de l'ascendant. C'est toujours, en effet, le moment de son décès qu'il a dû prendre en considération pour faire son partage. Ainsi les constructions faites par l'ascendant profitent au copartagé dans le lot duquel se trouvent les biens sur lesquels elles ont été élevées. Ses copartagés ne peuvent lui réclamer une indemnité pour l'augmentation de valeur qu'elles ont procurée à son lot. (Art. 1018 et 1019). La doctrine contraire, soutenue par quelques auteurs, offre le grave inconvénient de donner lieu à des recours nombreux entre les copartagés, et engendre ainsi des contestations que le partage a précisément pour but d'éviter.

47. A la mort de l'ascendant s'opère la transmission des biens partagés de l'ascendant aux différents descendants auxquels il les a attribués. Elle s'opère sans que pourtant leur titre d'héritiers *ab intestat* disparaisse; c'est en cette qualité, et non en celle de légataires, qu'ils recueillent leurs lots. Toullier a très-bien dit : « *Il y a cette seule différeace entre ce cas et celui d'une* « *succession* ab intestat *que, dans l'un, le partage est fait* « *avant, et dans l'autre, après l'ouverture de la succes-* « *sion.* » Telle était déjà la théorie du droit romain et de notre ancien droit. Elle est en parfaite conformité avec la volonté de l'ascendant; celui-ci a entendu, en faisant le partage, laisser subsister la vocation légale de ses descendants avec toutes ses conséquences, si ce n'est qu'il a effectué à l'avance ce que cette vocation devait amener seulement après sa mort par le fait de ses descendants. C'est à cette idée qu'il faut s'attacher pour déterminer les effets du partage testamentaire à la mort de l'ascendant soit comme acte de transmission dans les rapports entre les descendants avec l'ascendant et les tiers, soit comme acte de distribution dans les rapports

entre les descendants. Nous en déduirons les principales conséquences.

1. *Effets du partage testamentaire dans les rapports entre les descendants avec l'ascendant ou les tiers.*

47 *bis. a.* Pour recueillir leurs lots, les descendants doivent avoir la capacité de succéder *ab intestat*, celle de recevoir par legs ne leur est pas nécessaire. (Nous en avons déjà conclu qu'un condamné à une peine afflictive perpétuelle peut, depuis la loi du 31 mai 1854, être compris dans un partage testamentaire. Voir n° 27 ci-dessus.) La coutume de Nivernais posait expressément cette règle :

Partage ou assignation faite par mère, père ou l'un d'eux entre leurs enfants CAPABLES DE SUCCÉDER AB INTESTAT *tient et vaut.*

b. Chaque copartagé est de plein droit saisi des biens composant son lot. Si les descendants étaient considérés comme légataires, ils seraient dans la nécessité de s'en demander réciproquement la délivrance. La coutume de Nivernais avait aussi sur ce point une disposition explicite :

Et seront, lesdits enfants, saisis et vêtus des biens d'iceux défunt selon ledit partage et assignation. (Art. 17, titre des Successions.)

c. Les descendants, s'ils acceptent la succession purement et simplement, sont tenus des dettes de leur ascendant *ultra vires*, chacun en proportion de sa part héréditaire. S'ils acceptent sous bénéfice d'inventaire, ils ne sont tenus des dettes que sur les biens composant leurs lots, chacun proportionnellement à la valeur de son lot. Il en doit être ainsi même dans le cas où l'attribution faite à chaque descendant de certains biens déterminés ne serait précédé d'aucune institution à titre universel.

d. Pour que les descendants soient privés de leurs lots, il ne suffit pas qu'ils aient commis un des faits entraînant la révocation des legs pour ingratitude. (Art. 955, 1046-1047) ; il faut qu'ils se soient rendus coupables d'un des actes qui entraînent l'exclusion pour indignité de la succession *ab intestat*. (Art. 727.) L'action dirigée contre un copartagé pour lui faire enlever son lot étant une action en exclusion pour indignité, et non une action en révocation pour ingratitude, elle dure trente ans à partir de l'ouverture de la succession et est donnée à toutes les personnes intéressées.

e. Les descendants ne peuvent pas en même temps renoncer à prendre leurs lots et venir à la succession *ab intestat*. Renoncer à son lot, c'est, pour un copartagé, renoncer à cette succession. La nécessité devait faire admettre cette décision. S'il n'en eût pas été ainsi, chaque descendant aurait pu, en renonçant, faire tomber le partage. Ainsi l'exercice du droit de partage de l'ascendant aurait été subordonné au bon vouloir de ses descendants. A l'inverse, un descendant ne pourrait pas déclarer qu'il renonce comme héritier et accepter comme légataire ; il n'a jamais eu cette dernière qualité. Ces principes étaient déjà posés par Guy-Coquille, quand il disait : *Chacun prendra en qualité d'héritier ; et s'il ne prend en qualité d'héritier, il n'aura rien.*

f. Enfin le partage testamentaire n'est pas révocable pour inexécution des charges. L'inexécution des charges est une cause de révocation des legs (art. 1046), mais ce n'est pas une cause qui puisse faire perdre la qualité d'héritier *ab intestat*. Toutefois, l'ascendant pourrait évidemment insérer dans le partage une clause en vertu de laquelle celui des descendants qui n'exécuterait pas les charges qu'il lui impose, devrait être privé de sa part dans la quotité disponible.

2. *Effets du partage d'ascendant testamentaire entre les descendants.*

48. Entre les descendants le partage d'ascendant testamentaire produit les effets d'un partage ordinaire de succession. C'est un pur acte de distribution.

Il ne peut pas, par conséquent, servir de juste titre aux descendants copartagés pour prescrire par dix à vingt ans. Ils continuent seulement la possession de l'ascendant, et ne peuvent, par suite, prescrire par dix à vingt ans les biens dont l'ascendant était possesseur en vertu d'un juste titre, qu'autant que celui-ci était de bonne foi.

Les descendants évincés de biens placés dans leurs lots ont contre leurs copartagés une action en garantie en proportion de la part héréditaire de chacun d'eux. (Art. 885, C. civ.)

A la créance de garantie du copartagé évincé et aux retours de lots est attaché le privilége des copartageants (art. 2103-3°). Ce privilége doit être inscrit par les copartagés dans les délais fixés par l'art. 2109 du Code Napoléon et par l'art. 6 (deuxième alinéa) de la loi du 23 mars 1855; ces délais doivent courir du jour de l'ouverture de la succession ; il en doit être ainsi alors même que les copartagés n'auraient eu connaissance du testament contenant le partage que postérieurement à cette époque. C'est, en effet, à la mort de l'ascendant que le privilége prend naissance, et une disposition expresse de la loi serait nécessaire pour qu'on pût suspendre le délai de l'inscription jusqu'au jour de la découverte du testament.

MM. Aubry et Rau (tome II, § 278, note 24) ont cependant admis que le délai de l'inscription ne court que du moment où a été découvert le testament, en se fondant sur ce que la doctrine contraire aboutirait à la négation du privilège. Mais nous ne croyons pas que ce motif soit suffisant. La loi accorde aux légataires six mois pour inscrire leur droit de séparation des patrimoines, et l'article 2111 fait expressément courir ce délai de l'ouverture de la succession, et cela même dans le cas où la découverte du testament serait postérieure. Assurément, cette règle aboutit à la négation du droit de séparation, lorsque le testament n'est découvert que plus de six mois après la mort du testateur. Cela n'a pourtant pas empêché le législateur de rester fidèle au principe selon lequel le délai donné pour l'inscription d'un privilége court du jour de sa naissance.

Le copartagé créancier d'une soulte a bien le privilége des copartageants, mais l'action en résolution du partage ne lui est pas accordée en cas de non payement de la soulte. Il est, en effet, généralement admis que les partages ne sont pas résolubles en vertu de l'art. 1184. (Req. rej., 7 août 1861 ; Sir., 1861, 1-977.)

49. Chaque descendant copartagé doit être considéré

comme n'ayant jamais eu aucun droit sur les biens placés dans les lots de ses cohéritiers et comme ayant seul succédé aux biens composant le sien. C'est là un point reconnu par tous les auteurs. Mais il importe de déterminer si c'est une conséquence de la fiction établie pour les partages ordinaires par l'art. 883 ou si cela ne résulte pas de la réalité même des faits.

Beaucoup de jurisconsultes reconnaissent que le principe de l'art. 883 ne doit être appliqué que dans les rapports des copartageants et des personnes auxquelles des droits réels ont été constitués durant l'indivision. Si donc en matière de partages d'ascendants, c'est en vertu de la fiction de l'art. 883 que chaque copartagé est réputé n'avoir jamais eu aucun droit sur les biens non compris dans son lot, on devrait décider que la soulte attribuée par un partage d'ascendant ne comprenant que des immeubles à une femme commune en biens doit lui rester propre. Si, au contraire, il n'y a là qu'une conséquence de la réalité même des faits, il faudra dire que cette soulte tombe dans la communauté comme acquêt.

On a dit que si le partage testamentaire était déclaratif, cela ne provenait pas d'une fiction, mais de la réalité des choses. Ce partage empêche l'indivision de s'établir entre les descendants; ils n'ont donc jamais eu aucun droit sur la masse indivise de la succession; la succession leur est échue toute partagée, et chacun n'a pu avoir de droit que sur les biens compris dans son lot.

Nous ne croyons pas que cette doctrine soit exacte. Entre les descendants, le partage est un acte de distribution; il suppose donc entre eux un état d'indivision préexistant qui a tout au moins dû durer pendant un instant de raison. Comment concevoir sans cela que le partage d'ascendant engendre entre les copartagés l'obligation de garantie et donne naissance au privilége des copartageants. Le partage testamentaire ne peut donc être considéré comme déclaratif qu'en vertu d'une fiction comme le partage ordinaire. Par suite, si dans les partages ordinaires les effets déclaratifs du partage doivent être restreints entre les héritiers et leurs ayants cause, il faut ne les admettre qu'avec la même restriction dans les partages d'ascendants testamentaires.

50. Pour que la transmission des biens compris dans le partage testamentaire ait lieu et que les effets du partage se produisent entre les descendants, il faut que le testament soit fait dans les formes que nous avons indiquées ci-dessus et ne soit pas révoqué par l'un des faits mentionnés également plus haut; il est en outre nécessaire qu'il ne soit pas caduc par le décès des copartagés avant l'ascendant, par leur renonciation ou par leur indignité ou par la perte des choses partagées.

Ces différents événements quand ils se produisent, non pas à l'égard de tous les copartagés, mais à l'égard de quelques-uns seulement d'entre eux, rendent seulement caduc l'apportionnement de ceux-ci; le partage testamentaire produit ses effets à l'égard des autres descendants.

Lorsqu'un descendant copartagé meurt avant l'ascendant, son lot ne passe pas en principe à ses héritiers. Si l'attribution qui lui a été faite a été précédée d'une institution à titre universel collective, la part du prédécédé accroît à ses copartagés. S'il n'y a pas eu d'institution collective préalable, cette part se trouve indivise entre les copartagés qui arrivent à la succession de l'ascendant, ils doivent en faire le partage conformément à l'art. 1077.

Mais lorsque le copartagé prédécédé a laissé des descendants, ceux-ci viennent prendre sa part par représentation. Le descendant prédécédé était appelé à recueillir son lot en vertu de sa vocation légale. Or, en vertu des principes de la représentation, cette vocation a dû passer sur la tête de ses enfants. On ne peut invoquer ici, comme on a essayé de le faire, l'art. 1039, qui déclare les legs caducs en cas de prédécès du légataire et qui exclue la représentation en matière de legs. Car, nous l'avons dit déjà, les copartagés ne sont pas des légataires et si nous avons pu décider que le prédécès du copartagé rend caduc son apportionnement, ce n'est pas en réalité en vertu de l'art. 1039, mais en vertu de l'art. 725, qui exige que, pour recueillir une succession *ab intestat*, on existe lors de son ouverture. Il est d'ailleurs évident qu'en notre hypothèse les motifs qui ont fait édicter la disposition de l'art. 1039 ne se rencontrent pas. — Un testateur fait un legs à une personne à raison de l'affection spéciale qu'il a pour elle. Ce serait méconnaître sa volonté que d'admettre que son legs produira, en cas de prédécès du légataire, ses effets au profit des héritiers du légatataire, quels qu'ils soient, que le testateur ne connaît peut-être pas. — Le motif qui pousse un ascendant à partager ses biens par testament est tout différent; il ne veut pas faire une libéralité à ses descendants, mais partager sa succession, en se conformant aux règles qui en déterminent la dévolution. Or, d'après ces règles la représentation est admise en ligne directe. Le système contraire aboutit d'ailleurs à un fâcheux résultat. Les représentants ne devant pas, d'après lui, être considérés comme apportionnés dans la personne des représentés, le prédécès d'un descendant laissant des enfants rendrait le partage nul (art. 1078). — Riom, 25 novembre 1828. — Limoges, 29 février 1832.

Quelques arrêts ont cependant écarté la représentation en matière de partage d'ascendant testamentaire. — Bordeaux, 2 mars 1831 (32-2-134). Agen, 23 décembre 1847 (48-2-1). — Aussi, pour éviter toute difficulté, un ascendant agit avec prudence en substituant vulgairement à ses enfants copartagés ses petits-enfants.

En cas de renonciation d'un descendant, sa part a exactement le même sort que celle d'un descendant prédécédé, sauf toutefois que jamais elle ne peut être recueillie par ses enfants par représentation, car on ne représente pas les personnes vivantes. Une substitution vulgaire serait donc alors de toute nécessité pour que les petits-enfants recueillissent le lot de leur père (art. 898).

Il faut donner exactement les mêmes solutions en cas d'indignité d'un copartagé.

§ 2. — DES EFFETS DU PARTAGE ENTRE VIFS.

51. Le partage d'ascendant entre vifs diffère profondément du partage testamentaire, en ce qu'il produit des effets du vivant même de l'ascendant. Les effets de ce partage doivent être examinés séparément pendant la vie de l'ascendant et après sa mort.

A. *Des effets du partage entre-vifs pendant la vie de l'ascendant.*

52. Les effets actuels du partage entre vifs dépendent du caractère qu'on reconnaît à cet acte pendant la vie de l'ascendant. Il faut donc se fixer tout d'abord sur ce point : quelle est la nature du partage entre-vifs jusqu'à la mort de l'ascendant? Sur cette question quatre systèmes différents ont été soutenus.

53. 1° D'après un premier système qui a eu pour lui, la jurisprudence de la Cour de Cassation jusqu'en 1845, le partage entre vifs devrait être considéré comme un partage de la succession de l'ascendant, qu'il ferait ouvrir par anticipation quant aux biens partagés. Les descendants seraient par suite considérés dès le jour du partage non comme des donataires, mais comme des héritiers ; et, comme tels, ils auraient immédiatement les actions en rescision et en réduction qu'accorde l'art. 1079 aux copartagés.

Cette opinion est aujourd'hui généralement rejetée. — La Cour de Cassation elle-même l'a abandonnée avec raison. Elle méconnaît en effet la règle qu'il n'y a pas de succession pour un homme vivant. (*Nulla est viventis hereditas*) art. 718 ; et elle a conduit aux conséquences les plus déplorables : elle a amené à dire que pour le calcul de la quotité disponible de l'ascendant il n'y aurait pas lieu de réunir les biens partagés aux biens extans restés indivis ; mais qu'elle ne devait être calculée que sur ces derniers biens. — Du reste, les partisans de ce système n'ont pas pu eux-mêmes en admettre toutes les conséquences logiques. Ainsi ils reconnaissent parfaitement que les descendants omis dans le partage ne peuvent pas en invoquer la nullité pour cause d'omission durant la vie de l'ascendant. Cependant l'action du descendant omis est bien une action qui lui appartient en qualité d'héritier.

54. 2° Tout en rejetant l'idée d'après laquelle le partage entre-vifs serait considéré comme partage de succession durant la vie même de l'ascendant, les partisans d'un deuxième système prétendent que le partage entre vifs est un partage dès le jour où il a été fait. Selon eux, c'est un partage de choses communes qui, à la mort de l'ascendant, se transforme en partage de succession.

Le partage d'ascendant entre-vifs contiendrait pour ainsi dire deux opérations distinctes : l'ascendant y abandonnerait par indivis ses biens à ses descendants et les ferait ensuite sortir par un partage de l'indivision qu'il a créée entre eux. Ainsi, durant la vie de l'ascendant, les descendants seraient des donataires copartagés, et, comme tels, ils devraient avoir toutes les actions qui dérivent des partages de choses communes, même non héréditaires : ils auraient dès lors l'action en rescision pour lésion, l'action en garantie. A la mort de l'ascendant seulement le partage prendrait le caractère de partage de succession; de donataires copartagés les descendants deviendraient héritiers; ce n'est donc qu'à ce moment qu'ils auraient les actions que la succession a pour effet d'ouvrir, notamment l'action en réduction établie par l'art. 1079.

Cette opinion ne nous semble pas non plus devoir être adoptée. Elle est contraire à l'intention de l'ascendant; il n'a voulu faire le partage de ses biens qu'en vue de sa succession future; les descendants ne peuvent être considérés comme copartagés qu'autant qu'ils sont héritiers: *prius est esse quàm esse tale.* Elle engendre d'ailleurs des discussions entre ses partisans eux-mêmes : il en est qui admettent qu'une nouvelle action en rescision naît au profit des copartagés à la mort de l'ascendant lorsque le partage des choses communes données se tranforme en partage de succession ; d'autres n'en reconnaissent qu'une seule qui naît à l'époque du partage.

55. 3° Un troisième système s'est établi dans les dernières années. Il a été soutenu par d'éminents jurisconsultes (MM. Aubry et Rau, Demolombe; c'est aussi lui que paraît admettre M. Duverger dans son cours de deuxiè- année, 1865).

Les partisans de ce système ne s'attachent pas à déterminer avec précision la nature du partage entre vifs. Ils se bornent à dire que les actions qui tendent à demander l'exécution et le maintien du partage peuvent être exercées durant la vie de l'ascendant, tandis que celles qui tendent à en faire prononcer la nullité ne peuvent l'être qu'après sa mort.

Ainsi l'action en garantie serait donnée pendant la vie de l'ascendant, mais l'action en rescision pour lésion le serait seulement après son décès.

Les solutions de ce système nous paraissent contradictoires. Le partage entre vifs est pendant la vie de l'ascendant un partage ou n'en est pas un. Si c'est un partage, il doit être immédiatement rescindable pour lésion et engendrer l'obligation de garantie ; si ce n'est pas un partage, il ne doit donner naissance ni à l'action en rescision, ni à l'action en garantie. Mais il est bien difficile de concevoir comment il peut faire naître l'une et non pas l'autre.

56. 4° Un quatrième système nous paraît de beaucoup préférable aux précédents. C'est à lui que se sont ralliées depuis 1847 la Cour de Cassation et la plupart des Cours d'appel. — Le partage entre vifs a exclusivement le caractère de donation durant la vie de l'ascendant. Les descendants sont de simples donataires qui, comme tels, n'ont aucune des actions attachées à la qualité soit d'héritier, soit même de copartagé. Ils n'ont pendant la vie de l'ascendant, ni l'action en garantie, ni l'action en rescision ou en réduction. A la mort de l'ascendant seulement le partage entre-vifs prend le caractère de partage de succession à l'égard des descendants qui viennent effectivement à la succession et donne naissance à leur profit à ces actions.

Cette doctrine est bien d'accord avec les principes. Durant sa vie, un ascendant est libre de disposer de ses biens avec la plus grande liberté au profit de telle personne que bon lui semble ; ses descendants n'ont pas le droit de se plaindre de ses actes de disposition. Lorsqu'un ascendant partage ses biens, il les attribue à ses descendants de son plein gré, il leur fait une pure libéralité. Le titre des descendants ne se trouve pas en effet dans la loi comme celui des copartageants dans un partage ordinaire de succession ; il est uniquement dans l'intention libérale de l'ascendant qui leur a conféré des droits sur des biens sur lesquels ils n'avaient rien à prétendre avant sa mort.

On ne peut donc pas concevoir comment un descendant pourrait (ainsi que l'admettent les partisans des premier et deuxième systèmes) demander la rescision pour lésion durant la vie de l'ascendant. Comment se plaindrait-il d'avoir été lésé, de ne pas avoir reçu dans les biens de l'ascendant une part égale à son droit; il n'a aucun droit sur eux.

Mais, à la mort de l'ascendant, le partage entre vifs change de caractère. Les descendants par l'ouverture de la succession acquièrent des droits en vertu de la loi sur le patrimoine de l'ascendant. Dès lors ils peuvent se plaindre de ce que ces droits ont été méconnus, ils peuvent notamment demander la rescision du partage pour lésion. En déclarant faire le partage de ses biens pour valoir partage de sa succession entre les descendants venant à sa succession, il s'est soumis à respecter leurs droits, tout comme ils auraient dû être respectés si les descendants avaient procédé entre eux à un partage après sa mort.

Cette transformation du caractère du partage d'ascendant qui de donation devient partage au décès de l'ascendant ne doit pas étonner. Elle se produit dans les avancements d'hoirie ordinaires; et le partage d'ascendant n'est qu'un ensemble d'avancements d'hoirie. Les lots sont attribués aux descendants pour leur tenir lieu de parts héréditaires à la mort de l'ascendant. Or, pendant la vie du donateur, des biens donnés en avancement d'hoirie sont considérés uniquement comme biens donnés entre les héritiers présomptifs. Après le décès du donataire leur caractère change, si le donataire accepte la succession : ils deviennent biens héréditaires. Ainsi leur éviction donne au cohéritier le droit de recourir en garantie contre ses cohéritiers. Ces biens sont grevés du privilége des copartageants, etc.

Cette assimilation entre les partages d'ascendants et les dons faits en avancement d'hoirie nous permet aussi de répondre à une objection grave faite contre notre théorie par les partisans du deuxième système. On a dit que nous pouvions arriver à donner le nom de partage à un acte qui ne produit jamais les effets du partage. Cela se produit en effet lorsque tous les descendants renoncent à la succession de l'ascendant et conservent comme donataires les biens qui leur ont été attribués. Cela ne doit avoir absolument rien d'étonnant du moment où l'on admet notre système. Ne donne-t-on pas le nom de donation en avancement d'hoirie à une donation qui ne sera pas en réalité une avance sur la succession, puisqu'elle aura été faite à une personne qui, par suite de sa renonciation, n'y viendra pas prendre part. (Art. 845)

Cette bizarrerie provient de ce que, pour qualifier le partage d'ascendant comme la donation faite en avancement d'hoirie, on s'attache uniquement au but dans lequel ces actes ont été faits par le disposant, sans examiner si ce but a été atteint ou ne l'a pas été.

Les partisans du premier système peuvent encore objecter qu'avec notre système on ne voit pas comment le partage d'ascendant entre-vifs peut, même au décès de l'ascendant, produire les effets d'un partage. Tout partage suppose un droit des copartageants sur une masse indivise. Or nous avons admis que l'ascendant ne faisait pas une attribution collective de ses biens aux descendants pour les répartir ensuite entre eux. Cependant nous croyons pouvoir expliquer les effets du partage attribués au partage d'ascendant entre-vifs à la mort de l'ascendant. L'ascendant n'a pas fait sans doute une attribution collective immédiate de ses biens à ses descendants, mais il la leur a faite éventuellement pour le cas où ils viendraient à sa succession. S'ils y viennent effectivement, ils sont considérés comme ayant été co-propriétaires au moins pendant un instant de raison, et cela suffit pour que les effets du partage puissent se produire entre eux.

Nous admettons donc que le partage entre vifs est, durant la vie de l'ascendant, une donation entre vifs ordinaire ne produisant que les effets des donations même entre les descendants. Nous pouvons maintenant en examiner les effets. Nous parlerons successivement :

a. *Des effets du partage entre vifs dans les rapports entre l'ascendant et les descendants*;

b. *De ses effets entre l'ascendant et les tiers :*

c. — *entre les descendants;*

d. — *entre les descendants et les tiers.*

a. **Effets du partage entre-vifs entre l'ascendant et les descendants.**

57. Entre l'ascendant et les descendants le partage entre-vifs constitue seulement une donation entre vifs ordinaire soumise aux règles de cette espèce de libéralité.

Par l'effet même de l'acceptation du partage, l'ascendant est dépouillé actuellement et irrévocablement des biens par lui partagés, (art. 894). Le partage es soumis à toutes les causes légales de révocation des donations entre-vifs. Ainsi il est révocable pour ingratitude ou pour inexécution des charges. La révocation fondée sur l'une de ces deux causes peut avoir lieu soit à l'égard de tous les copartagés, soit seulement à l'égard de l'un ou de plusieurs d'entre eux.

Le partage entre vifs n'est révocable pour survenance d'enfants que dans un très-petit nombre d'hypothèses, puisqu'il suppose l'existence d'enfants du disposant au moment où il est fait. Il ne peut l'être qu'autant qu'à raison de la qualité de la filiation des descendants leur existence n'est pas un obstacle à la révocation pour survenance d'enfants. Ainsi si le partage avait été fait entre des enfants adoptifs ou naturels il serait révoqué s'il survenait à l'ascendant des enfants légitimes ou des enfants naturels qu'il légitimerait (1).

Il peut sembler inutile au premier abord d'admettre qu'il y a en ces hypothèses révocation du partage pour survenance d'enfants, car si le partage n'était pas révoqué, il serait nul, puisque l'enfant survenu n'y a pas été compris (art. 1078). Pourtant il y a quelqu'intérêt à constater qu'il y a révocation pour survenance d'enfant. La révocation subsiste nonobstant le décès de l'enfant avant le donateur (art. 964), tandis qu'un partage d'ascendant n'est nul, pour omission d'un enfant, qu'autant que l'enfant omis survit à l'ascendant et vient à la succession de celui-ci.

58. Nous avons déjà eu l'occasion de signaler plus haut plusieurs conséquences de ce que le partage entre vifs produit entre l'ascendant et les descendants les effets d'une donation entre-vifs. Pour faire un partage de cette sorte ou y être compris, il faut avoir la capacité de disposer ou de recevoir par donation entre-vifs ; ce partage ne peut comprendre que des biens qui pourraient être donnés entre vifs (ex. art. 1076, 2me alinéa).

---

(1) Nous admettons (ce qui est un point controversé), que l'existence d'enfants adoptifs ou naturels du donateur au moment de la donation n'empêche pas qu'elle soit révocable pour survenance d'enfants. (En ce sens, M. Valette, cours de deuxième année, 1862-1863.)

L'ascendant est, comme tout donateur, tenu de l'obligation de livrer les biens donnés au donataires. Peut-il retenir sur ces biens une valeur suffisante pour acquitter ses dettes antérieures au partage dans la proportion des biens donnés, alors même qu'il n'aurait fait aucune réserve expresse à cet égard. Cette question se lie à celle de savoir si les descendants sont, durant la vie de l'ascendant, tenus des dettes de l'ascendant, Nous l'examinerons à propos des effets du partage entre les descendants et les tiers. (Voir ci-dessous n° 65, p. 237 et 238.)

Un donateur ordinaire n'étant tenu de l'obligation de garantie envers le donataire qu'autant que les évictions proviennent de son fait, l'ascendant, à moins de clause contraire expresse, n'est tenu de l'obligation de garantie envers les descendants qu'à raison des évictions qui proviendraient de cette cause (1).

b. Effets du partage entre-vifs entre l'ascendant et les tiers.

59. Le partage entre-vifs dessaisit l'ascendant de la propriété de ses biens. Mais, dans ses rapports avec les tiers, son dessaisissement n'est opéré que du jour où ont été accomplies les formalités prescrites par la loi pour la translation des droits par donation à leur égard. (art. 939 et suivants. C. civ. — L. du 23 mars 1855, art. 2; art. 1690 C. civ.)

---

(2) Il est évidemment tenu de la garantie envers les descendants qu'il a apportionnés *dotis nomine*. (Art. 1440 et 1547, C. civ.)

c. Effets du partage entre-vifs entre les descendants.

60. Entre les descendants, le partage entre-vifs ne produit pas pendant la vie de l'asendant les effets d'un partage. C'est ce que nous avons établi précédemment. Des conséquences nombreuses résultent de cette idée.

Le descendant ne peut demander la rescision du partage pendant la vie de l'ascendant, en prétendant qu'il est lésé de plus d'un quart. C'est un point sur lequel nous insisterons en traitant des causes de rescision des partages d'ascendants. (Voir ci-dessous n° 102, p. 265 et suiv.)

L'action en garantie ne peut être exercée par le descendant évincé. Cette conséquence qui résulte logiquement du principe que nous avons posé n'est pas sans graves inconvénients. Le descendant évincé de son lot n'aura absolument rien pendant la vie de l'ascendant, et, si à la mort de celui-ci, le descendant tenu de la garantie est insolvable ou renonce à la succession, le *descendant évincé* n'obtiendra encore rien (1). Ce résultat peut être contraire à la volonté de l'ascendant. Mais, si l'ascendant a une volonté contraire, c'est à lui à la manifester; il est toujours libre de déclarer qu'il entend que ses descendants soient, durant sa vie même, tenus de l'obligation de garantie les uns envers les autres.

Le privilège des copartageants n'appartient pas, durant la vie de l'ascendant, aux descendants. Ainsi le

---

(1) C'est sans doute ce grave inconvénient de notre système qui a donné naissance au troisième système indiqué plus haut (n° 55), soutenu par MM. Demolombe, Aubry et Rau.

descendant auquel est dû une soulte ne peut en réclamer le payement que comme créancier chirographaire.

d. Effets du partage entre-vifs entre les descendants et les tiers.

60 *bis*. Les descendants ne deviennent propriétaires des biens de l'ascendant à l'égard des tiers que du jour où ont été accomplies les formalités de transcription ou de signification prescrites par la loi. (Art. 939, C. civ.; loi du 23 mars 1855; art. 1690.)

Dans leurs rapports avec les tiers, comme dans leurs rapports avec l'ascendant, les descendants sont considérés comme donataires. Aussi les créanciers de l'ascendant ont contre eux l'action Paulienne si le partage a été fait en fraude de leurs droits, encore que les descendants n'aient point été complices de la fraude.

61. Le partage entre-vifs constitue pour les descendants un juste titre qui leur permet de prescrire par dix à vingt ans, s'ils sont de bonne foi, les biens compris dans le partage qui n'appartenaient pas à l'ascendant, encore que celui-ci eût été possesseur de mauvaise foi.

62. Les descendants n'ont jamais eu de droit que sur les biens compris dans leurs lots ; cela résulte non pas de la fiction de l'art. 883, mais de la réalité même des choses. En conséquence, la soulte dont est créancière une femme commune doit tomber dans la commuuauté, même dans le cas où le partage ne comprend que des immeubles.

63. Nous verrons qu'à l'égard de l'administration de l'enregistrement les partages entre-vifs ne sont pas traités comme les donations entre-vifs ordinaires, ils sont soumis à un droit de mutation inférieure. (Art. 3, loi du 16 juin 1824.)

64. Le partage d'ascendant entre vifs a-t-il pour effet d'obliger les descendants à payer les dettes de l'ascendant antérieures au partage? Pour résoudre cette question, il est nécessaire de faire une distinction qui a échappé à beaucoup d'auteurs. Il faut rechercher d'abord si par l'effet du partage les descendants sont tenus directement de payer les dettes de l'ascendant envers ses créanciers; et ensuite si, même en admettant la négative sur ce point, l'ascendant peut déduire du lot de chaque descendant une valeur proportionnelle nécessaire pour acquitter ses dettes.

Les descendants sont-ils tenus directement envers les créanciers de l'ascendant de payer les dettes de celui-ci antérieures au partage?

Il est évident que les descendants peuvent, comme tous donataires, être soumis à l'obligation de payer les dettes antérieures au partage d'ascendant en vertu d'une clause expresse, ou même en vertu de sa volonté tacite. Ainsi elle résulterait de ce qu'un état des dettes aurait été annexé à l'acte de partage (1). Il faut même reconnaître que l'intention de l'ascendant de mettre les dettes à la charge des descendants doit être très-facilement admise. N'est-il pas, en effet, naturel de supposer que l'ascendant a voulu charger de ses dettes ceux qu'il gratifie à raison de leur qualité d'héritiers, et qui, en cette qualité, en seront tenus à sa mort?

En cas pareils, les créanciers peuvent agir directement contre les descendants sans qu'ils aient besoin d'avoir recours à l'action oblique de l'art. 1166; l'ascendant peut être considéré comme ayant stipulé en leur nom.

---

(1) C'est ce qu'on décide en matière de donations entre-vifs ordinaires.

Mais ils conservent aussi toujours la faculté de poursuivre l'ascendant; celui-ci n'a pas pu leur imposer d'autres débiteurs.

Les descendants ne pourraient, au contraire, être soumis à l'obligation de payer toutes les dettes de l'ascendant postérieures au partage. Une telle clause rendrait nul le partage comme contraire à la règle : donner et retenir ne vaut. (Art. 945, 1076.)

Les créanciers hypothécaires de l'ascendant peuvent évidemment exercer leur droit de suite contre les descendants ayant reçu des immeubles hypothéqués; et les créanciers chirographaires peuvent faire révoquer le partage, lorsqu'il a été fait en fraude de leurs droits. (Art. 1167.)

Mais en l'absence de toute clause expresse, et sans que l'ascendant ait commis aucune fraude à leur égard, les créanciers chirographaires de l'ascendant peuvent-ils se faire payer par les descendants de leur débiteur? Cette question se lie intimement à celle de savoir si le donataire entre vifs ordinaires soit de tous les biens présents du donateur, soit d'une quote-part de ses biens, soit de ses meubles ou de ses immeubles, est tenu de plein droit des dettes du donateur.

Il semble juste de poser en principe avec la grande majorité des auteurs que le donataire entre vifs ne peut jamais être de plein droit tenu des dettes du donateur. Les successeurs à titre universel sont seuls tenus des dettes de leur auteur. Or, un donataire entre vifs ne peut jamais être qu'un successeur à titre particulier. On donne le nom de successeurs à titre universel à ceux qui recueillent soit la totalité, soit une quote-part du patrimoine d'une personne; et le patrimoine comprend l'universalité de ses biens tant présents qu'à venir (art. 2092); une donation entre vifs ne peut avoir pour objet que les biens présents du donateur. Les partisans du système qui met les dettes du donateur à la charge des donataires, qu'il qualifie de donataires à titre universel, sont d'ailleurs très-embarrassés quand il s'agit de déterminer quels donataires doivent être compris sous ce nom. Ainsi ils discutent sur le point de savoir si l'on doit considérer comme tels les donataires de tous les meubles, de tous les immeubles ou d'une quote-part de l'une de ces espèces de biens.

Les donataires ne pouvant donc jamais être tenus de plein droit des dettes du donateur; et les descendants étant durant la vie de l'ascendant de simples donataires, nous devons en conclure que ces deniers ne sont pas de plein droit soumis aux actions des créanciers de leur ascendant. Douai, 12 février 1840 (40, 2-393). En sens contraire, Agen, 14 juin juin 1837 (39, 2-490).

65. Si les créanciers de l'ascendant ne peuvent pas se faire payer par les descendants, l'ascendant peut-il du moins retenir sur chaque lot une valeur nécessaire pour acquitter ses dettes, en l'absence même de toute réserve expresse de sa part à cet égard? Cette question diffère complétement de celle que nous venons d'examiner. Nous avions à déterminer quelles obligations le partage entre vifs entraîne de plein droit pour les descendants; maintenant il s'agit de fixer quelle est l'étendue de la libéralité de l'ascendant.

Il y a là une pure question d'intention : l'ascendant doit-il être réputé avoir voulu retenir sur les biens partagés de quoi payer ses dettes? Telle est la seule question à résoudre. Cette intention de l'ascendant est très-probable lorsqu'il a partagé tous ses biens présents. Elle est beaucoup moins évidente quand le partage ne comprend qu'une portion des biens de l'ascendant. Car on peut supposer qu'il n'a pas partagé tous ses biens pour pouvoir payer ses dettes avec ceux qu'il conservait.

On admet généralement que lorsque l'ascendant a délivré les différents lots sans retenir sur les biens la valeur nécessaire pour se libérer envers ses créanciers, on doit présumer qu'il n'a pas entendu se réserver le droit de prendre sur chaque lot de quoi acquitter ses dettes.

66. Il faut bien soigneusement distinguer le cas où les descendants sont tenus envers les créanciers de l'ascendant de payer ses dettes du cas où ce dernier s'est seulement réservé de retenir sur les biens partagés une valeur suffisante pour les acquitter. Dans le premier, l'obligation des descendants peut s'étendre jusque sur les biens qu'ils ne tiennent pas de l'ascendant. Dans le second, ils ne peuvent avoir à supporter les dettes que jusqu'à concurrence de leurs lots au maximum.

En outre, nous avons admis que dans le premier cas les créanciers ont une action directe contre les descendants; dans le second, au contraire, ils ne doivent avoir que l'action oblique de l'art. 1166, car l'ascendant n'a pas fait de stipulation à leur profit.

B. *Des effets du partage d'ascendant entre-vifs à la mort de l'ascendant.*

67. Au décès de l'ascendant, le caractère de son partage est modifié. Durant sa vie, ce n'était qu'un en-

semble de donations, même entre les descendants ; à sa mort, le titre des descendants change ; ils sont regardés les uns à l'égard des autres comme des héritiers copartagés. Alors sont produits les effets d'un partage de succession. Toutefois le nouveau titre d'héritiers des descendants ne leur fait pas perdre complètement celui de donataires ; ils le conservent encore à l'égard des tiers, et ils ne le perdent même pas entièrement dans leurs rapports entre eux.

Le partage d'ascendant produit, disons-nous, entre les descendants les effets d'un partage de succession. Pour y attacher ces effets, la loi a dû nécessairement supposer que l'ascendant a eu l'intention d'établir entre les copartagés un état d'indivision éventuel qui se réaliserait après sa mort. Pour qu'on puisse admettre l'existence de cet état d'indivision, il faut que les descendants survivent à l'ascendant et viennent à sa succession. Aussi n'est-ce qu'à l'égard des descendants acceptants que le partage entre-vifs peut produire les effets d'un partage de succession. A l'égard des autres, il conserve le caractère de donation qu'il avait pendant la vie de l'ascendant.

L'acceptation des descendants, en confirmant leur titre d'héritiers, les fait donc considérer comme copartagés, entre les acceptants le partage entre vifs produit les effets d'un partage ordinaire.

67 *bis*. C'est par suite à la mort de l'ascendant seulement que peuvent être excercées les actions en garantie pour cause d'éviction et les actions en nullité qui sont fondées sur la violation des règles du partage.

68. C'est aussi à ce moment que naît au profit des co-

partagés le privilége des copartageants. Du jour du décès de l'ascendant courent les délais de 60 et de 45 jours dans lesquels doit être inscrit ce privilége. Le copartagé, qui a pris l'inscription dans ces délais, peut-il primer les créanciers hypothécaires même antérieurs à la mort de l'ascendant et les tiers acquéreurs d'immeubles aussi antérieurs à cet événement? Un auteur (Genty, *Traité des partages d'ascendants*, pages 280 et 281) prétend que l'inscription doit rétroagir à l'égard des tiers jusqu'au jour où a été fait le partage. Les copartagés, dit-il, n'avaient acquis les biens à eux attribués qu'avec la charge du privilége, cette charge doit passer à leurs ayants-cause.

Nous ne croyons pas cette opinion admissible. Le privilége n'a pris naissance qu'à la mort de l'ascendant, par suite son inscription ne peut rétroagir que jusqu'à cette époque. Il faut reconnaître que ce système compromet beaucoup le privilége des copartagés; il dépend d'eux de l'annihiler, en hypothéquant ou en aliénant des biens partagés.

Les auteurs qui voient un partage entre les descendants dans le partage entre vifs durant même la vie de l'ascendant font nécessairement naître le privilége lors de l'acceptation du partage par les descendants, c'est aussi à cette époque qu'ils fixent le point de départ du délai donné pour son inscription. En ce sens. Montpellier, 19 décembre 1852 (55-2,669).

69. Les descendants qui acceptent la succession de l'ascendant se trouvent obligés de payer les dettes de celui-ci non pas en vertu du partage, mais uniquement en leur qualité d'héritiers. Aussi en sont-ils tenus en

proportion de leurs parts héréditaires et non de la valeur des biens composant leurs lots.

70. L'acceptation des copartagés n'a pas pour effet de les soumettre au rapport des biens compris dans leurs lots. Le partage d'ascendant contient une dispense de rapport. L'ascendant a voulu que cet acte valût partage de sa succession entre ses descendants. Or le rapport serait contraire à ses intentions, puisqu'il obligerait à un nouveau partage des biens rapportés et serait la destruction de la distribution qu'il a opérée.

Cela n'est point en contradiction avec le caractère de dons en avancement d'hoirie que nous avons reconnu aux allotissements. Ce sont des dons en avancement d'hoirie, c'est-à-dire qu'ils sont faits pour remplir les descendants de leur part héréditaire; mais ils doivent être assimilés aux dons en avancement d'hoirie et non aux donations ordinaires dispensées du rapport, en ce sens seulement qu'ils ne sont pas imputables sur la quotité disponible de l'ascendant.

71. Il est donc certain que les biens partagés ne sont pas assujétis au rapport réel. Mais on discute au contraire vivement le point de savoir s'ils sont soumis au rapport fictif établi par l'art. 922 pour le calcul de la quotité disponible.

Il est reconnu par tous les interprètes que si des donations ont été faites par l'ascendant, soit avant le partage, soit dans l'acte même de partage, les héritiers réservataires devront réunir fictivement à la masse les biens partagés.

Mais lorsque l'ascendant a, après le partage, disposé à titre gratuit, pour déterminer s'il n'a pas par ces dispositions postérieures entamé la réserve de ses héritiers, faut-il réunir les biens compris dans le partage d'ascendant aux biens laissés indivis dans la succession comme on doit y réunir les biens donnés entre vifs? Ou faut-il calculer la quotité disponible de l'ascendant, exclusivement sur les biens qui se trouvent dans sa succession?

De nombreux auteurs et la Cour de Cassation jusqu'en 1845, ont, comme nous l'avons dit, décidé que le partage entre vifs ouvre par anticipation la succession de l'ascendant relativement aux biens partagés. C'est de cette théorie qu'a été déduit le système d'après lequel pour calculer la quotité disponible, on ne devrait pas réunir fictivement les biens compris dans le partage aux autres biens.

Le partage entre vifs, disent les partisans de ce système, ouvre par anticipation la succession de l'ascendant; les biens partagés forment une succession tout à fait distincte de celle qui s'ouvrira à la mort de l'ascendant. A chacune de ces successions doit correspondre une quotité disponible distincte qui se calcule exclusivement sur les biens qui la composent. En obligeant les copartagés au rapport fictif, on violerait d'ailleurs le principe de l'irrévocabilité du partage entre vifs. On ne pourrait pas exiger cette réunion fictive en vertu de l'art. 922; car cet article parle de la réunion des biens donnés entre vifs et non des biens partagés. Req. rej. 4 février 1845 (45-1-305.); Rouen 25 janvier 1855 (56-2-98.)

Nous adopterons la doctrine contraire. Pour le calcul de la quotité disponible de l'ascendant, il faut réunir les biens partagés à ses autres biens. La base principale du système adverse a été déjà rejetée par nous, quand nous avons cherché à établir que le partage entre vifs n'ouvrait pas par anticipation la succession de l'ascendant. Les motifs accessoires sur lesquels il se fonde ne nous paraissent pas non plus concluants. L'irrévocabilité du partage serait, dit-on, violée, si le rapport fictif des biens partagés devait avoir lieu. Mais on oublie que l'irrévocabilité de ces partages n'est pas d'une nature différente de celle des donations entre vifs. Or les donations entre vifs doivent être rapportées fictivement. Cela ne porte pas du tout atteinte à leur irrévocabilité. Le rapport fictif diffère profondément du rapport réel; c'est une simple opération mathématique qui se fait sur le papier. Ainsi les donations postérieures au partage ne pourront jamais être prises sur les biens partagés; mais seulement, pour déterminer dans quelle mesure elles devront être exécutées, on aura à tenir compte de ces biens. Quant à l'art. 922, il est vrai qu'il ne parle pas expressément de la réunion fictive des biens compris dans un partage d'ascendant entre vifs; mais ces biens sont en réalité des biens donnés. Du reste l'art. 1076, en renvoyant pour les partages entre vifs aux règles des donations, se réfère par cela même notamment à la disposition de l'art. 922 relative au rapport fictif des biens donnés.

Le système contraire aurait en outre un bien grave inconvénient; il empêcherait les ascendants de faire des partages; car il aurait pour conséquence d'amoindrir considérablement leur quotité disponible, puisque les biens partagés seraient soustraits à la masse sur laquelle elle doit être calculée.

La Cour de Cassation ayant rejeté le système qui attribue au partage d'ascendant entre vifs l'effet d'ouvrir par anticipation la succession de l'ascendant a abandonné sa jurisprudence primitive et s'est prononcée pour le rapport fictif des biens partagés. Req. rej. 13 février 1860. (Sirey 60-1-552). C'est à cette jurisprudence que se sont ralliées sinon toutes, du moins la plupart de nos cours d'appel. Bordeaux, 7 juillet 1863.

Il pourrait seulement résulter des termes de la libéralité postérieure au partage que l'ascendant a entendu que la réunion fictive des biens partagés n'eût pas lieu. C'est ce qu'on pourrait induire par exemple des termes d'une disposition par laquelle l'ascendant aurait légué une quote-part des biens qu'il laisserait dans sa succession. Il y a là une simple question d'interprétation.

72. Nous avons dit précédemment que, si entre les descendants le partage entre vifs produit à la mort de l'ascendant les effets du partage, ce n'est pas à dire pour cela que leur titre de donataires disparaisse complétement. C'est ainsi que nous avons admis qu'ils ne sont pas tenus de l'obligation du rapport. On peut aussi en conclure que les actions en nullité ou en révocation qui appartenaient à l'ascendant, en sa qualité de donateur contre un de ses descendants, passent aux autres descendants qui peuvent, en les exerçant, faire tomber le partage. Ainsi l'action en révocation pour cause d'ingratitude, qui appartenait à l'ascendant, est transmise aux copartagés de l'ingrat.

73. Entre les descendants et les tiers, le partage entre vifs conserve le caractère qu'il a pendant la vie de l'ascendant ; il est toujours considéré comme donation. De là découlent les conséquences suivantes :

a, Si les créanciers de l'ascendant demandent la séparation des patrimoines, ils ne peuvent pas exercer leur droit de préférence sur les biens compris dans le partage. Ces biens sont irrévocablement sortis du patrimoine de l'ascendant.

b. Si les descendants acceptent la succession de l'ascendant sous bénéfice d'inventaire, les biens composant leurs lots restent comme tous les autres biens qu'ils n'ont pas recueillis dans la succession, à l'abri des poursuites des créanciers du défunt.

c. Les legs faits par l'ascendant ne peuvent pas s'exécuter sur les biens partagés, même dans les limites de la quotité disponible. Le légataire a seulement le droit d'exiger qu'ils soient fictivement réunis aux biens de la succession (art. 922).

d. Les descendants continuent à prescrire, en vertu de leur juste titre *pro donato*, les biens partagés n'appartenant pas à l'ascendant, encore que le partage ordinaire ne soit pas considéré comme un juste titre.

74. Nous avons déjà vu que le partage entre-vifs ne prenait, à la mort de l'ascendant, le caractère de partage de succession entre les descendants qu'autant que, survivant à l'ascendant, ils acceptent sa succession et n'en sont pas exclus comme indignes. Il nous faut maintenant rechercher quels sont les effets soit du prédécès, soit de la renonciation, soit de l'indignité des descendants.

75. Lorsqu'un descendant prédécède sans postérité, le partage entre vifs n'a pu prendre à son égard le caractère de partage de succession. Le descendant prédécédé n'a jamais été qu'un simple donataire, et, comme tel, il transmet les biens que lui a attribués l'ascendant à ses

héritiers. Si ces biens existent encore en nature au moment de son décès, l'ascendant survivant peut, en vertu de son droit de retour successoral les reprendre dans sa succession de préférence à tous autres héritiers (art. 747).

76. Quand le descendant prédécédé laisse lui-même des descendants qui le représentent à la succession de l'ascendant, l'apportionnement fait au profit du représenté doit être considéré comme ayant été fait au profit du représentant, de même que les dons en avancement d'hoirie faits au représenté sont, au point de vue de l'obligation du rapport, traités comme s'ils avaient été faits au représentant (art. 848). Aussi les enfants du descendant prédécédé ne peuvent pas prétendre que le partage est nul parce qu'ils n'y ont pas été compris : ils y ont reçu un lot dans la personne de leur père qu'ils représentent.

77. Même dans le cas où le représentant a renoncé à la succession du représenté, il doit être considéré comme apportionné. C'est ainsi que le représentant est obligé au rapport des donations ordinaires en avancement d'hoirie à la succession du donateur, encore qu'il ait renoncé à la succession du donataire et, par suite, n'ait aucunement profité de la donation. Mais il résulte de là que le représentant du copartagé se trouve véritablement dépouillé, car le lot du représenté est passé à ses héritiers. Le représentant n'en a absolument rien recueilli et cependant il ne peut pas prétendre qu'il a été omis ; sa souche a été apportionnée.

77 *bis.* Le représentant étant considéré comme copartagé, tous les effets du partage se produisent à son égard

comme ils se seraient produits à l'égard du représenté, s'il était venu à la succession. Ainsi il a, et les autres copartagés ont contre lui les actions en nullité qui sont données contre le partage, il est tenu de l'obligation de garantie et les autres descendants en sont tenus envers lui.

Ces solutions vont d'elles-mêmes, lorsque le représentant a accepté la succession du représenté. Mais elles doivent être données même dans l'hypothèse où il y aurait renoncé. Ainsi, lorsque les héritiers du représenté sont évincés, ce ne sont pas eux qui ont l'action en garantie; car ils n'ont le lot du descendant prédécédé qu'en qualité de donataires. Cette action est donnée au représentant qui est considéré comme copartagé.

Tel est le résultat auquel conduisent les principes de la représentation. Mais on ne peut s'empêcher d'en remarquer la singularité. On accorde une action en garantie à une personne qui n'a subi aucune éviction; et ainsi le représentant se trouve avoir avantage à ce que les héritiers de celui qu'il représente soient évincés. S'il y a éviction, il obtient une valeur représentative de la valeur des biens évincés; s'il n'y a pas éviction, il n'a absolument rien, et cependant il ne peut pas prétendre qu'il a été omis dans le partage. Ainsi, en cas d'éviction, le représentant obtient une indemnité pour un dommage qu'il n'a pas souffert!

Cette singularité ne doit pas nous surprendre : elle peut se produire en matière de donations ordinaires en avancement d'hoirie. Supposons en effet qu'un individu *de cujus* ait fait à chacun de ses enfants donation d'un immeuble en avancement d'hoirie. Le rapport a lieu en moins prenant. Le représentant de l'un des donataires a renoncé à la succession du représenté. L'immeuble qui avait été donné au représenté est évincé entre les mains des héritiers de celui-ci. L'action en garantie est donnée, non pas aux héritiers du représenté, qui subissent l'éviction, mais au représentant.

78. Lorsque tous les copartagés survivants renoncent à la succession de l'ascendant, le partage entre vifs conserve exclusivement le caractère de donation; les descendants continuent à posséder leurs lots en qualité de donataires entre-vifs; ils peuvent les conserver jusqu'à concurrence de la quotité disponible de l'ascendant (art. 845). Ils n'ont donc pas droit à la garantie et n'en sont pas tenus; ils n'ont pas le privilége des copartageants; ils ne peuvent pas se plaindre d'avoir subi une lésion de plus du quart; les héritiers qui viennent à leur place à la succession de l'ascendant peuvent exercer contre eux l'action en réduction, si leur réserve n'est pas intacte.

Lorsqu'un ou plusieurs des descendants renoncent à la succession, le partage entre-vifs produit bien les effets du partage entre les descendants acceptants ; à l'égard des renonçants, il est considéré comme donation entre vifs ordinaire.

79. L'exclusion des descendants pour indignité produit exactement les mêmes effets que leur renonciation. Les indignes conservent exclusivement leur qualité de donataires. Par cela même qu'ils continuent à être donataires, ils sont soumis à la révocation pour cause d'ingratitude,

80. En nous attachant à l'idée que le partage entre

vifs constitue durant la vie de l'ascendant un ensemble de donations ordinaires ne produisant aucun des effets du partage, et qu'il ne prend le caractère de partage qu'à l'égard des copartagés qui viennent à sa succession, nous avons facilement déterminé les effets que cet acte produit à l'égard des renonçants, des indignes, des héritiers, des descendants prédécédés. La solution de cette question offre nécessairement plus de difficulté pour les auteurs qui voient dans le partage entre-vifs un partage de choses communes pendant la vie de l'ascendant ou qui prétendent qu'il engendre immédiatement les actions qui tendent à obtenir son exécution.

Les premiers doivent nécessairement admettre que les descendants, encore qu'ils ne recueillent pas la succession de l'ascendant, restent donataires copartagés et qu'en cette qualité, ils ont, tout comme pendant la vie de l'ascendant, les actions en garantie et en rescision pour cause de lésion. — Quant aux seconds, ils admettent que ces descendants n'ont sans doute pas les actions en nullité et en rescision données contre le partage, mais qu'ils conservent leur action en garantie, et leur privilége, — de même que les autres descendants conservent ces droits contre eux.

CHAPITRE IV.

DES DIFFÉRENTES ACTIONS EN NULLITÉ ET EN RÉDUCTION DONNÉES CONTRE LES PARTAGES D'ASCENDANTS TESTAMENTAIRES OU ENTRE VIFS.

81. Les partages d'ascendants sont, comme nous avons

eu souvent occasion de le remarquer, des actes d'une nature mixte : ils sont soumis à la fois à certaines règles des donations et des testaments, à des règles générales des partages ordinaires et à certains principes qui leur sont spéciaux. Il en résulte nécessairement que les actions qui sont données contre eux peuvent avoir leur cause dans l'inobservation soit des règles des donations et des testaments, soit de celles des partages ordinaires, soit enfin des règles qui leur sont particulières.

Pour étudier cette importante matière, nous parlerons successivement.

§ 1. — Des nullités des partages d'ascendants pour inobservation des règles des donations et des testaments.

§ 2. — Des nullités provenant de l'inobservation des règles générales des partages.

§ 3. — De l'action en réduction accordée par l'article 1079.

§ 4. — D'une disposition relative aux frais commune aux actions en rescision pour lésion et en réduction (art. 1080).

§ 5. — De la clause pénale appelée cause privative.

§ 1. — *Nullités des partages d'ascendants pour inobservation des règles des donations et des testaments.*

82. Un partage d'ascendant peut être vicié, soit parce qu'il n'a pas été fait dans les formes des donations et des testaments, soit parce qu'il a été fait par une personne incapable de donner entre vifs ou de tester, ou à des descendants incapables de recevoir à titre gratuit, soit enfin parce qu'il comprend des biens qui ne peuvent faire l'objet d'une donation ou d'une disposition testamentaire.

En ces différents cas, les actions en nullité sont régies par les mêmes règles que lorsqu'elles sont exercées contre une donation ou contre un testament ordinaire quant à leur durée, au point de départ de cette durée et quant aux personnes auxquelles elles appartiennent.

C'est ainsi que la Cour de Cassation a décidé que, lorsqu'un partage entre vifs fait par des père et mère comprend des immeubles dotaux inaliénables, la prescription de l'action en nullité court du jour de la dissolution du mariage et non du jour du décès de l'époux survivant, encore que les actions en nullité données à raison des vices du partage entre vifs pour violation des règles générales du partage ne doivent prendre naissance qu'à cette dernière époque (Arr. ch. civ. rej. 29 janvier 1866. — *Moniteur des Tribunaux*. — N° du 1er Avril 1866.)

83. Toutefois, en appliquant les causes de nullité des donations et des testaments aux partages d'ascendants, il ne faut pas oublier que le partage d'ascendant ne constitue pas un ensemble de libéralités distinctes et n'ayant entre elles aucun rapport, mais bien un ensemble de libéralités destinées à produire les effets du partage. Aussi il y a des cas où, d'après les principes généraux du droit sur les donations et les testaments, on devrait n'annuler le partage qu'en partie, et où on l'annulle en totalité, parce que la nullité partielle aurait pour effet de bouleverser son économie.

Ainsi, si un partage entre-vifs comprend des immeubles dotaux avec d'autres biens, il est nul quant aux immeubles dotaux. Sa nullité peut être invoquée relativement à ces biens par l'ascendant lui-même. Si cette nullité partielle bouleverse l'économie du partage, c'est-à-dire a pour effet de rompre les poportions entre les différents lots, les descendants peuvent le faire annuler complétement.

84. Une donation entre-vifs ordinaire ne peut comprendre que des biens présents. Lorsqu'elle comprend à la fois des biens présents et des biens à venir, elle est nulle ; mais cette nullité ne frappe pas la donation pour les biens présents (art. 943) (1). Le partage entre vifs ne peut non plus avoir pour objet que des biens présents (art. 1076, 2e al.). La sanction de la défense de comprendre dans ce partage des biens à venir est-elle la même que pour les donations entre vifs, ou faut-il admettre que lorsque le partage comprend à la fois des biens présents et à venir, il doit être déclaré nul même quant aux biens présents ?

Les auteurs décident généralement qu'en cas pareil le partage entre vifs est nul même pour les biens présents. Ils se fondent sur le second alinéa de l'art. 1076, qui défend expressément de comprendre des biens à venir dans les partages entre vifs. Cette disposition, dit-on, serait inutile, si elle n'était que la reproduction de l'art. 943. Car le premier alinéa de l'art. 1076 reproduit déjà impli-

(1) En ce point, le Code Napoléon se montre moins sévère que l'ordonnance de 1731. En effet, l'art. 15 (titre premier de cette ordonnance) prononçait la nullité, même pour les biens présents, de toute donation entre vifs comprenant à la fois des biens présents et à venir.

citement cet article, en renvoyant aux règles des donations entre vifs.

Cette opinion nous paraît trop absolue. Suivant les circonstances, le partage entre vifs est nul quant aux biens à venir seuls ou il l'est complètement. Si les lots des copartagés n'ont pas été composés dans les mêmes proportions de biens à venir et de biens présents, la nullité devra frapper le partage tout entier. L'ascendant a alors établi une certaine indivisibilité entre ses dispositions relatives aux biens présents et aux biens à venir. Car, d'après la manière dont il a opéré le partage, son économie se trouverait complètement détruite, s'il était déclaré nul seulement en ce qui concerne les biens à venir. Mais, au contraire, si les lots ont été composés dans les mêmes proportions de biens à venir et de biens présents, on peut déclarer valable le partage pour les biens présents. La nullité partielle du partage n'en bouleversera pas l'économie, les mêmes proportions subsisteront entre les différents lots (1).

Il est vrai qu'avec ce système l'art. 1076-2° était inutile. Mais n'arrive-t-il pas souvent au législateur d'indiquer une conséquence découlant naturellement d'un

(1) Au fond, cette doctrine n'est que l'application des principes généraux. Sans doute, en principe, la nullité de la donation qui comprend des biens présents et à venir n'a lieu que pour les biens présents; mais il cesse d'en être ainsi lorsque le donateur a voulu rendre indivisibles sa disposition relative aux biens présents et sa disposition relative aux biens à venir. La seule difficulté est de savoir quelle a été l'intention du donateur lorsqu'il n'a pas exprimé sa volonté. C'est cette question d'interprétation qui, dans les partages d'ascendants, nous paraît pouvoir être tranchée par la distinction que nous avons indiquée.

principe après l'avoir posé ? C'est ce qu'il a fait dans l'article 1076.

§ 2. — *Causes de nullité ou d'annulation des partages d'ascendants pour violation des règles générales du partage.*

85. Le partage d'ascendant peut être annulable comme les partages ordinaires pour vices du consentement (dol ou violence). Il n'y a sur ces causes de nullité rien de spécial à dire. Nous nous occuperons seulement des trois cas de nullité et de rescision dont il est question dans les art. 1078 et 1079 du Code civil : 1° De la nullité qui résulte de ce que le partage n'a pas été fait entre tous les descendants arrivant à la succession de l'ascendant; 2° de la rescision pour cause de lésion de plus du quart ; 3° de la rescision pour répartition inégale des meubles et des immeubles dans les différents lots.

Nous aurons à examiner successivement :

A. Dans quels cas les partages d'ascendants sont nuls ou annulables.

B: A partir de quel moment peuvent être exercées les actions en nullité.

C. Quelles règles régissent la ratification des partages d'ascendants et spécialement quel est le délai de la prescription de ces actions.

D. Quels sont les effets de la nullité et de l'annulation des partages d'ascendants.

a. Cas dans lesquels les partages d'ascendants sont nuls ou annulables.

86. L'ascendant doit comprendre dans son partage tous les descendants qui arrivent à sa succession, sous peine de nullité. C'est en effet un principe de droit commun que tout partage est nul si tous les ayants-droit n'y sont pas apportionnés. Cette cause de nullité des partages d'ascendants montre bien qu'ils ne sont pas considérés comme un ensemble de libéralités préciputaires ordinaires; car sans cela le descendant omis pourrait seulement réclamer sa réserve contre les copartagés.

87. Pour apprécier si un partage d'ascendant comprend tous les descendants, c'est au moment du décès de l'ascendant qu'on doit se placer. Car, pour qu'il soit nul pour omission d'un descendant, il faut que celui qui n'y a pas été compris survive à l'ascendant et vienne à sa succession (art. 1078). Ce n'est qu'à ces conditions qu'il a un droit héréditaire sur les biens de l'ascendant, droit qui serait méconnu par son omission.

Il résulte de là qu'un partage peut avoir été fait entre tous les descendants existants lors de sa confection et être cependant nul pour omission. C'est ce qui arrive en cas de survenance d'enfant. A l'inverse il peut se faire que le partage n'ait pas été fait entre tous les descendants existants au moment où il a eu lieu et que cependant il ne soit pas nul pour omission. C'est ce qui arrive quand les descendants non compris dans le partage prédécédent, renoncent à la succession ou en sont exclus comme indignes. Les renonçants et les indignes sont considérés comme n'ayant jamais été *héritiers*. Or, c'est seulement en qualité d'héritier qu'un descendant peut se plaindre de son omission.

Nous avons admis que les enfants naturels doivent être compris dans les partages d'ascendants; leur omission, comme celle des enfants légitimes, rend le partage nul.

Le partage serait nul dans le cas même où un légataire universel ou à titre universel de l'ascendant n'y aurait pas été compris. Il est vrai que l'art. 1078 ne vise pas cette hypothèse. Mais la nullité résulterait, en cas pareil, du principe général selon lequel tous les ayants droit à une quote-part de la succession doivent être apportionnés sous peine de nullité du partage.

L'omission des descendants du second degré ou d'un degré suivant, comme celle des descendants du premier, rend le partage nul, qu'ils viennent par représentation ou de leur chef. Seulement il faut observer que le lot attribué au représenté est considéré comme l'ayant été au représentant. A l'inverse, le partage est nul, encore que le représentant y ait été compris, si, en définitive, c'est le représenté qui arrive à la succession de l'ascendant.

88. L'omission d'un descendant rend le partage nul, c'est-à-dire que le partage est réputé non avenu; c'est ce qui résulte du texte de l'art. 1078, qui permet au descendant omis de provoquer un nouveau partage. Il va de soi, d'ailleurs, qu'il en soit ainsi à son égard, car il n'a pas été partie à ce partage (art. 1165). Mais la nullité du partage peut aussi être invoquée par les descendants copartagés. Quant à ceux-ci, on a prétendu qu'ils devaient, avant de provoquer un nouveau partage, faire prononcer la nullité du partage d'ascendant. Cette doc-

trine est en contradiction avec le texte de l'art. 1078, qui met exactement sur la même ligne les descendants compris dans le partage et les descendants omis.

Il faut donner les différentes décisions que nous venons d'indiquer dans le cas où tous les descendants ont bien été compris dans le partage, mais où ils ne l'ont pas été pour leurs parts héréditaires.

C'est ce qui aurait lieu, par exemple, si l'ascendant avait fait un partage par têtes entre des descendants qui arrivent à sa succession par représentation.

89. L'art. 1079 déclare le partage d'ascendant rescindable dans le cas où l'un des descendants a été lésé de plus du quart.

Le législateur, en conférant aux ascendants le pouvoir de faire le partage de leurs biens, n'a pu exiger, à peine de nullité, que les lots des descendants fussent d'une valeur mathématiquement égale; une telle exigence eût rendu tout partage d'ascendant impossible; car il ne se peut guère que l'ascendant ne commette pas quelque erreur sur la valeur de ses biens. Tout ce que le législateur a pu et dû vouloir, c'est qu'il ne résultât pas du partage d'ascendant entre les descendants une inégalité plus grande que celle que la loi tolère dans les partages ordinaires. Or toute inégalité n'entraîne pas la rescision du partage. Les partages faits entre cohéritiers ne peuvent être rescindés qu'autant que les inégalités ont pour résultat de causer à un copartageant une lésion de plus d'un quart. (Art. 887).

90. Par suite, dans les partages d'ascendants, la loi fait complète abstraction des inégalités qui n'entraînent pas pour un descendant une lésion de plus du quart.

Mais, si le lot d'un descendant est inférieur de plus des trois quarts à sa part héréditaire, elle voit dans une inégalité aussi considérable le résultat ou de l'injustice de l'ascendant ou d'une erreur tellement grande sur la valeur de ses biens qu'elle permet au descendant lésé de faire prononcer la rescision du partage.

Cette cause de rescision du partage d'ascendant n'est qu'une application des principes généraux du partage (art. 887). Il faut en conclure que, lorsqu'il s'agit de la rescision du partage d'ascendant pour lésion, on doit se référer aux règles qui sont appliquées à la rescision pour lésion des partages ordinaires.

91. Ainsi, pour déterminer si un ascendant a été lésé de plus du quart, il faut comparer son lot à ce qu'il aurait dû recevoir si le partage avait été également fait, non pas dans la masse des biens composant le patrimoine de l'ascendant, mais dans les biens partagés, à l'exclusion des biens dont l'ascendant a disposé.

Il résulte de ce principe qu'un descendant peut ne pas avoir sa réserve et n'avoir pourtant pas le droit d'attaquer le partage pour cause de lésion. Supposons en effet qu'un père ayant une fortune de 60,000 francs laisse deux enfants. Après avoir fait une donation de sa quotité disponible (20,000 francs) à un étranger, il a partagé ses biens entre ses enfants; à l'un il a attribué un lot d'une valeur de 21,000 francs, à l'autre un lot d'une valeur de 19,000 francs; ce dernier n'a pas sa réserve, qui est de 20,000 francs; pourtant il ne peut pas attaquer le partage; car, sur la masse des biens partagés, il n'éprouve qu'une lésion d'un vingtième.

A l'inverse, un descendant copartagé peut obtenir sa

réserve intacte, et avoir cependant le droit d'attaquer le partage pour cause de lésion de plus du quart. Ainsi, si un père ayant une fortune de 60,000 francs et deux enfants, attribue à l'un un lot de 38,000 francs et à l'autre un lot de 22,000 francs, ce dernier a deux mille francs de plus que sa réserve, mais il n'a pas les 3/4 de sa part calculée sur les biens partagés; aussi il peut obtenir la rescision.

92. De même que, pour savoir si un descendant a été lésé de plus du quart, on ne tient compte que des biens partagés, de même on n'impute sur sa part que ce qui lui a été attribué par le partage et on fait complète abstraction des donations préciputaires qu'il a pu recevoir de l'ascendant. C'est en effet comme copartagés que les descendants peuvent demander la rescision pour cause de lésion. Il est par suite naturel que pour apprécier s'ils ont été lésés et quelle est l'étendue de leur lésion, on ne tienne compte que des biens qu'ils ont reçus en cette qualité. D'ailleurs dans un partage ordinaire, jamais, pour savoir si les copartageants ont été lésés de plus du quart, on ne prend en considération la valeur des dons par préciput qu'ils ont reçus.—Nîmes, 8 novembre 1864 (Sir. 65, 2, page 74.)

Cette doctrine ne peut pas faire de doute, lorsque la donation préciputaire faite à un descendant est antérieure au partage. Car si l'imputation des biens donnés devait avoir lieu sur la part héréditaire du donataire, le partage aurait révoqué en partie cette donation.

Mais lorsque l'ascendant a déclaré expressément dans le partage qu'il attribue à l'un de ses enfants un lot moins fort qu'aux autres à raison de la donation préciputaire qu'il lui a faite, ne faudra-t-il pas décider que le descendant donataire ne pourra attaquer le partage pour cause de lésion qu'autant que la valeur des biens compris dans cette donation réunie à celle de son lot n'est pas égale aux 3/4 de sa part héréditaire?

Si la donation par préciput est contenue dans le même acte que le partage, rien ne s'oppose à ce que, pour se conformer aux volontés de l'ascendant, on impute même cette donation sur la part du descendant; mais si elle est antérieure au partage et que le partage soit testamentaire, cette imputation ne saurait avoir lieu. Sans cela l'ascendant aurait par sa seule volonté révoqué en partie sa donation. Si au contraire cette clause se trouvait dans un partage d'ascendant entre vifs, l'imputation devrait avoir lieu, car elle forme une des conditions du partage à laquelle le descendant donataire s'est soumis en l'acceptant.

93. Lorsqu'un enfant naturel a été compris dans un partage d'ascendant, ses copartagés ne peuvent-ils également agir contre lui qu'autant qu'ils ont éprouvé une lésion de plus du quart? Non, a-t-on dit: en assimilant en ce point l'enfant naturel à l'enfant légitime, on donnerait aux père et mère naturels le moyen de violer avec la plus grande facilité l'art. 908, qui leur défend de faire à leurs enfants des libéralités excédant les droits héréditaires de ceux-ci. Il faut à l'égard des enfants naturels considérer le partage d'ascendant comme un ensemble de libéralités préciputaires ordinaires, et en conséquence permettre aux copartagés de demander contre eux la réduction du moment où la valeur de leurs lots est su-

périeure à leurs droits dans la succession de leurs parents.

Cette opinion n'est pas admissible. Si les enfants naturels peuvent et doivent être compris dans le partage fait par leurs père et mère, c'est en vertu des art. 1075 et suiv. Or, d'après les dispositions de ces articles, toute inégalité qui n'a pas pour effet de léser un descendant de plus du quart n'est pas prise en considération. Ce dont la loi déclare l'enfant naturel incapable, c'est seulement de recevoir une libéralité qui excède ses droits dans la succession *al intestat* de ses père et mère, et les inégalités qui résultent du partage ne sont pas considérées comme des libéralités pour les descendants qui en profitent.

En traitant le partage comme une libéralité ordinaire à l'égard de l'enfant naturel, on est amené à décider que cet enfant ne peut pas, s'il a sa réserve intacte, se plaindre, encore qu'il soit lésé de plus du quart par le partage. Ce résultat n'est-il pas déplorable ? La loi doit protéger les droits héréditaires de l'enfant naturel à l'égal de ceux de l'enfant légitime ; elle doit même d'autant moins souffrir qu'ils soient méconnus par les père et mère ; que dans un intérêt d'ordre public, elle a été dans la nécessité de les restreindre.

93 *bis*. Mais au contraire, lorsque le partage d'ascendant comprend des légataires universels ou à titre universel, il ne peut être considéré que comme une disposition testamentaire ordinaire dans les rapports entre les légataires et les descendants copartagés. Ainsi les légataires ne peuvent demander la rescision du partage pour lésion, car ils n'ont aucun droit à l'égalité ; et contre eux les

descendants ont l'action en réduction, si leur réserve est entamée par les legs, mais non pas l'action en rescision pour lésion, puisque l'ascendant a été libre de faire des legs dans les limites de sa quotité disponible.

94. Les règles que nous venons d'établir s'appliquent sans difficulté, lorsque l'ascendant a fait le partage de ses biens par un seul acte. Mais une question spéciale se présente quand un ascendant a fait plusieurs partages partiels successifs. Chaque partage est-il séparément rescindable pour lésion de plus du quart ou n'y a-t-il lieu à rescision qu'autant que l'un des copartagés a été lésé de plus du quart sur la masse totale des biens compris dans les différents partages? Cette difficulté n'est pas spéciale au partage d'ascendant ; elle se présente aussi lorsque des héritiers sortent d'indivision par plusieurs partages partiels.

Les descendants ne doivent avoir l'action en rescision qu'autant qu'ils ont éprouvé une lésion de plus du quart sur l'ensemble des biens partagés. Si la lésion s'appréciait séparément sur les biens compris dans chaque partage, on arriverait en certains cas à prononcer des rescisions de partages pour des lésions qui n'auraient absolument rien de réel. Car le descendant lésé dans un premier partage peut voir sa lésion disparaître par suite de la valeur du lot qui lui est attribué dans un partage subséquent ou même se trouver placé dans une situation meilleure que celle de ses copartagés. — Cass. ch. civ., 18 décembre 1854 (Sir., 54-1-572).

Cette solution qui va d'elle-même lorsqu'il s'agit de partages d'ascendants testamentaires, parce qu'ils ne produisent tous d'effets qu'à la mort de l'ascendant, est aussi commandée par le système que nous avons admis sur le partage entre vifs. Cet acte ne valant comme partage de succession qu'à la mort de l'ascendant, c'est à ce moment seulement, comme nous le dirons plus loin, que peut être appréciée la lésion.

95. C'est aussi en vertu de la même théorie que nous admettrons que si l'ascendant a laissé des biens indivis, les descendants ne pourront attaquer le partage qu'autant qu'ils éprouveront une lésion de plus du quart sur la masse des biens indivis réunie à celle des biens partagés.

96. Lart. 1079 permet au descendant lésé de plus du quart d'attaquer le partage; mais il n'indique point expressément quelle est la nature de l'action qui lui appartient. Son silence même sur ce point indique que c'est une action en rescision, c'est-à-dire que le descendant lésé n'obtient pas seulement par elle le complément de son lot insuffisant, mais arrive à faire tomber complétement le partage, car la lésion donne lieu en général à l'action en rescision.

97. Le partage lésif étant entaché d'une nullité purement relative, l'action en rescision n'est donnée qu'au descendant lésé de plus du quart. Seulement, dans le cas où ce descendant obtient gain de cause, la rescision profite aux descendants qui ont éprouvé des lésions inférieures.

98. A quel moment doit exister la lésion de plus du quart pour que le partage soit rescindable? ou, en d'autres termes, à quelle époque faut-il se placer pour estimer les biens partagés, afin de déterminer si un descendant a été lésé?

Cette question ne peut faire de difficulté, lorsque le partage a été fait par testament. Car alors il ne produit d'effets qu'à la mort de l'ascendant. C'est évidemment à ce moment seul que doit être faite l'estimation des biens partagés.

99. Mais, au contraire, on discute très-vivement la question de savoir si c'est aussi au décès de l'ascendant que doivent être estimés les biens partagés entre-vifs, ou si c'est au moment même du partage. Nous examinerons cette question, lorsque nous aurons fixé à quelle époque prend naissance l'action en rescision pour lésion contre les partages d'ascendants entre-vifs. (Voir ci-dessous nº 104.)

100. Nous avons admis que l'ascendant doit, dans son partage testamentaire, placer autant que possible la même quantité de biens de même nature dans chaque lot et qu'il ne peut pas attribuer à un copartagé un immeuble impartageable moyennant un prix qu'il lui impose de payer aux autres copartagés. Lorsque l'ascendant n'a pas observé cette règle d'égalité ou a contrevenu à la défense d'attribuer un immeuble impartageable à un descendant, le partage est annulable.

Les juges doivent annuler le partage par cela seul qu'il contient une inégale répartition des biens de même nature, si leur indivisibilité ne mettait pas obstacle à ce qu'ils fussent également répartis. Il n'est pas nécessaire qu'un descendant se trouve éprouver une lésion par suite de cette distribution inégale.

b. A partir de quel moment peuvent être exercées les actions en nullité.

101. L'action accordée, en cas d'omission d'un des-

cendant, soit au descendant omis, soit aux descendants compris dans le partage d'ascendant, étant une véritable action en partage de succession, ne peut évidemment prendre naissance et être exercée qu'à la mort de l'ascendant, sans distinction entre le cas où il s'agit d'un partage testamentaire et celui où il s'agit d'un partage entre vifs. Ce n'est d'ailleurs qu'à cette époque qu'on peut savoir si la condition d'exercice de cette action, l'omission d'un descendant, existe. Aussi est-on d'accord sur ce point dans tous les systèmes.

102. Mais des difficultés graves s'élèvent sur le moment à partir duquel peut être exercée l'action en rescision pour cause de lésion. Le doute ne peut pas exister pour le partage testamentaire : l'action en rescision pour lésion ne peut être exercée contre ce partage qu'à la mort de l'ascendant : ce n'est qu'à cette époque qu'il produit ses effets. A partir de quelle époque peut-elle être exercée contre un partage entre vifs ?

Les auteurs qui voient dans le partage entre vifs un acte produisant immédiatement les effets d'un partage soit de succession, soit de choses communes, admettent que l'action en rescision prend naissance au moment même du partage, et que par cela même son exercice pendant la vie de l'ascendant est possible. Ils reconnaissent que le droit à l'égalité des descendants a été violé dès ce moment. Les uns prétendent, en effet, qu'ils sont héritiers par anticipation ; les autres, que l'ascendant en faisant l'abandon par indivis des biens que comprend son partage, a conféré à ses descendants un droit de copropriété, et partant le droit à l'égalité, qui en est l'accessoire.

Nous avons prouvé que ces systèmes ne doivent pas être admis, en rejetant le fondement sur lequel ils reposent. Le partage entre vifs n'est, pendant la vie de l'ascendant, qu'un ensemble de donations ordinaires; les descendants ne sont ni des héritiers copartagés par anticipation, ni des donataires copartagés; ce sont de simples donataires, qui ne peuvent devenir copartagés qu'autant qu'ils sont héritiers. L'action en rescision, pour cause de lésion du partage entre vifs comme du partage testamentaire, ne prend donc naissance et ne peut être par suite exercée qu'après la mort de l'ascendant. Cela nous semble particulièrement résulter de la nature même de la lésion. Elle suppose une perte. Or, pendant la vie de l'ascendant, la distribution de ses biens n'en peut faire éprouver aucune à ses descendants. Ils n'ont, durant sa vie, aucun droit sur ses biens. Tout ce qui peut arriver par suite de l'inégalité des lots, c'est que certains descendants reçoivent une libéralité moins grande que les autres.

A quel résultat, d'ailleurs, pourrait en tous les cas conduire la rescision du partage prononcée pendant la vie de l'ascendant? Elle ne ferait pas obtenir une réparation de sa prétendue lésion au descendant qui a reçu un lot inférieur à ceux des autres. Elle aurait pour effet de faire rentrer les biens partagés dans le patrimoine de l'ascendant, et, comme on ne pourrait exiger de lui un nouveau partage, le descendant qui aurait obtenu la rescision, au lieu d'obtenir un lot plus fort, perdrait complétement le lot qu'il avait reçu!

Ajoutons que la conséquence à laquelle arrivent les deux systèmes contraires, est par sa singularité une preuve évidente de leur peu de fondement. Un descendant a-t-il été omis dans un partage entre-vifs? Il n'a pas le droit de réclamer pendant la vie de l'ascendant. Y a-t-il été compris, mais est-il lésé de plus du quart? Il a immédiatement l'action en rescision. Ainsi le descendant qui n'a absolument rien reçu ne pourrait pas se plaindre immédiatement, tandis qu'au contraire celui qui a été apportionné, mais dont le lot ne correspond pas à sa part héréditaire, pourrait attaquer le partage sans attendre la mort de l'ascendant.

Ce n'est pas seulement au point de vue purement juridique que doivent succomber les deux systèmes contraires, c'est encore au point de vue moral. Il serait, en effet, scandaleux de voir des descendants, dans l'intérêt desquels l'ascendant s'est dépouillé de ses biens, attaquer pendant sa vie même le partage qu'ils prétendraient vicié par suite de son injustice.

Aussi la Cour de Cassation, après avoir, jusqu'en 1847, consacré la doctrine contraire, a-t-elle depuis invariablement décidé que l'action en rescision pour lésion des partages entre-vifs comme des partages testamentaires, ne naît et ne peut être exercée qu'à la mort de l'ascendant. C'est aussi en ce sens que se prononcent aujourd'hui les cours impériales. (Cassation, 2 août 1848; — Cassation, 29 août 1864 (Sirey, 64, 1-435); — Orléans, 17 janvier 1851; — Bordeaux, 3 mai 1865.

Cette jurisprudence s'appuie principalement sur un argument que nous n'avons pas donné, mais qui nous semble particulièrement décisif. L'ascendant qui a fait un partage entre-vifs peut, entre le jour de son partage et sa mort, avoir acquis de nouveaux biens qu'il a laissés indivis. En pareil cas, il y a lieu de faire, après la mort de l'ascendant, un partage supplémentaire de ces biens non partagés par lui ; et un descendant ne pourra se dire lésé qu'autant qu'il aura éprouvé une lésion de plus du quart en réunissant la part qu'il a reçue dans le partage entre vifs à la part qu'il a prise dans le partage supplémentaire. Or, on ne peut connaître cette dernière part qu'au décès de l'ascendant. Cette réunion de la part reçue dans le partage supplémentaire à la part reçue dans le partage entre vifs est en conformité parfaite avec le but dans lequel a été admise la rescision pour lésion et avec la disposition de l'art. 1077. Le législateur a admis la rescision parce qu'il a voulu que chaque descendant reçût un lot correspondant aux trois quarts au moins de ses droits héréditaires. Or, les droits héréditaires de chaque descendant ont pour objet les biens restés indivis comme les biens partagés. La rescision pour lésion ne doit pas être admise, lorsque le descendant lésé de plus du quart dans les biens partagés par l'ascendant reçoit dans le partage supplémentaire un lot qui rend sa lésion inférieure au quart dans la masse des biens de l'ascendant; alors on ne peut plus dire que le descendant a reçu une part inférieure de plus des trois quarts à ses droits héréditaires.

L'art. 1077 nous semble bien favorable à cette doctrine. Cet article ne fait qu'appliquer aux partages d'ascendants l'art. 887, qui prescrit de faire un partage supplémentaire des biens qui n'auraient pas été compris dans un premier partage de succession. Or, il est constant que, dans le cas de l'art. 887, un héritier ne peut se plaindre d'être lésé de plus du quart qu'autant que les lots qu'il a obtenus et dans le premier partage et dans le partage supplémentaire ne sont pas égaux aux trois quarts au moins de la part à laquelle il a droit dans la succession.

103. — Il arrive fréquemment que deux ascendants, surtout un père et une mère, font par un seul et même acte le partage entre vifs de leurs biens. Si les biens partagés par chacun d'eux sont distingués en deux masses, il y a en réalité deux partages contenus dans un même acte, qui n'ont entre eux aucun lien. Aussi le descendant lésé de plus du quart dans le partage de l'ascendant prédécédé peut, avant la mort de l'ascendant survivant, attaquer le partage du premier. Par la rescision de ce partage, aucune atteinte n'est portée au partage de l'ascendant survivant.

Au contraire, il peut se faire que les deux ascendants aient mêlé et confondu leurs deux masses de biens avant de les partager. En ce cas l'action en rescision pour lésion ne naît et ne peut être exercée qu'au décès du dernier mourant. Par le mélange de leurs biens, les ascendants ont imprimé à leur partage un caractère d'indivisibilite tel, qu'il ne pourrait être rescindé par rapport à l'ascendant prédécédé, sans l'être également à l'égard de l'autre. Ainsi, par cela seul qu'un descendant demanderait la rescision du partage de l'ascendant prédécédé, il se trouverait attaquer celui du survivant, et il exercerait l'action en rescision pour lésion d'un partage entre vifs avant la mort de l'ascendant. — Cass., ch. civ., 19 décembre 1859 (60-1-423).

104. — Nous devons maintenant examiner une question à laquelle nous avons fait précédemment allusion :

pour rechercher si un descendant a été lésé de plus du quart dans un partage entre-vifs, faut-il estimer les biens d'après leur valeur au moment du partage ou d'après leur valeur au moment de la mort de l'ascendant, tout comme s'il s'agissait d'un partage testamentaire.

Cette question offre une importance très-grande. Il peut arriver souvent, en effet, que des biens compris dans un partage entre vifs changent de valeur entre le jour du partage et celui du décès de l'ascendant, de telle sorte qu'un descendant dont le lot était d'une valeur inférieure aux trois quarts de ses droits dans les biens partagés, se trouve n'éprouver aucune lésion à la mort de l'ascendant; ou, à l'inverse, qu'un descendant qui avait originairement un lot parfaitement égal à celui des autres descendants, se trouve, à la mort de l'ascendant, éprouver une lésion de plus du quart.

La solution de cette question découle de celle que nous avons admise sur le moment de la naissance de l'action en rescision pour cause de lésion. En règle générale, c'est au moment où une action prend naissance qu'il faut examiner si les conditions requises pour qu'elle existe sont réunies. Nous admettons donc que c'est au moment du décès que doivent être estimés les biens partagés entre-vifs.

Cette doctrine est d'ailleurs conforme à l'art. 890 du Code, qu'on doit appliquer en l'absence de disposition spéciale aux partages d'ascendants. Cet article décide que pour juger s'il y a lésion, on estime les biens partagés d'après leur valeur à l'époque du partage. Or le partage d'ascendant entre-vifs ne prend le caractère de partage qu'au décès de l'ascendant. C'est encore à l'aide de cette idée si féconde que nous pouvons réfuter un argument très-spécieux qui a été présenté contre cette doctrine. Pour déterminer s'il y a lésion, a-t-on dit, on ne doit pas tenir compte des événements casuels et imprévus. (Art. 1306.) Or, en estimant les biens partagés d'après leur valeur lors du décès de l'ascendant, on tient compte de ces événements, qui ont pu augmenter et diminuer leur valeur.

Le principe qu'on invoque est parfaitement juste; mais il ne faut pas le détourner de son sens. Il signifie qu'une partie qui n'est pas lésée par un acte au moment de sa confection, ne peut pas acquérir le droit d'en demander la rescision par suite de la lésion que lui font éprouver des événements casuels postérieurs à cet acte. Or en matière de partages d'ascendants entre-vifs, on ne peut pas dire que les événements accomplis entre le jour du partage et le décès de l'ascendant sont des événements postérieurs à un acte susceptible d'être rescindé pour lésion, car le partage entre-vifs ne constituant un partage qu'au décès de l'ascendant, ce n'est qu'à ce moment qu'il existe comme acte rescindable pour cette cause. C'est donc d'après la valeur des biens au moment du décès de l'ascendant que l'estimation doit s'en faire.

Il ne faut pas méconnaître que cette doctrine offre de très-graves inconvénients. Avec elle l'ascendant est placé dans l'impossibilité de faire avec certitude un partage entre-vifs échappant à la rescision pour cause de lésion ; car un partage parfaitement égal à l'origine peut devenir lésif par suite de changements dans la valeur des biens partagés que n'a pas pu prévoir l'ascendant. Pour faire un partage stable, il ne suffirait pas que l'ascendant fut juste et connut exactement la valeur de ses biens ; il faudrait en outre qu'il fût un véritable devin.

Toutefois en pratique ces inconvénients se trouvent beaucoup diminués, Les ascendants ne se dépouillent en général de leurs biens pour les partager entre-vifs qu'à un âge très-avancé. Par suite un délai assez bref s'écoule entre le jour où est fait le partage et le décès de l'ascendant pour qu'il puisse prévoir les changements de valeur qui seraient assez considérables pour rendre lésif pour un descendant un partage qu'il aurait fait équitablement.

Nous admettons que l'estimation des biens partagés entre-vifs doit avoir lieu d'après leur valeur au moment du partage, sans distinguer entre les meubles et les immeubles. M. Genty a cependant proposé de faire en matière de partage entre-vifs la même distinction qu'en cas de rapport; selon lui, les immeubles seuls doivent être estimés d'après leur valeur lors du décès de l'ascendant, l'estimation des meubles se fait d'après leur valeur lors du partage.

Cette distinction ne saurait être admise. Le partage entre-vifs a pour effet de dispenser du rapport les copartagés. Il serait bien singulier d'appliquer les règles du rapport à un cas où le rapport n'a précisément pas lieu.

Mais on ne peut pas nier que cette doctrine présente des avantages pratiques très-réels. Ce sont en effet surtout les rapides changements de valeur des meubles que ne peut pas prévoir l'ascendant.

105. L'action en nulllité pour composition vicieuse des lots ne peut évidemment être exercée contre un partage testamentaire qu'après le décès de l'ascendant, Nous

avons décidé que cette cause de nullité ne peut pas exister dans les partages entre-vifs.

c. Fins de non-recevoir contre les actions en nullité et en rescision. Ratification.

106. Le partage d'ascendant dans lequel a été omis un descendant étant réputé non avenu n'est pas susceptible de ratification ; mais il peut se faire que l'action en partage donnée au descendant omis soit prescrite par suite de la prescription acquisitive accomplie au profit des autres descendants sous les conditions déterminées par l'art. 816 ; cette prescription ne peut commencer à courir contre lui qu'après la mort de l'ascendant ; car, comme nous l'avons dit plus haut, c'est seulement à cette époque que l'action en partage prend naissance.

L'action des descendants compris dans le partage a exactement la même durée que celle du descendant omis ; ils doivent pouvoir agir pendant tout le temps où ils sont exposés à l'action de ce dernier, et seulement pendant ce délai. Ainsi lorsque le descendant omis a perdu son action en partage par l'effet de la prescription de trente ans, les copartagés ne peuvent pas agir, encore qu'ils soient parmi les personnes au profit desquelles la prescription est suspendue. Car la cause de la nullité du partage a disparu par suite de la perte du droit à l'hérédité du descendant omis.

107. Le partage d'ascendant rescindable pour cause de lésion ou de composition vicieuse des lots est au contraire susceptible d'être ratifié.

La ratification ne peut se produire, conformément aux

principes généraux, qu'à une époque où l'action en nullité du partage a pris naissance. Elle n'est donc possible, d'après notre théorie, même pour les partages entre-vifs, qu'après la mort de l'ascendant. S'il s'agit d'un partage comprenant les biens de deux ascendants mêlés et confondus, elle ne l'est même qu'après le décès des deux ascendants. (Agen, 1er juin 1864, 64-2-130).

La ratification peut être expresse ou tacite. — La ratification expresse, quand elle est faite par écrit, est soumise aux règles générales posées par l'art. 1338 pour la preuve de cette espèce de ratification.

Pour la détermination des actes qui entraînent ratification des partages d'ascendants, il faut se référer aux principes admis en matière de ratification tacite des partages ordinaires. Ainsi la ratification d'un partage d'ascendant rescindable pour cause de lésion ne peut résulter de l'aliénation d'un bien partagé faite par le copartagé lésé après la mort de l'ascendant, qu'autant qu'on admet que cet acte entraîne la ratification des partages ordinaires rescindables pour lésion (art. 892).

108. — Le cas de ratification tacite le plus important est celui où le partage se trouve ratifié par l'expiration du délai accordé par la loi pour attaquer le partage.

Ce délai est certainement de dix ans pour l'action en rescision donnée contre les partages d'ascendants entre vifs.

Mais cette action a-t-elle aussi la même durée lorsqu'il s'agit d'un partage testamentaire? Ne dure-t-elle pas trente ans contre ce partage?

Des auteurs ont soutenu qu'en ce cas l'action en nullité dure encore dix ans. Le partage d'ascendant testamentaire, disent-ils, doit produire entre les descendants les mêmes effets que le partage qu'ils auraient opéré entre eux. Or, si ce partage avait été rescindable, l'action en nullité n'aurait duré que dix ans (Genty, p. 329). Cette opinion ne peut guère être admise. L'action en nullité donnée contre un partage testamentaire doit durer trente ans. La prescription de dix ans établie par l'art. 1304 ne s'applique pas, suivant l'opinion unanime des auteurs, aux actions en nullité intentées par des personnes qui n'ont pas été parties à l'acte dont elles demandent l'annulation. Or, les copartagés compris dans un partage testamentaire n'ont pas participé à cet acte.

109. — Quel est le point de départ du délai de dix ans ou de trente ans après lequel est éteinte l'action en rescision pour lésion ou pour composition vicieuse des lots?

Nous avons décidé que l'action en nullité donnée contre un partage entre vifs ne prend naissance qu'au décès de l'ascendant. C'est à compter de ce moment qu'elle commencera à se prescrire. — Les auteurs qui, au contraire, admettent que l'action en nullité prend naissance dès le jour de la confection du partage, font en général partir de ce moment le délai de la prescription. Toutefois il en est quelques-uns parmi eux qui soutiennent que la prescription est suspendue jusqu'au décès de l'ascendant. On ne peut pas, prétendent-ils, déclarer déchus de leur action les descendants qui n'ont pas agi pendant la vie de l'ascendant. Car la crainte qu'ils ont pu avoir queleur ascendant, irrité contre eux, s'ils cherchaient à détruire son œuvre, ne dispose de sa quotité disponible, peut les faire rester dans l'inaction.

Ces auteurs méconnaissent la règle de l'art. 2251, qui décide que les seules causes de suspension des prescriptions sont celles que consacre la loi. Or, nulle part il n'est dit qu'une cause de suspension existe à l'égard des actions en nullité données contre les partages d'ascendants entre vifs : si ces actions naissaient lors de la confection du partage, elles se prescriraient à partir le ce moment.

En cas de partage cumulatif fait par les père et mère, l'action en nullité ne se prescrit qu'à partir de la mort du survivant.

110. La prescription des actions en nullité contre le partage testamentaire commence à courir du jour de la mort de l'ascendant. Il en devrait être ainsi, alors même que la découverte du testament contenant le partage ne serait faite que postérieurement. Aucun texte n'autorise à admettre une suspension de la prescription dans le cas de découverte tardive du testament. Cependant la doctrine contraire est en général adoptée.

111. Lors même que toutes les conditions requises pour que le partage soit nul pour omission d'un descendant, ou annulable pour lésion ou composition vicieuse des lots, sont réunies, le défendeur, soit à l'action en partage, soit à l'action en nullité, n'a-t-il pas un moyen d'en arrêter le cours, que lui fournit l'art. 891? — Cet article dispose que le défendeur à une action en rescision, pour cause de lésion, peut en arrêter le cours et empêcher un nouveau partage, en fournissant un supplément en nature ou en argent au demandeur.

Cette disposition s'applique sans difficulté au cas où un partage d'ascendant est attaqué pour cause de lésion.

Nous avons, en effet, dit qu'il fallait appliquer les règles générales du partage en matière de rescision pour lésion. Le motif de l'art. 891 se rencontre encore plus d'ailleurs dans les partages d'ascendants que dans les partages ordinaires. L'art. 891 a été édicté pour éviter autant que possible aux copartageants la nécessité de faire un nouveau partage par suite de la rescision du précédent. Le législateur, par respect pour la volonté de l'ascendant, doit tenir encore plus au maintien des partages d'ascendants qu'à celui des partages faits entre cohéritiers. (Cass. 17 août 1863, 63-1-529.)

112. L'action en rescision fondée sur la composition vicieuse des lots ne peut être arrêtée par l'offre d'un supplément faite par le défendeur au demandeur, qui se plaint d'avoir éprouvé un préjudice, par suite de l'inégale répartition des biens. Car c'est l'inégalité en nature seule, indépendamment de toute lésion, qui entraîne la nullité du partage; et le supplément fourni par un copartagé ne ferait pas disparaître ce vice.

113. Les descendants compris dans le partage ne pourraient pas non plus écarter l'action en partage d'un descendant omis, en lui fournissant sa part en argent ou en nature. Car il a le droit de réclamer un nouveau partage, c'est-à-dire de se faire attribuer une part dans les biens héréditaires de l'ascendant restés indivis par suite de la nullité du partage.

d. **Effets de la nullité ou de l'annulation des partages d'ascendants.**

114. Nous devons maintenant rechercher quels sont

les effets de la nullité ou de l'annulation des partages d'ascendants.

La nullité ou l'annulation n'atteint que le partage lui-même. Si l'acte qui contient le partage renferme en outre des libéralités par préciput, celles-ci subsistent nonobstant la nullité du partage. Car elles ont une existence complétement indépendante de lui. Il importe donc au plus haut point, surtout dans le cas de nullité ou d'annulation du partage d'ascendant de bien distinguer les avantages résultant des inégalités du partage des donations préciputaires faites dans le même acte que le partage, mais qui en sont distinctes et séparées. Car, comme ces inégalités dépendent du partage, elles doivent tomber avec lui, alors même que l'ascendant a déclaré donner à ses descendants la différence de valeur qui peut se trouver entre leurs lots. Caen, 17 décembre 1858.

115. Le partage nul ou annulé est considéré comme non avenu. En conséquence s'il n'a pas encore reçu d'exécution au moment où sa nullité ou son annulation est prononcée, il ne devra pas être exécuté.

Si au contraire son exécution a déjà eu lieu, les copartagés doivent restituer les biens qu'ils ont reçus dans leurs lots, et les remettre dans la succession de l'ascendant.

116. Pour déterminer les règles qui régissent les restitutions à faire par les copartagés, il faut distinguer entre le cas où il s'agit d'un partage entre-vifs et celui où il s'agit d'un partage testamentaire,

Le partage nul ou annulé est-il un partage entre-vifs? La nullité ne frappe que l'acte considéré comme acte de répartition, mais non l'acte considéré comme donation entre vifs. Les descendants restent donataires; mais ils sont tenus du rapport; car le partage ne renfermait à leur profit une dispense de rapport que pour le cas où il vaudrait effectivement comme partage. Il faut donc appliquer en cas de nullité du partage d'ascendant entre-vifs les règles du rapport.

Les descendants doivent, par suite, non pas restituer les meubles compris dans leur lot en nature; mais seulement les rapporter en moins prenant sur le pied de leur valeur fixée par l'état estimatif annexé à l'acte de partage. Quant aux immeubles, chaque descendant, en principe, est tenu de les restituer en nature, à moins qu'il ne les ait aliénés ou qu'il n'y ait dans la succession ou dans les divers lots de ses cohéritiers d'autres immeubles de même nature, valeur et bonté, dont on puisse former pour eux des lots à peu près égaux. (Art. 859.)

116. Lorsque le partage nul ou annulé est un partage testamentaire, les descendants n'ayant plus aucun titre pour conserver leurs lots, la nullité du partage doit produire les mêmes effets que celle d'un partage fait entre cohéritiers. Ils doivent donc restituer en nature à la succession tous les biens qui les composent, sans qu'il y ait à distinguer entre les meubles et les immeubles. Toutefois lorsque le demandeur en nullité a aliéné (1) une partie de son lot, on ne peut exiger qu'il rapporte les biens aliénés. S'il n'en était pas ainsi, il évincerait par son fait son acquéreur. C'est au surplus la décision

(1) Nous supposons évidemment que l'aliénation a eu lieu à une époque où elle ne pouvait pas entraîner la ratification du partage. (Art. 892.)

qu'on donne en matière de nullité des partages ordinaires.

117. Les descendants ne sont pas tenus seulement de remettre dans la masse commune les biens composant leurs lots; ils doivent encore restituer les fruits de ces biens. A partir de quel moment en doivent-ils la restitution ? Il est nécessaire de distinguer entre le cas où le partage est non avenu pour omission d'un descendant et ceux où il est seulement annulable soit pour lésion, soit pour composition vicieuse des lots. Dans le premier cas, comme les descendants n'ont eu aucun titre à partir de l'ouverture de la succession pour conserver les biens qui leur ont été attribués dans le partage, on doit les traiter comme de simples possesseurs. En conséquence, ils doivent les fruits perçus par eux à partir du jour de l'ouverture de la succession, à moins qu'ils soient de bonne foi, c'est-à-dire qu'ils ignorent la nullité du partage. Si le partage est simplement annulable pour lésion ou violation de l'art. 832, les fruits ne sont dûs qu'à partir du jour de la demande en nullité. (Arg. art. 1682.)

3. — *De l'action en réduction établie par l'art.* 1079-2° *pour cause d'avantage excessif.*

118. L'art. 1079 du Code Napoléon, après avoir décidé que les partages d'ascendants sont rescindables pour lésion de plus du quart, indique dans sa seconde partie un cas tout spécial où ils peuvent être attaqués :

Le partage d'ascendant pourra aussi être attaqué, dans

le cas où il résulterait du partage et des dispositions faites par préciput que l'un des copartagés aurait un avantage plus grand que la loi ne le permet.

Cette cause, qui permet d'attaquer le partage, ne se trouvait pas dans le projet du Code. L'art. 156 de ce projet refusait aux ascendants le droit de disposer par préciput et de faire en même temps le partage de leurs biens. Il déclarait nul le partage, lorsque les ascendants avaient fait une disposition par préciput au profit d'un ou de plusieurs de leurs descendants. Cette défense faite aux ascendants de cumuler des dispositions par préciput avec le partage, avait été dictée aux rédacteurs du Code par une crainte assez fondée : la préférence qu'a montrée un ascendant pour un de ses descendants en lui faisant un avantage par préciput peut le pousser bien facilement à établir dans son partage des inégalités au profit de ce même descendant. Mais, au Conseil d'Etat, on fit bien remarquer que la crainte de l'abus ne devait pas suffire pour faire priver l'ascendant, par cela seul qu'il faisait un partage, du droit si précieux pour lui de disposer de sa quotité disponible. On résolut de reconnaître aux ascendants le pouvoir de faire à la fois des dispositions préciputaires au profit de leurs descendants et de partager leurs biens entre eux.

Mais l'application des principes généraux du droit au cas où l'ascendant a ainsi disposé de ces deux manières, lui aurait donné une trop grande facilité d'entamer la réserve de quelques-uns de ses descendants au profit des autres, sans que cependant les premiers eussent eu le droit de se plaindre. En effet, supposons qu'un ascendant ayant une fortune de 60,000 francs, et laissant deux enfants ait donné par préciput sa quotité disponible de 20,000 francs à l'un d'eux, et ensuite ait dans son partage attribué à ce même enfant donataire un lot de 25,000 francs, tandis qu'il n'attribue à l'autre qu'un lot de 15,000 francs. En pareil cas, on aurait dû, d'après les principes généraux, refuser au descendant qui n'a reçu que 15,000 francs, c'est-à-dire un lot inférieur à sa réserve, toute action, pour en obtenir le complément. D'un côté il n'aurait pas pu faire réduire la donation faite à son frère; car elle n'excède pas la quotité disponible; elle la comprend seulement. D'un autre côté il n'aurait pu attaquer le partage; car le partage n'est rescindable que pour lésion de plus du quart, et l'inégalité qu'il contient à son préjudice ne lui cause qu'une lésion du quart. Il n'aurait pas pu non plus prétendre que l'avantage tiré par le descendant donataire par préciput de l'inégalité du partage, réuni à la valeur de la donation, excède la quotité disponible de l'ascendant. Car le législateur ne considère pas en principe comme des avantages indirects les bénéfices que le partage peut faire obtenir à des copartagés; ils ne sont pour lui qu'un résultat de l'erreur de l'ascendant sur la valeur de ses biens.

Mais les rédacteurs du Code ne s'en sont pas tenus aux principes généraux. Ils ont considéré le bénéfice résultant de l'inégalité des lots comme une véritable libéralité, dans le cas ou l'inégalité profite au descendant déjà donataire par préciput. Il est en effet difficile de supposer que ce soit par l'effet d'un pur hasard que le lot d'une valeur supérieure soit précisément échu à ce descendant. Il est plutôt à présumer que l'ascendant a voulu de nouveau avantager celui auquel il avait fait la donation, et que dans ce but il a fait un partage inégal. En vertu de cette présomption légale, les descendants dont la réserve est entamée ont en pareil cas le droit d'attaquer le partage. (Art. 1079-2°.)

119. Pour que ce droit appartienne aux descendants, deux conditions sont essentiellement requises : il faut d'abord qu'un descendant ait reçu une libéralité par préciput, et ensuite que ce même descendant ait réalisé, par suite de l'inégalité du partage, un bénéfice qui, réuni au don préciputaire, excède la quotité disponible de l'ascendant.

Le partage ne pourrait donc pas être attaqué si la donation préciputaire, qui, combinée avec le bénéfice que l'inégalité du partage fait faire à un descendant, excède la quotité disponible de l'ascendant, avait été faite à un étranger — ou si elle avait été faite au descendant même dont la réserve a été entamée. (Voir cependant en sens contraire, Montpellier, 14 juin 1865. —Sirey, 66-2-125.)

Les descendants dont la réserve serait entamée par suite des inégalités du partage seules ne pourraient pas non plus l'attaquer. C'est ce qui résulte avec évidence des travaux préparatoires du Code. Dans la rédaction présentée le 3 germinal an VIII, par Bigot de Préameneu, il était expressément dit qu'un partage d'ascendant pourrait être attaqué, dans le cas où il résulterait de lui seul qu'un descendant a reçu un avantage plus grand que la loi ne le permet. Cette partie de l'art. 1079 a disparu dans le projet définitif présenté au Corps législatif. Sans doute cette doctrine n'accorde peut-être pas une protection suffisante à la réserve des descendants, mais elle résulte nécessairement de la présomption *juris et de jure* établie par le législateur, qui ne voit dans les inégalités du partage qu'une simple erreur de l'ascendant.

Mais peu importe pour l'application de l'art. 1079-2°, que la libéralité par préciput soit antérieure au partage, faite dans le même acte ou lui soit postérieure.

120. L'art. 1079, en accordant aux descendants dont la réserve est entamée le droit d'attaquer le partage, n'indique point quelle est la nature de l'action qu'il leur donne. Est-ce une action en rescision du partage? Est-ce une action en réduction? C'est là une question vivement controversée. Son énoncé même en indique le principal intérêt. Si c'est une action en rescision analogue à l'action en rescision pour lésion de plus du quart, elle aura pour effet d'entraîner l'anéantissement complet du partage, tandis que, si c'est une action en réduction, elle fera seulement obtenir au descendant demandeur le complément de sa réserve. En outre, si c'est une action en rescision, tous les descendants copartagés doivent être mis en cause par le demandeur; si c'est une action en réduction, on ne devra mettre en cause que le descendant qui a reçu un avantage excessif. Agen, 28 mai 1850. (51-2-177.)

121. Il s'agit, dit-on, dans un premier système, d'une action en rescision. La loi, en réunissant, dans la même disposition (art. 1079), le cas de lésion de plus du quart et celui où un descendant a reçu un avantage excessif, a voulu assimiler les actions qu'il accorde dans ces deux cas. D'ailleurs, est-il étonnant que ces deux actions aient la même nature? Elles ont en réalité une cause identique. En principe le partage d'ascendant n'est res-

cindable qu'autant qu'il fait éprouver à un copartagé une lésion de plus du quart. Cependant la loi admet aussi la rescision pour cause de lésion n'excédant pas le quart dans un cas exceptionnel, lorsqu'à la lésion vient se joindre en quelque sorte une circonstance aggravante, celle d'un don préciputaire fait au descendant avantagé par le partage, qui se trouve par suite du partage et du don par préciput recevoir une libéralité excédant la quotité disponible de l'ascendant. Les deux actions établies par l'art. 1079 ont donc la même cause, par suite elles ont la même nature et les mêmes effets; elles entraînent la rescision complète du partage.

121. L'opinion contraire nous paraît préférable. La loi n'établit aucune assimilation entre l'action accordée dans le cas de lésion de plus d'un quart et celle qui est donnnée dans le cas d'avantage excessif. Elle se borne à les conférer toutes deux aux descendants sans en indiquer la nature, en s'en référant sur ce point aux principes généraux. Or, pour déterminer la nature d'une action, il faut rechercher quel est le droit qu'elle est destinée à protéger. L'action donnée dans le cas d'avantage excessif a pour but de protéger le droit de réserve des descendants ; et l'action destinée à protéger la réserve est une action en réduction (art. 920). S'il n'en était pas ainsi, la disposition de l'art. 1079-2° conduirait en réalité à refuser aux ascendants le droit de partager leurs biens et de faire en même temps à un de leurs descendants une libéralité par préciput. Il est en effet à peu près impossible de faire un partage sans y laisser glisser quelque inégalité. Exiger qu'un ascendant ne commette pas la plus petite inégalité, c'est donc en réalité lui enlever le droit de partager ses biens. C'est là qu'on en arriverait si le système contraire était admis. Dans le cas où un ascendant aurait donné sa quotité disponible à l'un de ses descendants, la plus petite inégalité résultant du partage, et profitant à celui-ci, entraînerait la nullité du partage. Ainsi serait méconnue l'intention formellement exprimée par les rédacteurs du Code, de laisser les ascendants libres de disposer, par préciput, en même temps qu'ils font un partage.

122. Notre action étant une véritable action en réduction, il faut en conclure qu'elle est régie par les règles générales de cette espèce d'action.

Elle doit avoir pour effet unique d'entraîner la réduction du lot du copartagé qui a reçu un avantage excessif. Sa donation par préciput reste intacte si, comme nous l'avons supposé, elle n'entame pas à elle seule la quotité disponible. Dans le cas contraire, les descendants se trouveraient avoir le choix entre deux actions : ils pourraient demander la réduction du don par préciput ou attaquer le partage en vertu de l'art. 1079-2°.

123. L'action en réduction dirigée contre un partage entre-vifs ne naît qu'à la mort de l'ascendant, tout comme dans le cas de partage testamentaire. Toutefois cette solution a été contestée en ce qui concerne le partage entre-vifs. Des cours, et la Cour de Cassation elle-même (req. 4 février 1845), ont décidé que l'action en réduction prend naissance dès le jour du partage et peut être exercée pendant la vie de l'ascendant. Cette doctrine était une conséquence de l'idée d'après laquelle le partage entre-vifs ouvrait par anticipation la succession de l'ascendant. Les biens partagés, étant sortis pour toujours de la succession, on ne doit pas, disait-on, les réunir aux biens non partagés pour le calcul de la quotité disponible. Une quotité disponible distincte doit correspondre aux biens partagés et aux biens laissés indivis par l'ascendant. Ainsi le calcul de la quotité disponible est possible dès le jour du partage, puisqu'elle se fait sur les biens qui y sont compris et, par suite, l'action en réduction peut-être exercée du vivant même de l'ascendant.

Cette doctrine est généralement rejetée aujourd'hui ; elle a dû nécessairement l'être avec l'idée de succession anticipée qui lui servait de base. La réserve est un droit héréditaire : il ne peut s'ouvrir, comme tous les droits de même nature, qu'à la mort de l'ascendant. Nulle part nous ne voyons dans la loi qu'une même personne peut avoir plusieurs quotités disponibles, ni que des héritiers réservataires peuvent avoir plusieurs réserves.

Telle est aujourd'hui la solution consacrée par la jurisprudence. Cass. ch. civ., 31 janvier 1853 (53-1-153 Sirey.)

125. Il découle nécessairement du point de départ que nous assignons à l'action en réduction que, pour déterminer s'il y a avantage excessif, même en cas de partage entre-vifs, les biens partagés et les biens compris dans la donation préciputaire doivent être estimés d'après leur valeur à la mort de l'ascendant. Ce n'est en effet qu'à cette époque que peut se déterminer l'étendue de la quotité disponible, car elle doit être calculée sur la masse des biens du défunt. C'est là la seule manière de

calculer la quotité disponible qu'indique la loi (art. 922).

126. L'action en réduction dure trente ans contre les partages testamentaires. Elle doit être donnée pendant le même délai, et non pendant dix ans seulement, contre les partages entre-vifs, car elle est régie par les principes de l'action en réduction ordinaire. — V. en sens contraire, req. rej., 1er mai 1861 (62-1-381.)

127. Cette action n'est point arrêtée par l'offre d'un supplément, faite par le défendeur au copartagé dont la réserve est entamée. Req. rej., 17 août 1863, (63-1-529). Les héritiers réservataires ne peuvent être obligés de se contenter de la valeur estimative de leur réserve ; ils peuvent l'exiger en nature.

§ 6. — *Disposition commune à l'action en rescision pour lésion et à l'action en réduction.* (Art. 1080.)

128. L'article 1080 contient une disposition de pure procédure relative aux deux actions en rescision pour cause de lésion, et en réduction de l'art. 1079. Il a pour but d'éviter la multiplication des actions dirigées contre les partages d'ascendants.

Le descendant qui attaque le partage est tenu de faire l'avance des frais de l'estimation que sa demande rend nécessaires. S'il succombe, il les supporte définitivement. Grâce à cette avance, les descendants défendeurs ont la certitude que les frais de l'expertise ne resteront pas à leur charge par suite de l'insolvabilité du demandeur. Il y a là quelque chose d'analogue à la caution *judicatum solvi* que doit fournir l'étranger demandeur contre un Français. (Art. 15 et 16).

Celui qui intente contre le partage une action en réduction ou en rescision est, à un autre point de vue, placé par la loi dans une situation moins bonne que celle où il devrait se trouver d'après les principes généraux. L'article 131 du Code de procédure confère au juge le pouvoir de compenser les dépens entre les frères et sœurs. L'art. 1080 défend cette compensation, lorsque le descendant qui a attaqué le partage succombe. A son égard, l'art. 130 du Code de procédure, qui prescrit de condamner aux dépens la partie qui succombe, reprend son empire. Cette disposition est restée en vigueur, encore que l'art. 131 du Code de procédure civile lui soi, postérieur; car l'art. 1080 est une disposition spéciale, et *per legem generalem speciali non derogatur*.

Mais si l'art. 1080 défend de compenser les dépenst dans le cas où le demandeur succombe, à l'inverse, il ne prohibe pas la compensation lorsqu'il obtient gain de cause. La compensation des dépens est donc possible en ce dernier cas (*exceptio est strictissimæ interpretationis*).

129. L'art. 1080, en tant qu'il oblige le demandeur à faire l'avance des frais d'estimation, ne peut certainement recevoir son application qu'à l'action en rescision pour lésion et à l'action en réduction. Car c'est dans ces deux cas seuls qu'il peut y avoir lieu à estimation des biens partagés.

Mais doit-on aussi décider que la compensation des dépens n'est pas possible, dans le cas où un partage d'ascendant est attaqué pour d'autres causes? L'art. 1080 vise spécialément les deux cas prévus par l'art. 1079. Nous en conclurons que c'est dans ces deux cas seuls que la compensation des dépens n'est pas possible quand le demandeur succombe. Ainsi celui qui attaque à tort le partage pour composition vicieuse des lots ne doit pas nécessairement supporter les dépens. Mais il faut reconnaître que si le texte de la loi est contraire à la prohibition de la compensation des dépens, ses motifs auraient dû la faire admettre dans ce cas. Il importe autant d'empêcher d'attaquer les partages d'ascendants pour inégale répartition des biens de même nature entre les descendants que pour lésion ou atteinte à la réserve.

A plus forte raison, doit-on admettre que la compensation des dépens n'est pas exclue, lorsqu'un descendant qui se prétend à tort omis, parce qu'il a été apportionné dans la personne de celui qu'il représente, intente une action en partage, qui est rejetée. L'art. 1080 ne vise pas l'art. 1078.

§ 6. *De la clause pénale dite clause privative.*

130. Les causes de nullité des partages d'ascendants sont nombreuses et les actions exercées contre eux par les descendants sont fréquentes. Aussi il arrive souvent qu'un ascendant cherche le moyen d'en assurer la stabilité. Dans ce but, il insère une clause par laquelle il déclare priver de sa part dans la quotité disponible, celui qui l'attaquera, et faire donation, par préciput, de cette part aux copartagés qui respecteront ses volontés. Cette clause est évidemment une clause pénale destinée à sanctionner

l'obligation, imposée par l'ascendant à ses descendants, de ne pas attaquer son partage. Elle était en usage dans notre ancien droit français; on lui donnait le nom de clause *privative*.

Sa validité et ses effets ne soulèvent pas la moindre difficulté dans le cas où le partage n'étant entaché d'aucun vice est attaqué par un copartagé. Il va de soi qu'alors celui-ci encourt la peine et est réduit à sa réserve. Ce résultat de la clause pénale est excellent : il tend à écarter les demandes en nullité du partage mal fondées.

Mais, au contraire, on discute vivement sur la validité de cette clause pénale, dans le cas où le partage est vicieux. Il est évident qu'elle ne peut jamais avoir pour effet de priver les descendants du droit d'agir contre le partage ; mais le point controversé est celui de savoir si, dans le cas où un descendant attaque le partage et obtient gain de cause, il doit encourir la privation de sa part dans la quotité disponible, tout comme s'il avait succombé, ou, autrement dit, si la nullité du partage n'entraîne pas celle de la clause pénale.

Cette question ne se présente pas pour nous dans le cas où l'action exercée contre le partage est une action fondée sur l'avantage excessif fait à un descendant. Car nous avons décidé, qu'en pareil cas, le partage n'est pas rescindable ; les copartagés n'ont qu'une action en réduction qui leur permet seulement d'obtenir leur réserve, et ainsi, en l'absence même de toute clause privative, le demandeur en réduction n'obtient aucune part dans la quotité disponible. Mais elle se présente, au contraire, dans tous les cas de nullité.

Dans une opinion généralement admise, on soutient

que la nullité du partage n'entraîne pas celle de la clause pénale, et que, par suite, le descendant qui l'a attaqué doit encourir la peine. Cette clause, dit-on, n'a rien d'illicite en elle-même; l'ascendant pouvait priver de sa quotité disponible ses descendants purement et simplement; il n'a pas été jusque-là; il s'est borné à les en priver conditionnellement, sous la condition qu'ils attaqueraient son partage. Loin d'avoir excédé ses pouvoirs, il n'en a pas complétement usé. L'obligation que cette clause a pour but de sanctionner, celle d'exécuter le partage et de renoncer aux actions en nullité ouvertes contre lui, est aussi parfaitement légale, car il est permis de renoncer à ces actions.

Malgré les puissantes autorités qui soutiennent cette doctrine, nous croyons qu'il est préférable d'admettre le système contraire. Lorsque le partage est entaché d'une cause de nullité, la clause pénale est elle-même nulle, et, par suite, la peine ne peut pas être encourue par le descendant qui l'attaque (art. 1227). Le législateur n'a pas pu considérer comme valable l'obligation imposée aux descendants de ne pas attaquer un partage contraire aux prescriptions de la loi. S'il n'en était pas ainsi, tout ascendant qui voudrait impunément attribuer des parts inégales à ses descendants joindrait à son partage une clause privative. Ainsi les demandes les plus légitimes seraient écartées; on donnerait à l'ascendant le moyen de violer impunément, par une voie indirecte, les prescriptions de la loi.

Il est parfaitement vrai, comme on le fait observer dans le système contraire, que l'ascendant peut priver ses descendants de sa quotité disponible. Mais s'il veut le faire, il doit se borner à faire des libéralités ordinaires. Du moment où il fait un partage, il doit en observer les règles; il est juste de déclarer nulle toute clause par laquelle il cherche à se dispenser de leur observation. On peut dire très-exactement de lui : *Fecit quod non potuit, non fecit quod potuit.*

APPENDICE.

DISPOSITIONS DE LA LÉGISLATION FISCALE RELATIVES AUX PARTAGES D'ASCENDANTS.

1. La loi du 22 frimaire an VII ne contenait aucune disposition spéciale sur la quotité du droit de mutation à percevoir sur les partages d'ascendants. On avait conclu du silence de cette loi que ces actes devaient donner lieu aux mêmes droits de mutation que les donations entre-vifs et les legs en ligne directe (1).

Mais cette assimilation, faite au point de vue fiscal entre les partages d'ascendants et les dispositions à titre gratuit ordinaires, a été détruite complétement pour les partages entre-vifs, et en partie seulement pour les partages testamentaires, par les lois du 16 juin 1824 (art. 3) et du 18 mars 1850 (art. 5).

Nous devons examiner séparément les règles de la

(1) La loi du 25 ventôse an IX (art. 10), avait d'ailleurs expressément soumis les démissions de biens en ligne directe au même droit de mutation que les donations entre vifs en ligne directe.

législation fiscale qui régissent les partages d'ascendants faits par actes entre vifs et les partages d'ascendants testamentaires.

A. *Partages d'ascendants faits par actes entre-vifs.* — Ces partages étaient, sous l'empire de la loi du 22 frimaire an VII, soumis aux mêmes droits de mutation que les donations entre-vifs en ligne directe, c'est-à-dire, au droit de 1 fr. 25 c. par 100 fr. pour les meubles qui y étaient compris, et au droit de 2 fr. 50 c. pour les immeubles (2). Ces droits étaient supérieurs à celui qui était dû sur les successions en ligne directe (ce droit n'était que de 1 fr.).

En 1824, la commission de la Chambre des députés proposa de réduire le droit de mutation à percevoir sur les dons en avancement d'hoirie en ligne directe au taux du droit de mutation après décès (1 franc par 100 francs).

Cette proposition de la commission s'appuyait sur les raisons les plus concluantes. La transmission par donation entre-vifs a lieu, disait-on, entre les mêmes personnes que la transmission par succesion; elle porte sur les mêmes biens. Loin qu'elle dût être soumise à un droit de mutation plus fort, elle eût dû peut-être entraîner un droit de mutation plus faible. Les dons en avancement d'hoirie sont en effet dignes de la faveur de la loi : ils facilitent l'établissement des enfants et leurs mariages.

(1) On pouvait faire pour le partage d'ascendant cette distinction entre le droit de mutation mobilière et le droit de mutation immobilière, alors même que le même acte de partage comprenait à la fois des meubles et des immeubles. Car l'art. 9 de la loi du 22 frimaire an VII n'est applicable qu'aux actes à titre onéreux.

Les besoins du Trésor empêchèrent d'adopter dans toute son étendue la réforme proposée par la commission. On se borna à réduire le droit perçu sur les dispositions à titre gratuit en ligne directe les plus favorables, c'est-à-dire, sur les partages entre-vifs.

L'art. 3 de la loi du 16 juin 1824 fixait le nouveau droit de mutation sur les partages entre vifs dans les termes suivants :

Le droit d'enregistrement, fixé par les §§ 4 *et* 6 *de l'article* 69 *de la loi du* 22 *frimaire an VII, pour les donations entre vifs en ligne directe, à* 1 *fr.* 25 *c. par* 100 *fr. sur les biens meubles*, *et à* 2 *fr.* 50 *c. sur les immeubles, est réduit, en ce qui concerne les donations portant partage faites entre-vifs, conformément aux art.* 1075 *et* 1076 *du Code civil, par les père et mère ou autres ascendants entre leurs enfants et descendants, au droit de* 25 *c. sur les biens meubles*, *et de* 1 *fr. par* 100 *fr. sur les immeubles, ainsi qu'il est réglé pour les succssions en ligne directe.*

De cette disposition résultait évidemment que les partages entre vifs étaient plus favorisés par la législation fiscale que les successions *ab intestat*. Car celles-ci étaient assujéties à un droit de 1 fr., sans distinction entre les meubles et les immeubles, tandis que sur les partages entre-vifs, on ne percevait qu'un droit de 25 c. sur les meubles.

Mais la loi du 18 mai 1850 ayant décidé que les transmissions de biens meubles à titre gratuit entre-vifs sont assujéties aux diverses quotités de droits établies pour les transmissions d'immeubles de la même espèce (art. 10), les partages entre-vifs se trouvent aujourd'hui soumis au même droit de mutation que les successions *ab intestat*, au droit de 1 fr. par 100 fr. sur les meubles comme sur les immeubles.

L'art. 3 de la loi de 1824 ne bornait pas là ses faveurs pour le partage d'ascendant fait par acte entre vifs. La loi du 28 avril 1816 (art. 54) avait soumis à un droit additionnel de 1 fr. 50 c. pour 100 fr. tous les actes de nature à être transcrits; ce droit était dû, encore que la transcription n'eût point lieu. Le partage d'ascendant entre-vifs étant au nombre de ces actes, avait été pour les immeubles qu'ils comprenaient soumis au droit de transcription. La loi de 1824 l'en exempta : le droit de 1 1/2 °/₀ ne doit être perçu sur les partages d'ascendants qu'autant qu'ils sont effectivement transcrits (art. 3, deuxième alinéa, L. du 16 juin 1824).

La loi du 16 juin 1824 contenant des dispositions de faveur pour les partages d'ascendants entre-vifs, il faut ne les appliquer qu'aux actes qui réunissent exactement tous les caractères indiqués explicitement ou implicitement par l'art. 3 de cette loi (*exceptio est strictissimæ interpretationis*). Il importe donc de déterminer quels sont ces caractères.

4. Les dispositions au profit desquelles la loi de 1824 prononce une réduction du droit de mutation et une dispense du droit de transcription sont, d'après l'art. 3, *les donations contenant partage faites par actes entre vifs, conformément aux art.* 1075 *et* 1076 *du Code civil.*

5. Les donations portant simplement abandon par indivis des biens d'un ascendant seraient donc soumises au droit de mutation des donations entre vifs ordinaires. Car, ainsi que nous l'avons dit, on ne peut pas admettre qu'un abandon par indivis qui crée l'indivision entre les

descendants est un partage. Ce n'est qu'en confondant les partages d'ascendants entre-vifs avec les démissions de biens non accompagnées de partage que la jurisprudence et la plupart des auteurs ont pu décider qu'en ce cas il y a partage d'ascendant et, partant, lieu à l'application des dispositions de faveur de la loi de 1824 (1).

6. A plus forte raison la loi de 1824 devait-elle rester sans application à l'acte par lequel un ascendant abandonne ses biens à son enfant unique. (Voir sur ce point ci-dessus n° 8, page 170.)

7. Le partage doit être fait entre les descendants héritiers présomptifs. Ainsi, le partage opéré par un grand-père entre ses petits-enfants, lorsque son fils existe encore, serait soumis au droit des donations entre vifs ordinaires. Il en serait toutefois autrement, dans le cas où les petits-enfants auraient été substitués vulgairement à leur père. Cassat., 4 janvier 1847—26 janvier 1848—21 juillet 1851.

A plus forte raison, il y aurait lieu au droit de donation entre-vifs pour les biens qui, dans le partage, seraient attribués à un étranger (à un légataire universel, par exemple).

---

(1) Ainsi MM. Championnière et Rigaud prétendent que le législateur n'a fait que réglementer certains effets de la démission de biens ; il ne l'a pas abolie, disent-ils. On n'a fait que retrancher comme inutile dans l'art. 1076 la disposition qui abolissait les démissions de biens révocables. Quant à M. Demante, il se borne à dire que si la loi moderne parle des donations portant partage (tome II, n° 724), c'est d'une façon *toute énonciative*, faute d'un autre mot, celui de démission de biens ayant été écarté à dessein. La Cour de Cassation, après avoir écarté l'application de la loi de 1824, l'a admise invariablement. — Arr., 20 avril 1836 (affaire des fils du roi Louis-Philippe) ; — Arr., 15 avril 1850.

8. Mais est-il nécessaire que le partage soit fait entre tous les descendants, pour que l'art. 3 de la loi de 1824 puisse lui être appliqué ? L'art. 1078 prononce la nullité du partage qui n'est pas fait entre tous les descendants. On a soutenu que la régie pouvait, en invoquant cette cause de nullité du partage, réclamer le droit de donation entre vifs. Cette opinion est aujourd'hui généralement rejetée. Ce n'est en effet qu'à la mort de l'ascendant que le partage peut être nul pour omission. En outre, tant que les parties ne provoquent pas la nullité d'un acte, la régie n'est pas admise à se prévaloir du vice qui peut l'entacher. Cassat., 26 avril 1836—15 avril 1850.

9. L'art. 3 de la loi du 16 juin 1824 est applicable aussi bien à un partage partiel qu'au partage de tous les biens de l'ascendant.

10. Un partage entre vifs comprend parfois avec les biens de l'ascendant des biens qui appartenaient déjà antérieurement aux descendants copartagés. En ce cas, l'acte constitue un véritable partage à l'égard de ces biens, et il y a lieu de percevoir sur eux un droit fixe de 5 francs comme sur tout partage ordinaire.

11. La réduction de droit accordée par la loi de 1824 n'est établie que pour les biens partagés. En conséquence, il y aurait lieu de percevoir le droit ordinaire de donation sur les biens donnés par préciput à l'un des copartagés, cette donation fût-elle même comprise dans le même acte que le partage. En ce cas, il y a deux droits différents à percevoir sur le même acte, parce que les deux dispositions qu'il contient sont indépendantes et ne dérivent point les unes des autres. (Art. 11 et 12.)

12. Il arrive fréquemment qu'un partage entre-vifs est

fait par acte sous seing privé ou même verbalement. L'administration de l'enregistrement avait prétendu que sur ces partages il y avait lieu de percevoir le droit de mutation établi sur les donations entre-vifs ordinaires. La Cour de Cassation a rejeté avec raison cette prétention. Le défaut de formes qui rend le partage d'ascendant nul ne peut pas le laisser valoir comme donation. Car les partages entre-vifs et les donations sont soumis aux mêmes formes (art. 1076). Il y a lieu ici de percevoir un droit conformément au titre allégué par le nouveau possesseur, c'est-à-dire qu'il faut appliquer la théorie des mutations secrètes. Cassat., arr. 9 août 1836. (Sirey, 36, 1-667). Arr. 13 décembre 1837.

12. La loi du 18 mai 1850 a tranché une question importante qui s'était élevée dans la jurisprudence sur les droits de mutation à percevoir sur les partages entre vifs, lorsque des soultes sont mises à la charge d'un copartagé au profit d'un autre.

La législation fiscale, tout en admettant en principe la fiction du partage déclaratif proclamée par l'art. 883 du Code civil, ne l'a cependant pas consacrée avec la même étendue que le droit civil. En effet, il y a lieu de percevoir sur les partages ordinaires faits sans soulte un simple droit fixe de 5 francs; mais la loi fiscale abandonne la fiction pour rentrer dans la réalité du moment où il y a soulte (art. 68, § 3-2°). S'il y a partage avec soulte, le droit sur les biens qui en sont grevés est perçu aux taux fixés pour les ventes. (2 °/。 sur les meubles, 4 °/。 sur les immeubles, art. 69, § 5, n°s 6 et 7, art. 69, § 7, n°s 4 et 5, L. du 22 frimaire an VII.)

Les soultes établies par les partages d'ascendants devaient-elles donner lieu aussi au droit proportionnel? Après de longues controverses, il avait été reconnu que le droit proportionnel de vente ne devait pas être perçu sur ces soultes Cette solution était bien conforme à la réalité des choses. En effet, il n'y pas de mutation du créancier de la soulte au débiteur. Les descendants reçoivent directement tous les biens placés dans leurs lots de l'ascendant. Mais la loi du 18 mai 1850 (art. 5) a décidé que les règles concernant les soultes de partage seraient applicables aux partages d'ascendants.

Cette disposition de la loi de 1850, dérogeant aux principes, doit être restreinte aux partages d'ascendants réunissant les caractères indiqués plus haut.

Partages testamentaires. — 13. La législation fiscale, jusqu'à la loi du 18 mai 1850, ne contenait aucune disposition spéciale sur les partages testamentaires. Ces partages étaient soumis aux mêmes droits que les dispositions testamentaires ordinaires en ligne droite, c'est-à-dire au droit proportionnel de mutatiou de 1 °/₀ et au droit fixe d'enregistrement de 5 francs.

La loi du 18 mai 1850 (art. 5) a assimilé les partages testamentaires aux partages entre-vifs au point de vue de la perception à faire sur les soultes. En ce point, elle n'a fait que restreindre en matière de partages d'ascendants testamentaires, comme pour les partages ordinaires de succession, la fiction du partage déclaratif au cas où le partage est effectué sans soulte; car, ainsi que nous l'avons dit en traitant du partage testamentaire, on peut soutenir que c'est seulement par une fiction que les copartagés sont considérés comme n'ayant jamais eu de droit que sur les biens placés dans leurs lots (1).

---

(1) Les auteurs qui voient dans l'effet déclaratif du partage testamentaire une conséquence de la réalité des faits, disent, au contraire, que la disposition de la loi du 18 mai 1850 est contraire aux principes du droit. (En ce sens, *Principes de l'enregistrement*, de M. Demante, n° 732, tome II.)

POSITIONS.

DROIT ROMAIN.

I. L'héritier qui avait fait pour lui et ses cohéritiers une dépense qu'il n'aurait pas pu se borner à faire pour lui seul, en obtenait le remboursement en exerçant l'action *familiæ erciscundæ;* le choix ne lui était pas donné entre cette action et l'action *negotiorum gestorum contraria.*

II. Les aliénations résultant du partage n'étaient considérées comme des aliénations nécessaires qu'à l'égard de celui contre lequel l'action en partage avait été exercée. Il en était ainsi dans l'action *familiæ erciscundæ* comme dans l'action *communi dividundo.*

III. L'héritier adjudicataire ne pouvait avoir l'action publicienne, lorsqu'elle n'avait pas déjà appartenu au défunt, qu'autant qu'il avait possédé la chose à lui adjugée.

IV. Les lois 36 (10-2) et 29 (41-3) peuvent être conciliées.

V. Le partage était rescindable pour cause de lésion.

Mais on ne peut déterminer avec certitude quel devait être le taux de la lésion.

VI. Il semble qu'il en était ainsi même du partage judiciaire.

VII. Les lois 2, § 4 (10-2) d'Ulpien et le § 4 du titre 18 (livre 1er) des Sentences de Paul ne sont pas en contradiction.

VIII. Les jurisconsultes romains ne distinguaient pas trois espèces de fautes correspondantes à trois sortes de contrats. Ils ne reconnaissaient que les fautes lourdes et légères. Seulement ces dernières, appréciées en général *in abstracto*, l'étaient en certains cas exceptionnels *in concreto* (notamment entre cohéritiers).

IX. Les lois 25, §§ 6 et 54 (10-2) ne sont pas inconciliables.

DROIT CIVIL FRANÇAIS.

I. L'individu condamné à une peine afflictive perpétuelle est, depuis la loi du 31 mai 1854, capable d'être compris dans un partage d'ascendant testamentaire.

II. Les enfants naturels simples doivent être compris dans les partages d'ascendants faits par leurs père et mère.

III. Le partage dans lequel sont apportionnés des enfants naturels produit à leur égard exactement les mêmes effets qu'à l'égard des enfants légitimes. En conséquence, les copartagés non lésés de plus du quart ne peuvent attaquer le partage dans lequel un enfant naturel recevrait un lot d'une valeur supérieure à sa part héréditaire.

IV. Pour calculer la quotité disponible de l'ascendant à l'égard de ses donataires entre-vifs postérieurs au partage d'ascendant entre-vifs et de ses légataires, il faut opérer la réunion fictive des biens partagés aux biens que l'ascendant a laissés indivis.

V. Les délais de quarante-cinq et de soixante jours donnés aux copartagés pour l'inscription du privilége de l'art. 2103-3° court, en cas de partage testamentaire, du jour du décès de l'ascendant, encore que la découverte du testament soit postérieure.

VI. Les partages d'ascendants testamentaires ne sont pas caducs à l'égard des descendants prédécédés, lorsque ceux-ci laissent des représentants.

VII. Les partages d'ascendants testamentaires sont annulables, lorsque l'ascendant n'a pas placé dans chaque lot une égale quantité de biens de même nature. (Art. 826 et 832.)

VIII. Dans les partages entre vifs, l'acceptation des copartagés les rend non recevables à se prévaloir de cette cause de nullité.

IX. L'action en rescision pour lésion de plus du

quart ne naît, même contre les partages entre-vifs, qu'à la mort de l'ascendant.

X. C'est aussi d'après leur valeur à cette époque que doivent être estimés les biens partagés, pour déterminer si un descendant a subi une lésion de plus du quart, sans qu'il y ait à distinguer entre les meubles et les immeubles.

XI. L'action donnée aux descendants contre celui d'entre eux qui, par suite d'une disposition préciputaire de l'ascendant et des inégalités du partage, se trouve avoir reçu un avantage excédant la quotité disponible, est une action en réduction ordinaire.

XII. Le mineur parvenu à l'âge de seize ans ne peut comprendre dans un partage d'ascendant testamentaire que la moitié des biens dont il pourrait disposer s'il était majeur.

DROIT ADMINISTRATIF.

I. La réduction du droit de mutation établie par l'art. 3 de la loi du 16 juin 1824, en faveur des partages d'ascendants entre-vifs, ne s'applique pas à l'acte par lequel un ascendant abandonne ses biens à ses descendants sans en faire entre eux la distribution.

II. Le droit de mutation à percevoir sur un partage entre vifs dans lequel a été omis un descendant est le droit de 1 °/₀, et non le droit de mutation des donations entre-vifs en ligne directe.

DROIT INTERNATIONAL.

I. Les agents diplomatiques peuvent, sans l'autorisation de leurs souverains, intenter une action devant les tribunaux civils de la nation près de laquelle ils remplissent leurs fonctions. Mais, en ce cas, ceux qui obtiennent contre eux une condamnation, ne peuvent l'exécuter ni sur leur personne, ni sur les biens qu'ils possèdent en qualité d'agents diplomatiques.

II. Le Français cessionnaire de la créance d'un étranger contre un autre étranger, peut assigner le débiteur cédé devant les tribunaux de France.

HISTOIRE DU DROIT.

I. Dans la monarchie franque, les lois applicables à chaque individu étaient déterminées par sa nationalité et non par son choix. C'est en ce sens que doit être compris le principe de la personnalité des lois.

DROIT CRIMINEL.

I. L'aggravation de peine prononcée pour cause de récidive par l'art. 57 du Code pénal, modifié par la loi du 13 mai 1863, n'est pas applicable au cas où l'individu condamné précédemment à une peine supérieure à une année d'emprisonnement pour crime, n'encourt ensuite, pour un second crime, qu'une peine correctionnelle, par suite de l'admission de circonstances atténuantes en sa faveur.

II. L'aggravation de peine résultant d'une qualité personnelle à l'auteur principal, est applicable au complice, lorsque cette qualité a pour effet d'augmenter la gravité du délit. Il en est autrement dans le cas où elle ne fait qu'accroître la culpabilité de l'auteur principal.

DROIT COMMERCIAL.

I. Le porteur d'une lettre de change qui, après avoir éprouvé le refus de payement du tiré, a fait faire le protêt et a été payé par un endosseur qui, à sa connaissance, était en état de cessation de payement, n'est pas tenu de l'action en rapport envers la faillite de cet endosseur. L'art. 449 du Code de commerce doit lui être appliqué.

II. On ne peut inscrire sur les immeubles du failli, après le jugement déclaratif de faillite, même les privilèges pour l'inscription desquels la loi accorde un certain délai.

PROCÉDURE CIVILE.

Les jugements par défaut rendus par les tribunaux de commerce et par les tribunaux civils jugeant commercialement, doivent toujours être assimilés aux jugements par défaut faute de comparaître au point de vue du délai de l'opposition.

Vu par le Président de la Thèse,
VALETTE.

Vu par l'Inspecteur général, délégué
CH. GIRAUD.

Permis d'imprimer :

Le Vice-Recteur de l'Académie,
A. MOURIER.

TABLE DES MATIÈRES.

De l'action en partage des successions en droit romain.

Des partages d'ascendants.

PREMIÈRE PARTIE.

INTRODUCTION HISTORIQUE.

DEUXIÈME PARTIE.

DES PARTAGES D'ASCENDANTS DANS LA LÉGISLATION ACTUELLE.

www.ingramcontent.com/pod-product-compliance
Lightning Source LLC
Chambersburg PA
CBHW060403200326
41518CB00009B/1235

9782013745574